教育部人文社会科学重点研究基地苏州大学中国特色城镇化研究中心
江苏高校新型城镇化与社会治理协同创新中心
苏州大学地方政府与社会治理优秀创新团队研究项目

苏州大学人文社会科学学术专著出版项目
江苏省优势学科政治学和国家一流本科行政管理专业资助

RISK IDENTIFICATION AND PREVENTION OF GOVERNMENT PURCHASING PUBLIC SERVICES FROM SOCIAL FORCES

政府向社会力量购买公共服务的风险识别与防范

周义程 等 ◎ 著

北京大学出版社
PEKING UNIVERSITY PRESS

图书在版编目(CIP)数据

政府向社会力量购买公共服务的风险识别与防范/周义程等著.—北京:北京大学出版社,2023.11

(未名社科论丛)

ISBN 978-7-301-34375-3

Ⅰ.①政… Ⅱ.①周… Ⅲ.①公共服务—政府采购制度—研究—中国 Ⅳ.①D630.1②F812.2

中国国家版本馆 CIP 数据核字(2023)第 163340 号

书　　名 政府向社会力量购买公共服务的风险识别与防范
ZHENGFU XIANG SHEHUI LILIANG GOUMAI GONGGONG FUWU DE FENGXIAN SHIBIE YU FANGFAN

著作责任者 周义程　等著

责任编辑 武　岳

标准书号 ISBN 978-7-301-34375-3

出版发行 北京大学出版社

地　　址 北京市海淀区成府路 205 号　100871

网　　址 http://www.pup.cn

新浪微博 @北京大学出版社　@未名社科-北大图书

微信公众号 北京大学出版社　北大出版社社科图书

电子邮箱 编辑部 ss@pup.cn　总编室 zpup@pup.cn

电　　话 邮购部 010-62752015　发行部 010-62750672
编辑部 010-62753121

印 刷 者 三河市北燕印装有限公司

经 销 者 新华书店
650 毫米×980 毫米　16 开本　21.25 印张　282 千字
2023 年 11 月第 1 版　2023 年 11 月第 1 次印刷

定　　价 89.00 元

自　序

政府向社会力量购买公共服务作为政府治理领域的一个热点议题，并不是晚近才出现的崭新的研究论域，而是早在18世纪就在实践中产生了。18世纪的英格兰政府已经采用合同外包的方式让私营部门来承担道路养护、垃圾处理、监狱管理等公共服务事项。在我国，政府向社会力量购买公共服务的实践首先在地方政府治理中产生，迄今已走过近30年的发展历程：早在1994年，深圳市罗湖区就尝试通过政府购买的方式来供给环境卫生服务；1995年，上海浦东新区社会发展局同样通过合同外包这一政府购买的具体方式让上海基督教青年会来管理浦东新区罗山市民会馆。在近30年的实践历程中，政府向社会力量购买公共服务不仅从地方政府层面的自发实践走向了中央政府层面的自觉推动，而且购买主体更加广泛，购买范围（拟购买的公共服务项目清单）大幅拓展，购买金额增长迅速，购买方式更为多样，购买流程更显科学，购买水平和服务效益显著提升。

习近平总书记在党的二十大报告中明确强调，要“增进民生福祉，提高人民生活品质……着力解决好人民群众急难愁盼问题，健全基本公共服务体系，提高公共服务水平”。实践已经证明，政府向社会力量购买公共服务是健全基本公共服务体系和提高公共服务水平，进而增进民生福祉的可选之道。当然，公共服务购买实践方兴未艾，如何识别与防范其中可能蕴含的多重风险，是一个值得引起理论界和在实践中重视的问题，本书的立意正在于此。为了体系化地识别与防范政府向社会力量购买公共服务的风险，本书努力坚持把学问写在祖国大地上和群众心坎里的原则，以我国生动而丰富的公共服务购买实践为基础，灵活借鉴了管理思想史、风险管理学、公共管理学、政治学等学科或研究领域的相关成果，尝试构建政府向社会力量购买公共服务风险识别与防范的流程—主体分析框架。该分析框架作为一种结构化的解释图式，有助于增强本书各章节之间内在逻辑的一致性和严谨性。换言之，本书的主体章节正是从购买流程和所涉主体的双重维度切入，对设计项目、编报预算、组织购买、履行合同、绩效评价诸环节的风险表现、风险主体和风险防范进行系统化的探讨。

作为在国家社会科学基金项目“政府向社会力量购买公共服务的风险识别与防范研究”结项报告基础上修改而成的一项科学研究成果，本书是集体努力的结果，饱含研究团队的集体智慧和辛勤付出。周义程负责全书的选题确定、思路设定、提纲和内容拟定、方法选择等研究设计工作。具体来说，本书的写作分工如下：序言至第二章，周义程；第三章，咸鸣霞、周义程；第四章，张奕雯、周义程；第五章，周义程、咸鸣霞；第六章，周义程；第七章，胡雯、周义程；第八章，周义程、胡雯、咸鸣霞。此外，深圳大学政府管理学院段哲哲研究员和河海大学马克思主义学院周忠丽教授对本书的写作亦有重要贡献。

本书在写作过程中，得到了学界诸多前辈和同仁的悉心指导和无私帮助，本书的顺利出版也得到了苏州大学校领导、人文社会科学处领导和同仁、政治与公共管理学院领导和同事的关心与鼎力支持。在此，真诚地表达深深的谢意！

需要指出的是，本书虽然是以国家社会科学基金项目的结项成果为基础，结项成果也被评为“优秀”，但是书中难免有不足之处，我们真诚地希望能够得到学界前辈和同仁的批评指正。我们相信，随着理论研究和实践发展的纵深推进，在政府向社会力量购买公共服务领域必然会出现更加崭新的、值得研究的时代课题，同时也可能会出现新的风险。而围绕这些新的实践和新的风险，也将涌现出更多的直面时代之问的优秀科学研究成果。从这一意义上说，本书倘若能起到一点抛砖引玉之作用，也会让我们聊以自慰了。

《庄子·养生主》有云：“吾生也有涯，而知也无涯。”我们立志将有限的生命投入对无尽的知识的求索之中，我们也希冀经由我们的努力，将来能够为人类知识的增长做出哪怕是微不足道的贡献。路在脚下，梦在远方，我们都是新时代的追梦人。

是为序！

2023 年 8 月

目 录

第一章 导 论 …… 001

一、研究背景 …… 001

（一）政府向社会力量购买公共服务在西方国家的兴起及其论争 …… 001

（二）政府向社会力量购买公共服务在我国的实践及其理性审视 …… 006

二、国内外相关研究的文献回顾 …… 012

（一）国外相关研究概况 …… 012

（二）国内相关研究概况 …… 018

（三）研究动态 …… 028

三、学术价值和应用价值 …… 030

（一）学术价值 …… 031

（二）应用价值 …… 031

四、研究类型和方法体系 …… 032

（一）研究类型 …… 033

（二）方法体系 …… 036

五、研究特色和创新 …… 039

（一）学术观点的特色和创新 …… 039

（二）研究方法的特色和创新 …… 044

（三）研究视角的特色和创新 …… 045

第二章　相关概念和分析框架 …………………………………… 046
一、相关概念 ……………………………………………………… 046
（一）公共服务的概念辨识 ………………………………… 047
（二）政府向社会力量购买公共服务的概念界说 ……… 053
（三）风险及其相关概念阐释 ……………………………… 065
二、本书的分析框架 ……………………………………………… 070
（一）流程和主体：购买公共服务的风险识别之
重要维度 …………………………………………… 071
（二）政府向社会力量购买公共服务的购买流程 ……… 074
（三）政府向社会力量购买公共服务所涉主体 ………… 080
（四）购买公共服务风险识别与防范的流程—主体
分析框架 …………………………………………… 087

第三章　设计项目环节的风险及其防范 ……………………… 089
一、设计项目环节的主要风险 ………………………………… 089
（一）需求信息偏差风险 …………………………………… 090
（二）目标模糊风险 ………………………………………… 095
（三）项目选择偏差风险 …………………………………… 097
（四）总成本增加风险 ……………………………………… 101
二、设计项目环节的风险防范 ………………………………… 104
（一）过程视角下设计项目环节风险防范 ……………… 105
（二）技术视角下设计项目环节风险防范 ……………… 113
（三）机制视角下设计项目环节风险防范 ……………… 123
三、设计项目环节应关注的其他重难点问题 ……………… 129
（一）政府购买公共服务的定价方式仍应进一步谋划…… 129
（二）政府购买公共服务的运行逻辑仍待进一步理顺…… 130
（三）政府购买公共服务的平台构建仍需进一步优化…… 131
（四）政府购买公共服务的配套机制仍要进一步完善…… 131

第四章　编报预算环节的风险及其防范 …………………… 133
一、编报预算的概念界定和类型阐释 ………………… 134
（一）编报预算的概念界定 …………………………… 134
（二）编报预算的类型阐释 …………………………… 135
二、编报预算环节的主要风险 ………………………… 136
（一）单个公共服务项目预算金额失当风险 ………… 137
（二）购买公共服务预算资金总额不足风险 ………… 140
（三）预算编报程序规范性欠缺风险 ………………… 140
（四）预算编报时间和内容不合理风险 ……………… 145
（五）预算编报方法和技术不科学风险 ……………… 148
（六）预算上报审批管理薄弱风险 …………………… 150
三、编报预算环节的风险防范 ………………………… 152
（一）单个公共服务项目预算金额失当风险之防范策略
…………………………………………………… 152
（二）购买公共服务预算资金总额不足风险之防范策略
…………………………………………………… 156
（三）预算编报程序规范性欠缺风险之防范策略 ……… 157
（四）预算编报时间和内容不合理风险之防范策略 …… 162
（五）预算编报方法和技术不科学风险之防范策略 …… 165
（六）预算上报审批管理薄弱风险之防范策略 ……… 167

第五章　组织购买环节的风险及其防范 …………………… 168
一、组织购买的概念界定和方式选择 ………………… 168
（一）组织购买的概念界定 …………………………… 169
（二）组织购买的方式选择 …………………………… 170
二、组织购买环节的主要风险 ………………………… 172
（一）合同不完全风险 ………………………………… 172
（二）信息发布形式化风险 …………………………… 176

（三）逆向选择风险 …… 178
（四）竞争性短缺风险 …… 182
（五）寻租及“串标”“陪标”风险 …… 189
（六）高价购买风险 …… 195
三、组织购买环节的风险防范 …… 197
（一）合同不完全风险之防范策略 …… 197
（二）信息发布形式化风险之防范策略 …… 200
（三）逆向选择风险之防范策略 …… 202
（四）竞争性短缺风险之防范策略 …… 207
（五）寻租及“串标”“陪标”风险之防范策略 …… 216
（六）高价购买风险之防范策略 …… 221

第六章　履行合同环节的风险及其防范 …… 225
一、履行合同的概念约定与风险防范之必要性 …… 225
（一）履行合同的概念约定 …… 226
（二）履行合同环节风险防范之必要性 …… 226
二、履行合同环节的主要风险 …… 229
（一）公共服务生产质量降低风险 …… 229
（二）公共服务生产能力和监管能力下降风险 …… 233
（三）购买主体监管失灵风险 …… 236
（四）俘获风险 …… 242
（五）资金拨付迟滞风险 …… 244
三、履行合同环节的风险防范 …… 245
（一）公共服务生产质量降低风险之防范策略 …… 246
（二）公共服务生产能力和监管能力下降风险之防范策略 …… 252
（三）购买主体监管失灵风险之防范策略 …… 255

（四）俘获风险之防范策略 …… 263
（五）资金拨付迟滞风险之防范策略 …… 266

第七章 绩效评价环节的风险及其防范 …… 268
一、绩效评价环节的主要风险 …… 268
（一）绩效评价形式化风险 …… 269
（二）购买主体评价失效风险 …… 273
（三）消费主体参与不足风险 …… 274
（四）第三方评价失灵风险 …… 277
（五）评价结果运用表面化风险 …… 283
二、绩效评价环节的风险防范 …… 285
（一）健全绩效评价的相关法律制度 …… 285
（二）组建统一的绩效评价组织管理体系 …… 287
（三）完善绩效评价的基本程序 …… 288
（四）提升购买主体的绩效评价能力 …… 289
（五）构建基于购买目标的绩效评价机制 …… 291
（六）引入消费主体满意度评价 …… 292
（七）优化第三方绩效评价机制 …… 294
（八）强化绩效评价结果运用 …… 298
（九）建立绩效评价成果扩散机制 …… 300

第八章 结论与展望 …… 303
一、主要结论 …… 303
二、研究展望 …… 313

参考文献 …… 317

附　录 …… 327

第一章 导 论

对研究背景的清晰交代，对研究现状的准确把握，对研究价值的精准分析，对研究类型、层次和方法的科学阐释，对研究特色和创新的恰当分析，对于开展一项研究都是不可或缺的要件。故而，导论的目标在于：首先，阐述基本的研究背景；然后，概述国内外相关研究成果；接着，阐释本书的学术价值和应用价值；随后，交代本书的研究类型和方法体系；最后，陈述本书可能具有的特色和创新之处。

一、研究背景

研究背景通常涉及对某个研究议题的过往的一个或简略或详细之回顾和叙述。通过对研究背景的交代，有利于研究者和读者更加自然地了解某项研究能够推进下去的理论的或现实的环境原因。就政府向社会力量购买公共服务而言，其首先兴起于西方国家，且在这些国家的发展演进过程中引起了一些具有争论性的反思；其在我国的发展虽然起步较晚，但在实践中和理论界获得了广泛的支持，处于总体幸运的状态。

（一）政府向社会力量购买公共服务在西方国家的兴起及其论争

无论一个政府是小政府还是大政府，公共服务供给都是其要承担起的重要职能。即使是主张政府应该扮演“守夜人”角色的古典自由主义经济学家亚当·斯密也强调，政府有三项职能应当要认真履行：一是防止社会遭受其他社会的入侵，二是防止社会上的任何一个人受到别人的侵害，三是供给某些公共事业和公共设施。[①] 前两项职能是保护性职能，第三项职能是建设性职能。由政府垄断性地直接供给公共服务虽有古老的传统，但是从20世纪70年代开始，西方发达国家为了化解公民日益增长的公共服务需求与政府财政收入日渐减少之间的矛盾，掀起了一场轰轰烈烈的新公共管理运动。这场运动在公共服务供给领域的主要表现是，不少西方发达国家大胆地摒弃了公共服务的政府垄断型供给模式，积极引入市场机制，着力构建多部门合作伙伴型供给模式（如公共部门与公共部门之间的合作伙伴关系、公共部门与私营部门之间的合作伙伴关系、公共部门与第三部门之间的合作伙伴关系），将一些公共服务外包给社会力量，以期提高公共服务供给的质量、效率和效益。当然，公共服务民营化在西方发达国家并非一个20世纪70年代才出现的新现象，而是一个历久弥新的议题。例如，早在18世纪，英格兰就以民营化的方式供给路灯保洁服务。在美国，“20世纪80年代私有化运动之前的一个多世纪以来，州政府和地方政府就已经与私人公司通过签订合同的方式提供一定范围的服务，从道路建设到社会服务不等……到了20世纪70年代晚期……州政府和地方政府已建立起公私伙伴关系。从1972年到1982年，地方政府承包给私人组织的合同价值增长了两倍，从220亿美元上升到650亿美元”[②]。

西方发达国家的公共服务供给实践，经历了一个从通过合同外

① 〔英〕亚当·斯密：《国民财富的性质和原因的研究》下卷，郭大力、王亚南译，商务印书馆1974年版，第254、272、284页。

② 〔美〕唐纳德·凯特尔：《权力共享：公共治理与私人市场》，孙迎春译，北京大学出版社2009年版，第125页。

包等方式购买公共服务不断扩张到反思民营化的弊病而在一定程度上走向公共服务逆民营化的过程。在公共服务供给方面，20 世纪 90 年代，政府对非营利组织的依赖程度日益增强。例如，仅就 1990 年而言，美国就有 67%的病人在非营利性医院进行住院治疗。政府更愿意将公共服务外包给非营利组织而不是私营部门的一个重要原因就是认为非营利组织不以营利为目的，会将获得的资金更好地用于公共服务的供给。不过，有研究表明，非营利组织未必比营利组织更加倾向于以更为利他的方式从事公共服务供给。例如，“向支付不起的人提供护理（所谓的‘无报酬护理’），甚至像这样的高尚行为，营利性与非营利性之间的差距并不大”[①]。

关于公共服务应当合同外包抑或是由政府直接供给的争论，早在 19 世纪就已经在澳大利亚等国家发生。这种争论造成的一个结果就是原本由承包商来做的建筑等事宜转而由政府雇员来亲力亲为，即出现了以逆合同外包（reverse contracting）为主要表现形式的逆向民营化。逆合同外包一词所描述的是这样一种现象，即之前被外包给私营部门和第三部门等其他主体的公共服务不再继续外包，而是由政府亲自供给。[②] 从历时态的维度看，在美国，以合同外包[③]等形式购买公共服务的做法虽然早在 1955 年就由当时的政府做出了明文规定，即要求凡是能够通过政府采购的方式从私营部门购买到的产品或服务，都要采用政府采购而不是政府亲自生产的形式获得，但是相关的争论还是时有发生。这种争论在早期还更多地表现为简单

---

① 〔英〕朱利安·勒·格兰德：《另一只无形的手：通过选择与竞争提升公共服务》，韩波译，新华出版社 2010 年版，第 104 页。

② 胡伟、杨安华：《西方国家公共服务转向的最新进展与趋势——基于美国地方政府民营化发展的纵向考察》，《政治学研究》2009 年第 3 期，第 109 页。

③ 合同外包不能等同于私有化。合同外包意味着政府通过别的主体来生产公共服务，但政府仍然承担公共服务的供给职责。私有化意味着该公共服务完全交由市场来自发供给，政府完全从该公共服务的供给领域中退出，即不再承担相应的供给职责。

地因为信奉新自由主义、新保守主义或国家干预主义等不同意识形态而形成的主观偏好上的分歧。例如，认为通过购买的方式可以节约公共服务供给成本的观点通常受到“不信任政府”和“亲市场”[①]的意识形态之影响，从而主观地认为政府规模过大且运行成本太高，而如果依靠私营部门则可以获得价格更低但质量相同甚至质量更好的公共服务，因而让政府变得更小并尽可能把政府的职能让渡给私营部门来行使就成为这种观点必然的逻辑结论。可见，在包括倡导政府购买公共服务在内的民营化运动兴起之初，其更多地源于政治理念的驱动。

新自由主义的信奉者认为，美国的州政府和地方政府之所以会出现懒惰懈怠、不愿创新和忽视成本等不良倾向，根本原因是缺乏竞争压力。而私营部门则每时每刻都要直面市场中的竞争压力，故而必然要努力创新、注重效率和降低成本。正是因为持有这种观点，新自由主义的信奉者才强调，问题的关键不是需要一个大政府还是一个小政府，而是需要通过引入竞争机制来促进形成一个好政府。而信奉新保守主义的那些人则更加激进。在他们看来，政府太大了，应该将政府缩减得更小点。在新保守主义的信奉者看来，美国的州政府和地方政府一直以来都存在较为严重的缺少效率、浪费严重、机构臃肿等情况。为了实现政府的缩减，新保守主义的信奉者认为，一个基本的办法就是把政府手中的项目尽可能移交给私营部门来处理，即所谓的政府撤退，而那些即使必须保留在政府手中的项目，也应通过合同外包的方式向私营部门购买。概言之，无论是认为需

① 从美国的文化传统看，“不信任政府”和“亲市场”的观点往往更占主流。正如凯特尔的研究所发现的那样，“美国人长期崇拜私人市场，以表达他们对公共权力的厌恶。因为市场追求效率而政府则不行；市场承诺在质量和价格方面要有选择性而政府不能；市场提供竞争而政府只有垄断”。参见〔美〕唐纳德·凯特尔：《权力共享：公共治理与私人市场》，第1页。

要一个更好的政府抑或是一个更小的政府，批评者们都赞同要引入市场竞争机制，即要构建一个竞争型政府。持有政府直接供给公共服务更为合适的观点的人则对1929—1933年因市场失灵引发的资本主义经济危机印象深刻，他们对罗斯福采取的宏观调控政策等“新政”举措带来的经济复兴和繁荣难以忘怀。[①] 民营化的倡导者们通常更多地关注政府垄断公共服务供给所产生的弊病以及引入竞争机制会带来的好处，却对民营化在实际运作中遭遇到的问题谈论甚少。然而，需要指出的是，私营部门同样可能出现铺张浪费等不良现象，因而不能简单地认为私营部门一定能更为节约成本地开展工作或一定比政府更为廉价。

随着购买公共服务的实践向纵深推进，成功与失败并存的事实促使争论者都更加务实，即争论的动因转变为基于对具体实践的现实主义考量所发现的相左性实例的审视而产生的知识累积上的差异。比如说，新公共管理的倡导者通常通过选择一些成功的案例来证明合同外包可以降低成本、提高效率和保证质量。例如，有民营化大师之称的萨瓦斯(E. S. Savas) 发现，纽约市的环卫机构只花了不到工作时间一半的时间在清除积雪，其他时间都花在了喝咖啡、取暖、清洗、加油等事情上，而该环卫机构清除尘土的成本差不多是私营机构的三倍。[②] 亦有学者对英国地方政府通过竞争性招投标方式将公共服务外包给私营部门之后或竞争之后仍由公共部门亲自供给的成本进行了分析，发现在垃圾处理领域推行竞争性招投标之后，由私营部门承包后成本下降了22%左右，招投标之后仍然实行内部承包时，成本也能下降17%左右。[③] 当然，在实践中也存在一些相反的例

---

① 周志忍:《认识市场化改革的新视角》,《中国行政管理》2009年第3期，第12页。

② 〔美〕E. S. 萨瓦斯:《民营化与公私部门的伙伴关系》，周志忍等译，中国人民大学出版社2002年版，第117页。

③ 周志忍:《当代国外行政改革比较研究》，国家行政学院出版社1999年版，第271页。

子。比如，美国国防部花 150 美元买了一把锤子，花 250 美元买了一个马桶。[1] 在我国，有地方政府购买的“市场价为 9999 元的某品牌电脑，协议供货价竟为 12 300 元”[2]。这些真实发生的案例客观地表明，政府购买公共服务或自身履职所需的产品必然带来费用节省、效率提高和质量提升的假设并非总是成立的。从这一意义上说，公私伙伴关系有时非但没有帮助政府降低成本、提高效率，反而带来了新的问题。

（二）政府向社会力量购买公共服务在我国的实践及其理性审视

关于政府向社会力量购买公共服务在我国最早发端于哪个城市，学界的认识并不一致。一种占多数的观点认为是发端于上海，另一种占少数的观点则认为是发端于深圳。我们通过对两种观点进行比较后发现，发端于深圳的观点更准确。虽然说深圳和上海的实践在时间上只差了一年，但深圳早于上海却是无可争辩的事实。具体来说，深圳市罗湖区于 1994 年开展的购买环境卫生服务是我国通过政府购买的方式来供给公共服务的起源。紧接着，1995 年，上海浦东新区社会发展局将浦东新区罗山市民会馆的管理工作外包给上海基督教青年会来承担。以前述两个先例为起点，我国政府购买公共服务大致经历了从地方政府自发试点到中央政府顶层设计两个阶段。第一阶段从 1994 年到 2012 年，体现为由地方政府自主开展购买公共服务的实践探索。当然，在第一阶段中央政府有个别部门也较早地推行了政府购买公共服务的试点工作。例如，早在 2007 年 12 月 24 日，财政部就发布了《关于开展政府购买社区公共卫生服务试点

---

① 这些案例发生在 2003 年之前，所以这里的金额应根据当时的美元购买力来审视。

② 吴小明：《政府采购实务操作与案例分析（第二版）》，经济科学出版社 2011 年版，第 191 页。

工作的指导意见》。当然，该文件在2016年8月18日已失效。第二阶段从2012年到目前，主要标志是民政部和财政部在2012年11月发布的《关于政府购买社会工作服务的指导意见》和国务院办公厅在2013年9月公布的《关于政府向社会力量购买服务的指导意见》，意味着我国的政府购买公共服务从地方政府自主开展转向了中央政府主动推行，即政府购买公共服务成为党中央、国务院着力推进的一项重要工作。众所周知，2012年11月8日至14日，党的十八大在北京召开，这标志着中国特色社会主义进入新时代。因此，第二阶段也可以认为是从党的十八大召开开始的。值得指出的是，早在2013年7月31日，国务院总理李克强就主持召开国务院常务会议，研究推进政府向社会力量购买公共服务。此次会议明确强调要将适合市场化方式提供的公共服务事项，交由具备条件、信誉良好的社会组织、机构和企业等承担。2016年6月，国务院专门成立了负责政府购买公共服务相关工作的领导小组，这意味着在中央层面上开始全面推进政府购买公共服务改革。[①] 据统计，从2012年11月到2022年10月[②]，中央政府层面出台的相关政策文本共有19个（见表1-1）。

表1-1 中央政府层面出台的相关政策文本

序号	颁发时间	制定主体	政策名称	所涉领域
1	2012年11月14日	民政部、财政部	《关于政府购买社会工作服务的指导意见》	购买内容
2	2013年9月26日	国务院办公厅	《关于政府向社会力量购买服务的指导意见》	整体性政策
3	2013年12月4日	财政部	《关于做好政府购买服务工作有关问题的通知》	整体性政策

① 王浦劬、〔英〕郝秋笛等：《政府向社会力量购买公共服务发展研究：基于中英经验的分析》，北京大学出版社2016年版，第4页。

② 检索日期为2022年10月16日。

（续表）

序号	颁发时间	制定主体	政策名称	所涉领域
4	2014年1月24日	财政部	《关于政府购买服务有关预算管理问题的通知》	资金管理
5	2014年4月14日	财政部	《关于推进和完善服务项目政府采购有关问题的通知》	整体性政策
6	2014年4月23日	财政部、民政部、住房和城乡建设部、人力资源社会保障部、国家卫生和计划生育委员会、中国残疾人联合会	《关于做好政府购买残疾人服务试点工作的意见》	购买内容
7	2014年8月26日	财政部、国家发展改革委员会、民政部、全国老龄工作委员会办公室	《关于做好政府购买养老服务工作的通知》	购买内容
8	2014年10月19日	民政部	《关于民政部门利用福利彩票公益金向社会力量购买服务的指导意见》	资金管理
9	2014年11月25日	财政部、民政部	《关于支持和规范社会组织承接政府购买服务的通知》	承接主体
10	2014年12月15日	财政部、民政部、工商总局	《政府购买服务管理办法（暂行）》	整体性政策
11	2015年5月5日	文化部、财政部、新闻出版广电总局、体育总局	《关于做好政府向社会力量购买公共文化服务工作的意见》	购买内容
12	2016年11月30日	财政部、中央编办	《关于做好事业单位政府购买服务改革工作的意见》	承接主体
13	2016年12月1日	财政部、民政部	《关于通过政府购买服务支持社会组织培育发展的指导意见》	承接主体

（续表）

序号	颁发时间	制定主体	政策名称	所涉领域
14	2017 年 9 月 15 日	民政部、中央编办、财政部、人力资源和社会保障部	《关于积极推行政府购买服务 加强基层社会救助经办服务能力的意见》	购买内容
15	2017 年 10 月 26 日	财政部	《关于政府购买服务信息平台运行管理有关问题的通知》	平台载体
16	2018 年 7 月 30 日	财政部	《关于推进政府购买服务第三方绩效评价工作的指导意见》	绩效评价
17	2020 年 1 月 3 日	财政部	《政府购买服务管理办法》	整体性政策
18	2020 年 12 月 22 日	财政部	《关于印发中央本级政府购买服务指导性目录的通知》	购买内容
19	2022 年 3 月 25 日	财政部	《关于做好 2022 年政府购买服务改革重点工作的通知》	整体性政策

资料来源：在参考王浦劬、〔英〕郝秋笛等：《政府向社会力量购买公共服务发展研究：基于中英经验的分析》，第 6 页，以及查阅中国政府采购网等官方网站的基础上整理而成。

总的来看，我国各级政府正越来越多地依赖通过与社会力量签订购买服务合同的方式来供给公共服务，从购买的范围到规模都呈现日益增长的态势。购买公共服务在我国大有成为公共服务供给的不二选择之趋势，购买公共服务的增长速度甚至要比购买主体对购买公共服务的管理能力之提升速度快很多。此时，公共服务的质量就从政府单方决定转而变成政府和社会力量共同发挥作用带来的结果。换言之，与政府向社会力量购买公共服务的“高歌猛进”相比，包括政府在内的购买主体却并不完全具备一个精明的买主所具有的管理能力，加之我们所依赖的进行公共服务购买活动的市场时常存在竞争不足、潜在的承接主体素质有限、负外部性抑或根本不存在相应的市场等诸多缺陷，故此对购买公共服务的过度依赖或多或少地存在被过分的热情冲淡了应有的理性这一需要正视的问题。毋庸置疑，在公共服务供给方式的选择上，我们虽然不宜断言政府购买必然比政府直接生产更好，但我们也不应简单否定我国以购买公共服务为主要内容的公共服务民营化改革取向，更不能因为在政府向社会力量购买公共服务的实践运作中出现了一些问题而盲目地回到政府直接供给公共服务的传统模式。正如周志忍教授所指出的[①]，西方学者对民营化尤其是合同外包的难题和困境之理性审视体现为对市场化改革的热情冷却之后，重新回归冷静看待和理性思考，国内学者如果受到这一影响而简单地否定在我国展开的市场化改革，那么这种简单化的照搬照抄式思维无疑是错误的。不过，从长时段的视角来看，在我们对政府向社会力量购买公共服务的利弊得失还缺少较为充分的"经验知识"之时，就全方位地推行该种公共服务供给方式，显然会存在一定的不确定性。而当包括公共服务供给在内的任何一类公共事务不是由单一主体来治理时，其具体运作的复杂程度和蕴含的风险通常会呈倍增状态。从政府独自供给公共服务到政府与社会力量签订合同供给公共服务，这种转变并非简单地意味着政府公共服务职能的弱化，而应当被理解为政府履行公共服务职能的方式变革，即政府更加明确了自身的职责——必须负责提供公共服务，但是未必要直接生产公共服务，因为生产职能可以外包给社会力量来履行。当然，将公共服务的生产职能外包出去绝不意味着要弱化甚至取消政府的生产职责。根据德国法学家贡纳尔·弗尔克·舒佩特（Gunnar Folke Schuppert）首创的"担保国家理论"，在通过一定的制度安排推动国家与社会力量协力承担公共任务的过程中，国家需要保证公共任务是在合乎公共利益的前提下完成的。就

---

① 周志忍：《认识市场化改革的新视角》，第15页。

政府向社会力量购买公共服务来说，政府仍然要对服务对象所需的公共服务的优质高效供给承担起无可推卸的兜底保障责任，而这就给政府提出了如何恰当地选择承接主体、合理地设定合同条款以及确保承接主体按约完成公共服务生产任务等一系列新的问题。对于政府购买公共服务中蕴含的诸多新问题特别是购买主体与承接主体之间纷繁复杂的协作关系，不应单纯地认为依靠市场这只看不见的手就能轻松应对。因此，在公共服务的供给问题上，从政府直接供给转向依靠合同购买来间接供给非但不意味着政府的终结，反而意味着政府要有相应的合同治理能力和健全的合同治理制度。[①] 如果我们将政府向社会力量购买公共服务简单地等同于类似我们去商场买衣服这样的个人购买行为，那么我们就会把整个购买过程看得过于简单，从而对其中可能存在的诸多风险视而不见，而这恰恰会导致风险转化为现实。

从类型学角度看，政府购买公共服务可能存在的风险，可以立足于不同的角度进行分类。比如说，从主体角度看，根据风险是由购买主体造成的还是由承接主体引发的，可以将风险分为购买主体风险和承接主体风险。如果按照凯特尔的概括，就可以将来自卖方的问题称为供给方缺陷，将来自买方的问题称为需求方缺陷。[②] 从流程角度看，根据风险发生在购买流程中设计项目、编报预算、组织购买、履行合同、绩效评价等具体环节的不同，可以将风险分为设计项目风险、编报预算风险、组织购买风险、履行合同风险、绩效评价风险。本书试图综合主体和流程两个分析维度，即首先从购买流程入手，然后分析在每个环节中不同主体可能会带来哪些不同的风险，从而搭建起一个流程—主体分析框架。关于这一框架，将在

---

① 〔美〕菲利普·库珀：《合同制治理——公共管理者面临的挑战与机遇》，竺乾威、卢毅、陈卓霞译，复旦大学出版社 2007 年版，第 51 页。

② 〔美〕唐纳德·凯特尔：《权力共享：公共治理与私人市场》，第 25 页。

后文中详细分析。

概言之，本书对政府向社会力量购买公共服务既不持过度乐观的态度，也不持盲目否定的观点；坚持问题导向而非学科导向的分析进路，尝试对政府向社会力量购买公共服务中存在哪些风险和如何防范这些风险这一还没有被深入全面地加以解释的问题做出解答。更进一步地说，基于“科学研究总是从问题开始的”[①] 这一观念，写作本书的目的是，面对竞争性程度偏低的有缺陷的公共服务购买市场和不完美的购买主体、承接主体、消费主体等不同主体，全面分析通过向社会力量购买的方式供给公共服务可能存在的风险，并尝试提出防范风险的策略，从而为促进政府购买公共服务高质量发展提供智力支持。

二、 国内外相关研究的文献回顾

无论是社会科学研究还是自然科学研究，本质上都应是在现有研究基础上进行的一种创新活动。而对国内外相关研究展开学术史梳理，则既可以了解国内外的最新研究动态并从中获得理论、观点或方法的启发，又可以发现前人研究涉足不够甚至完全没有涉足的研究选题，从而有效避免重复劳动。

（一）国外相关研究概况

国外相关研究大约开始于 20 世纪 50 年代末。关于政府购买公共服务的内涵，国外学者的界定并不明确，但大多认为政府购买公共服务主要采用服务合同（services contracting）的形式，即公共服务

① 《中国社会科学》编辑部:《理论是问题之树盛开的花朵——〈中国社会科学〉2021 年重点选题构想》,《中国社会科学》2021 年第 1 期，第 4 页。

合同外包。从学术史视角来看，国外相关研究主要从三个方面入手：

1. 分析政府购买公共服务的相关理论

理论是实践的先导。与政府购买公共服务相关的理论主要演化出五个分支，即公共产品多元供给理论、福利多元主义理论、官僚政治理论、公共服务民营化理论以及合同制治理理论。

一是公共产品多元供给理论。理查德·马斯格雷夫（Richard Musgrave）、文森特·奥斯特罗姆（Vincent Ostrom）、查尔斯·蒂伯特（Charles Tiebout）和罗伯特·沃伦（Robert Warren）、E. S. 萨瓦斯、罗纳德·奥克森（Ronald Oakerson）等学者根据产品属性对公共产品的种类加以细分，并对政府提供和生产做了严格区分，这就为私营部门和第三部门等主体参与到公共产品的生产中提供了有力的学理性支撑，即政府虽然要承担起公共服务提供这一义不容辞的重要责任，但其未必要亲自生产，而是可以委托私营部门和第三部门等其他主体来生产。例如，萨瓦斯指出："安排者通常是政府单位……政府有权力做出用公共开支来提供某种公共服务的决策，但这并不意味着必须依靠政府来提供这种公共服务。"[①] 文森特·奥斯特罗姆等也认为，公共服务的提供者未必要扮演公共服务的生产者角色，政府亲自生产公共服务还是由私营部门来生产公共服务，这通常应当取决于对成本的核算。[②]

二是福利多元主义理论。理查德·蒂特马斯（Richard Titmuss）、约翰·沃尔芬登（John Wolfenden）、理查德·罗斯（Richard Rose）、诺曼·约翰逊（Norman Johnson）、阿达尔贝特·埃弗斯（Adalbert Evers）、维克托·佩斯托夫（Victor Pestoff）等学者对福利来源多元

① 〔美〕E. S. 萨瓦斯：《民营化与公私部门的伙伴关系》，第 68 页。

② 〔美〕文森特·奥斯特罗姆、罗伯特·比什、埃莉诺·奥斯特罗姆：《美国地方政府》，井敏、陈幽泓译，北京大学出版社 2004 年版，第 100—106 页。

化和福利主体网络化的论证使打破政府包揽福利性公共产品供给的格局有了理论依据。

三是官僚政治理论。戈登·图洛克（Gordon Tullock）、安东尼·唐斯（Anthony Downs）、威廉·尼斯坎南（William Niskanen）等公共选择学者经由对政府机构的系统批判论证了通过外包等方式引入市场竞争机制之重要性，从而初步奠定了政府购买公共服务的理论基础。

四是公共服务民营化理论。关于公共服务民营化，在米尔顿·弗里德曼（Milton Friedman）的《资本主义与自由》一书中就已经有所涉及。彼得·德鲁克（Peter Drucker）在《不连续的时代：应对社会巨变的行动纲领》一书中也提出了相关建议。20 世纪 80 年代以来，E. S. 萨瓦斯、J. T. 马林（J. T. Marlin）、迈克尔·波特（Michael Porter）、托马斯·帕莱森（Thomas Pallesen）、弗雷德里克·莱恩（Frederick Lane）、理查德·菲沃克（Richard Feiock）等学者的相关理论成果对公共服务民营化的研究更加深入、更为系统、更显全面。前述学者的研究为公共服务民营化提供了较好的理论基础。总的来看，西方学者关于公共服务民营化的研究主要聚焦于六大方面：(1) 公共服务民营化的内涵，即通过充分利用多样化的所有制形式和运作关系来满足公众需求和增进公共利益；(2) 公共服务民营化的原因，包括提高公共服务供给的效率、质量和回应度，削减政府机构内部开支，减轻外部财政压力等诸多方面；(3) 公共服务民营化的制度安排，其主要存在合同外包、特许经营、补助、凭单、自由市场、志愿服务和自我服务等七种较为常用的方式；(4) 公共服务民营化的操作方式，主要论述了合同外包与政府撤资的基本步骤或策略；(5) 公共服务民营化的实践效果，其所形成的基本结论是，只要能够恰当地加以运用，民营化还是能够实现公共绩效的大幅度改善的；(6) 公共服务民营化的现实阻力，主要包括操作层面的阻力、法律层面的阻力和社会上多方力量的反对等。西方学者关于公共服务民营化的研究成果对实践产生了广泛影响。在英国，早在20世纪70年代中期，公共服务民营化就普遍展开了。在美国，从20世纪80年代开始，合同外包就获得了广泛推广。时任英国首相玛格丽特·撒切尔和时任美国总统罗纳德·里根在上台执政后，都推行了激进的非国有化运动[①]，公共服务民营化也因此向纵深推进。受到英国的影响，许多西方发达国家从20世纪80年代起，都掀起了公共服务民营化运动的热潮。目前，公共服务民营化在我国的一个典型表现就是政府购买公共服务。

五是合同制治理理论。从20世纪70年代起，K. R. 韦德尔（K. R. Wedel）、B. S. 罗姆泽克（B. S. Romzek）、特雷弗·布朗（Trevor Brown）、菲利普·库珀（Phillip Cooper）等学者对合同的拟定、履行、终止或变更等合同管理问题的阐述，为政府通过合同形式购买公共服务提供了直接的理论指导。

2. 探讨政府购买公共服务的现实样态

关于现实样态的研究主要涉及政府购买公共服务的实践动因、主要方式、典型模式、购买范围及效果的影响因素。J. 雷夫斯（J. Rehfuss）、萨瓦斯等学者认为，购买动因主要体现为提高效率的外在压力、商业主义的示范效应、意识形态的显著影响、降低成本或改进管理的迫切要求、提高公共服务政策的灵活性等五个方面。萨拉蒙等阐释了拨款、资助、合同、凭单等购买方式。[②] 德霍格认为，政府购买公共服务主要有三种代表性的模式，即竞争性购买模式、谈判性购买模式和合作性购买模式。[③] 关于公共服务的购买范

① 非国有化是民营化的一种特殊形式。

② 参见〔美〕莱斯特·M. 萨拉蒙等：《全球公民社会——非营利部门视界》，贾西津、魏玉等译，社会科学文献出版社2002年版。

③ R. H. DeHoog, "Competition, Negotiation, or Cooperation: Three Models for Service Contracting," *Administration & Society*, Vol. 22, No. 3, 1990.

围，梅塞认为，地方政府负责提供的所有公共服务都能依靠购买来实现[①]；J. 波士顿（J. Boston）、奥利弗·哈特（Oliver Hart）、凯文·莱弗里（Kevin Lavery）、特雷弗·布朗和马修·波托斯基（Matthew Potoski）则强调应依据政府与服务本身的特性确定购买范围。例如，波士顿认为，诸如制定公共政策、出台发展规划等政府核心职能不能采用合同外包的方式来履行[②]；哈特等指出，服务质量难以有效评估的公共服务应该由公共部门亲自供给[③]。凯文·莱弗里认为，合同外包需要具备公共服务的标准能清晰界定、监督成本不是很高、有竞争性市场存在等三个基本条件。[④] 特雷弗·布朗、马修·波托斯基强调在考虑是否将公共服务外包出去时，必须关注交易成本的高低。对于低交易成本的公共服务，外包是合适的；对于高交易成本的公共服务，则适合由公共部门自己来生产；对于混合交易成本的公共服务，则应具体分析之后视情况而定。[⑤] 另有学者根据公共服务供给者的动机来确定公共服务购买范围。例如，约翰·多纳休指出，如果一项公共服务对提供者的公正性、忍耐力、判断力等提出了很高的要求，例如社会福利服务，那么就不宜进行外包，因为私营部门出于追求自身利益最大化的考虑，在这些方面往往不如公共部门。[⑥] 关于哪些因素会影响政府购买公共服务的效果，国外学者

---

① James L. Mercer, "Growing Opportunity in Public Service Contracting," *Harvard Business Review*, Vol. 61, No. 2, 1983.

② J. Boston, ed., *The State under Contract*, Wellington: Bridget Williams Books, 1995.

③ Oliver Hart, Andrei Shleifer and Robert W. Vishny, "The Proper Scope of Government: Theory and an Application to Prisons," *The Quarterly Journal of Economics*, Vol. 112, No. 4, 1997.

④ Kevin Lavery, *Smart Contracting for Local Government Services: Processes and Experience*, Westport, CT: Praeger Publishers, 1999.

⑤ Trevor L. Brown and Matthew Potoski, "Transaction Costs and Contracting: The Practitioner Perspective," *Public Performance & Management Review*, Vol. 28, No. 3, 2005.

⑥ John D. Donahue, *The Privatization Decision: Public Ends Private Means*, New York: Basic Books, 1989.

重点从微观因素和宏观因素两个方面进行了剖析。就微观因素而言，刘、霍奇基斯和博斯强调了服务类型对购买效果的影响[①]，杨、谢和李分析了政府的合同管理能力对购买效果的影响[②]，巴蒂、奥尔森和佩德森探讨了政府工作人员的行政能力和工作动力对购买效果的影响[③]。就宏观因素而言，福厄兹探究了人口规模对购买效果的影响[④]，林德霍斯特、彼得森和霍尔伯格解析了市场环境对购买效果的影响[⑤]。

3. 阐发政府购买公共服务的风险及其控制

德霍格[⑥]以及约翰斯顿和罗姆泽克[⑦]的研究发现，政府购买公共服务存在的风险主要有：供应商所造成的垄断、供应商的机会主义行为、购买过程中的内幕交易行为、政府被供应商所俘获、购买成本高于政府直接供给的成本、服务效率和质量的改进并不显著等等。凯特尔指出，在政府购买公共服务过程中，供给方和需求方都会存

---

① Xingzhu Liu, D. R. Hotchkiss and S. Bose, "The Impact of Contracting-out on Health System Performance: A Conceptual Framework," *Health Policy*, Vol. 82, No. 2, 2007.

② Kaifeng Yang, Jun Yi Hsieh and Tzung Shiun Li, "Contracting Capacity and Perceived Contracting Performance: Nonlinear Effects and the Role of Time," *Public Administration Review*, Vol. 69, No. 4, 2009.

③ Y. Bhatti, A. L. Olsen and L. H. Pedersen, "The Effects of Administrative Professional on Contracting Out," *Governance: An International Journal of Policy, Administration, and Institutions*, Vol. 22, No. 1, 2009.

④ S. K. Foged, "The Relationship Between Population Size and Contracting Out Public Services: Evidence from a Quasi-experiment in Danish Municipalities," *Urban Affairs Review*, Vol. 52, No. 3, 2016.

⑤ A. C. Lindholst, O. H. Petersen and K. Houlberg, "Contracting Out Local Road and Park Services: Economic Effects and Their Strategic, Contractual and Competitive Conditions," *Local Government Studies*, Vol. 44, No. 1, 2018.

⑥ R. H. DeHoog, "Competition, Negotiation, or Cooperation: Three Models for Service Contracting," *Administration & Society*, Vol. 22, No. 3, 1990.

⑦ J. M. Johnston and B. S. Romzek, "Contracting and Accountability in State Medicaid Reform: Rhetoric, Theories, and Reality," *Public Administration Review*, Vol. 59, No. 5, 1999.

在一定的缺陷。其中，供给方的缺陷主要表现为：竞争性的公共服务市场有时并不存在，市场被一小股供应商甚至一个供应商所把持抑或存在新供应商进入障碍而导致竞争不足，市场会出现负外部性；需求方缺陷主要体现在：政府有时无法准确地界定想购买的东西，政府时常获取不到承包商的绩效信息，政府对所购买的商品和服务的质量之判断能力越来越弱；政府有时会存在内部性。[①] 库珀[②]、拉莫思等[③]强调，需从加强供应商内部控制、提升政府合同管理能力、强化政府责任等方面控制风险。

(二) 国内相关研究概况

从文献检索的结果来看，国内相关研究大约开始于 20 世纪 90 年代末，如徐月宾于 1999 年对西方福利国家政府购买服务做了初步介绍。经过 20 多年的发展，国内主要取得了五个方面的相关研究成果。

1. 阐释政府购买公共服务的基本原理

政府购买公共服务的基本原理之相关研究成果较为丰富。通过对代表性文献进行分类分析，大致可以将这些研究成果归为以下三个主要方面：

一是关于政府购买公共服务概念的厘定。在中文文献中，我们通过文献检索发现，关于什么是政府购买公共服务，较早的界定大约开始于 2001 年。李慷认为，政府购买服务作为政府部门向各类社会服务机构购买服务的行为[④]，其目的是更好地履行政府的服务职能

---

① 〔美〕唐纳德·凯特尔：《权力共享：公共治理与私人市场》，第 25—28 页。

② 〔美〕菲利普·库珀：《合同制治理——公共管理者面临的挑战与机遇》，第 183 页。

③ Meeyoung Lamothe and Scott Lamothe, "Beyond the Search for Competition in Social Service Contracting: Procurement, Consolidation, and Accountability," *American Review of Public Administration*, Vol. 39, No. 2, 2009.

④ 李慷：《关于上海市探索政府购买服务的调查与思考》，《中国民政》2001 年第 6 期，第 23 页。

和确保用于购买服务的财政支出之效用实现最大化。政府购买公共服务的购买对象（承接主体）是“各类社会服务机构”。与李慷相似，赵立波认为，政府购买服务是指政府采用购买等方式将服务交由社会组织来承接的一种公共服务提供的新方式。[①] 与李慷将政府购买（公共）服务的承接主体界定为各类社会服务机构不同，赵立波将政府购买（公共）服务的承接主体限定为社会组织，因而对承接主体的界定较为狭窄。王浦劬等则强调，政府购买公共服务是指政府采用直接拨款或公开招标等方式将公共服务交由社会服务机构来完成，并向后者支付相应的费用。[②] 由此可知，在王浦劬等看来，政府购买公共服务的购买主体是“政府”，购买内容是“公共服务”，购买方式是“直接拨款或公开招标”，承接主体是“社会服务机构”。此外，陈少强和宋斌文、赵云和潘小炎、刘军民、陆春萍、唐钧、邓金霞、钟景秋、王雪云和高芙蓉、杨燕英、陈家建和赵阳、周玉萍等学者或实务工作者也对政府购买公共服务的概念做出了自己的界定。

二是关于政府购买公共服务的购买条件，即存在大量生产者、充分的竞争、明确的质量标准、严格的管控能力。如果存在众多可供选择的公共服务生产者，那么这些生产者就容易在服务价格、生产技术、服务质量等方面形成竞争关系，从而防止公共服务生产的主动权落入某个生产者手中而导致购买主体被生产者“敲竹杠”。[③] 政府购买公共服务作为公共服务供给的一个政策工具，其以提高公共服务供给数量、质量和效率为基本目的。为此，既需要引入竞争机制这一核心机制，又需要制定出服务质量评估标准，还需要努力

---

① 赵立波：《完善政府购买服务机制 推进民间组织发展》，《行政论坛》2009 年第 2 期，第 59 页。

② 王浦劬、〔美〕莱斯特·M. 萨拉蒙等：《政府向社会组织购买公共服务研究：中国与全球经验分析》，北京大学出版社 2010 年版，第 4 页。

③ 陈天祥：《建立科学的政府购买公共服务机制》，《人民论坛》2013 年第 32 期，第 18 页；葛丰：《政府购买服务要做好三项制度创新》，《中国经济周刊》2013 年第 31 期，第 2 页。

提高政府对公共服务生产行为的管控能力。[①]

三是关于政府购买公共服务的理论依据，即公共选择理论、公共产品多元供给理论、福利多元主义理论、新公共管理理论、利益相关者理论、合作治理理论等。公共选择理论的代表人物认为，因为缺少竞争压力、缺少控制成本的动力、缺少有效的监督，所以会出现政府的低效率、寻租行为等"政府失灵"现象。因此要通过"外部转移"（将一些私营部门能做的事情转移给私营部门来做）和"内部改革"（将竞争机制引入政府部门）这两大策略来解决政府失灵问题。公共产品多元供给理论的代表人物较早地论证了公共产品私人经营的可能性问题，建议将公共支出和私人承包经营结合起来以更好地提供公共产品，并对"提供（者）"和"生产（者）"做了区分。简言之，在该理论的倡导者看来，政府虽然要负责公共产品的提供，但未必要亲自从事公共产品的生产工作。在条件合适的前提下，有的公共产品由其他主体生产比政府生产更为高效，这就为社会主体生产公共产品并由政府购买提供了学理依据。福利多元主义理论倡导将市场、政府、非营利组织、社区、家庭等作为福利的多元化供给主体，并强调多元主体之间应当相互配合和实现功能互补。[②] 新公共管理理论提倡将诸如竞争等市场机制和企业管理的方法及技术引入公共服务供给过程，强调政府的职能是公共服务的提供而不是公共服务的生产，生产工作可由社会组织来完成。[③] 该理论关注的是将

---

① 林闽钢、周正：《政府购买社会服务：何以可能与何以可为》，《江苏社会科学》2014年第3期，第101—105页。

② 许芸：《从政府包办到政府购买——中国社会福利服务供给的新路径》，《南京社会科学》2009年第7期，第102—103页；冯俏彬、郭佩霞：《我国政府购买服务的理论基础与操作要领初探》，《中国政府采购》2010年第7期，第70页。

③ 财政部科研所课题组：《政府购买公共服务的理论与边界分析》，《财政研究》2014年第3期，第3页；杨燕英：《政府购买公共服务嵌入式财政监督机制——基于风险管理导向的研究》，经济科学出版社2019年版，第12—13页。

竞争作为预设的价值标准、基于契约主义视角的正式合同等经济和管理的因素，而忽视了政治、文化和制度因素，因而对公共服务供给中偏离市场模式的现象缺乏解释力。[①] 利益相关者理论的提出者们强调，组织应当注重谋求所有利益相关者的利益而不是仅仅关注老板和股东的利益。[②] 合作治理理论倡导政府与合作伙伴之间建立平等的关系，并注重彼此的资源依赖、互动和协商。该理论有伙伴理论和合作理论两个分支。[③]

2. 描述我国政府购买公共服务的现实情况

关于我国政府购买公共服务的现实情况，相关研究主要探讨了购买主体和动机，分析了购买流程和方式，阐释了购买模式及成效。购买主体并不仅限于政府部门，党委下属的部门、群团组织、承担行政管理职能的事业单位，都可以成为购买主体。[④] 从购买动机来看，主要是为了化解不断扩大的公共服务需求、急剧增加的公共服务支出与政府亲自生产公共服务的低效率之间的矛盾。[⑤] 购买流程主要包括四个环节，即需求界定和规划制定、服务提供机构选择和合

---

① 郭小聪、聂勇浩：《服务购买中的政府—非营利组织关系：分析视角及研究方向》，《中山大学学报（社会科学版）》2013 年第 4 期，第 158 页。

② 雷雨若、王娟：《地方政府购买居家养老服务中的监管失灵及其矫正——基于南京、宁波、广州、合肥和深圳的分析》，《济南大学学报（社会科学版）》2020 年第 1 期，第 148 页；崔佳琦、王松、邢金明：《利益相关者视角下政府购买公共体育服务潜在风险研究》，《沈阳体育学院学报》2020 年第 1 期，第 102 页。

③ 吴帆、周镇忠、刘叶：《政府购买公共服务的美国经验及其对中国的借鉴意义——基于对一个公共服务个案的观察》，《公共行政评论》2016 年第 4 期，第 9 页。

④ 马俊达、冯君懿：《政府购买服务问题研究（上）》，《中国政府采购》2011 年第 6 期，第 65 页。

⑤ 张汝立、陈书洁：《西方发达国家政府购买社会公共服务的经验和教训》，《中国行政管理》2010 年第 11 期，第 98 页。

同签订、合同履行和监督管理、评估验收和后续跟进[1]；抑或划分为确定购买项目、选择承接主体、签订购买合同、购买合同履行、购买项目验收等五个环节[2]。购买方式主要包括合同外包、凭单、补助、奖励、招投标、谈判、询价、单一来源等。[3] 购买模式主要包括独立关系竞争性购买、独立关系非竞争性购买、依赖关系非竞争性购买三种模式。依赖关系竞争性购买在实践中没有案例支撑，所以没有作为一种模式。[4] 也有学者将购买模式分为项目制、单位制、混合制。[5] 还有学者将购买模式分为体制内紧密型、体制内独立型、体制外紧密型、体制外独立型等四种类型。[6] 政府购买公共服务的成效主要包括推动了政府角色转型、提高了公共服务供给质量、降低了财政成本、累积了志愿资源、为城乡基本公共服务均等化提供了新

---

① 许芸:《从政府包办到政府购买——中国社会福利服务供给的新路径》，第 103 页；温俊萍:《政府购买公共就业服务机制研究》,《中国行政管理》2010 年第 10 期，第 50 页；杨燕英、杨琼、雷德航:《构建政府购买公共服务的多元主体协同监督机制——基于 SU-CO 监督模型的分析》,《宏观经济研究》2020 年第 8 期，第 57 页。

② 刘玉姿:《政府购买公共服务立法研究》，厦门大学出版社 2016 年版，第 104—105 页。

③ 财政部科研所课题组:《政府购买公共服务的理论与边界分析》，第 6—7 页；马俊达、冯君懿:《政府购买服务问题研究（上）》，第 65 页；马庆钰、谢菊:《政府购买社会组织服务的规范化》,《理论探讨》2012 年第 6 期，第 147 页。

④ 王名、乐园:《中国民间组织参与公共服务购买的模式分析》,《中共浙江省委党校学报》2008 年第 4 期，第 5 页；韩俊魁:《当前我国非政府组织参与政府购买服务的模式比较》,《经济社会体制比较》2009 年第 6 期，第 130—132 页；胡宏伟、童玉林、郭少云:《我国政府购买社会组织居家养老服务现状、问题与改进路径》,《广东工业大学学报（社会科学版）》2013 年第 4 期，第 46 页。

⑤ 管兵、夏瑛:《政府购买服务的制度选择及治理效果：项目制、单位制、混合制》,《管理世界》2016 年第 8 期，第 58 页。

⑥ 邓金霞:《公共服务外包之隐性进入壁垒研究：以上海市为例》，上海人民出版社 2015 年版，第 105 页。

思路等等。[1]

3. 分析我国政府购买公共服务的问题及风险

我国政府购买公共服务存在的问题主要体现为购买边界的界定不够清晰、市场化程度不高、购买方式的选择不明确、服务目标偏离、监管不到位、绩效考核可操作性不强、公共性拆解等。购买边界不清晰是学者们广泛关注的问题之一。购买边界不清晰所带来的一个不良后果是，各地在开展公共服务购买工作时，自主操作的空间过大。[2] 为了实现购买边界的清晰化，需要从公共服务的性质入手进行分类分析：对于纯基本公共服务，不应购买；对于共用资源型基本公共服务，可以购买；对于非基本公共服务，可以采用多种市场化方式来供给。[3] 市场化水平低主要体现在承接主体数量有限、承接主体多元化不充分、承接主体间竞争不到位等方面。[4] 购买方式的选择不明确带来的弊病是购买主体有时按照如何选择对自身更有利的原则来随意选择购买方式。[5] 服务目标偏离体现在社会组织以迎合和应付购买主体的行政需要为目标，而违背了以消费主体需求为导

① 王浦劬、〔美〕莱斯特・M. 萨拉蒙等：《政府向社会组织购买公共服务研究：中国与全球经验分析》，第23—26页；郃鹏峰：《政府购买公共服务的监管成效、困境与反思——基于内地公共服务现状的实证研究》，《辽宁大学学报（哲学社会科学版）》2013年第1期，第95—96页。

② 汪佳丽、徐焕东、常青青：《构建全过程、多主体、动态循环的政府购买公共服务监督机制》，《中国行政管理》2021年第1期，第157页。

③ 魏娜、刘昌乾：《政府购买公共服务的边界及实现机制研究》，《中国行政管理》2015年第1期，第74页。

④ 迟福林：《新阶段政府购买公共服务的几个问题》，《中国机构改革与管理》2014年第5期，第35页；徐选国、杨君、徐永祥：《政府购买公共服务的理论谱系及其超越——以新制度主义为分析视角》，《学习与实践》2014年第10期，第96页。

⑤ 王浦劬、〔美〕莱斯特・M. 萨拉蒙等：《政府向社会组织购买公共服务研究：中国与全球经验分析》，第22页；汪佳丽、徐焕东、常青青：《构建全过程、多主体、动态循环的政府购买公共服务监督机制》，第158页。

向的原则。[1] 监管不到位一方面体现在购买主体对承接主体的公共服务生产过程和生产的公共服务的质量之监管较为薄弱，而更多地聚焦于公共服务的数量；另一方面也体现在监管体系不够完备、监管人员不够专业。[2] 绩效考核可操作性不强主要体现在实务层面对政府购买公共服务的绩效考核重视不够[3]和缺少对绩效可操作化的明确规定，在理论层面尚未完全构建起政府购买公共服务的绩效分析模型[4]，并且所设计的指标体系存在权重偏误、脱离实际等问题[5]。“公共性拆解”风险主要体现在公共性在公共服务三元主体的传递中发生了扭曲和受到了侵蚀。[6]

我国政府购买公共服务的风险主要包括公共服务供给效率下降、供给质量降低、寻租、垄断、目标置换等。公共服务供给效率下降和供给质量降低的风险主要体现在：如果在政府和市场缺乏充分准

---

① 张汝立、刘帅顺、包娈：《社会组织参与政府购买公共服务的困境与优化——基于制度场域框架的分析》，《中国行政管理》2020 年第 2 期，第 96 页。

② 代会侠、冯占春：《政府购买公共卫生服务的模式及其理论分析》，《中国初级卫生保健》2008 年第 1 期，第 23 页；王浦劬、〔美〕莱斯特 · M. 萨拉蒙等：《政府向社会组织购买公共服务研究：中国与全球经验分析》，第 30 页；吕芳、王冬芳等：《政府购买公共服务研究：中国实践与国际经验》，国家行政学院出版社 2017 年版，第 12 页；郑卫东：《政府购买服务的监管问题研究》，上海人民出版社 2019 年版，第 98 页；王锴、于萌：《成为“精明”买主：基于区块链技术的政府购买服务研究》，《求实》2020 年第 5 期，第 53 页；汪佳丽、徐焕东、常青青：《构建全过程、多主体、动态循环的政府购买公共服务监督机制》，第 158 页；王志文、张瑞林、沈克印：《激励约束：政府购买公共体育服务中体育社会组织道德风险的应对》，《沈阳体育学院学报》2021 年第 3 期，第 61 页。

③ 徐家良、赵挺：《政府购买公共服务的现实困境与路径创新：上海的实践》，《中国行政管理》2013 年第 8 期，第 29 页。

④ 包国宪、刘红芹：《政府购买居家养老服务的绩效评价研究》，《广东社会科学》2012 年第 2 期，第 17 页。

⑤ 韩江风：《政府购买服务中第三方评估的内卷化及其优化——以 Z 市 S 区社会工作服务评估项目为例》，《四川理工学院学报（社会科学版）》2019 年第 2 期，第 31 页。

⑥ 徐国冲、赵晓雯：《政府购买公共服务的“公共性拆解”风险及其规制》，《天津社会科学》2020 年第 3 期，第 84 页。

备的情况下，仓促地推行政府购买公共服务，可能带来公共服务供给效率和质量的下降。[①] 寻租作为非生产性的寻利行为，其风险主要体现在公共服务承接主体向政府工作人员行贿或政府工作人员向公共服务承接主体索贿两类情况。[②] 在政府购买公共服务的过程中，承接主体将购买主体支付的公共服务资金中的一部分返还给购买主体相关工作人员，或为了获得承接机会而提前向购买主体相关工作人员请客送礼，也并不鲜见。[③] 因此，要通过加强资金来源、流程公开、监督管理等方面的制度建设来预防相关腐败问题。[④] 垄断风险一方面体现在政府往往将公共资源集中于发展相对成熟的承接主体那里，长期的合作关系使这些承接主体获得了与政府讨价还价的能力，并导致公共服务出现承接主体垄断[⑤]；另一方面体现在基层政府出于利益的考虑而对本地社会组织采取地方保护主义策略，由此阻碍了竞争并实质上形成了行政化垄断[⑥]。目标置换风险主要体现为在我国

---

① 周翠萍：《我国政府购买教育服务的风险分析》，《教育科学》2010 年第 5 期，第 24 页；杨燕英主编：《政府购买公共服务导论》，经济科学出版社 2018 年版，第 23 页。

② 詹国彬：《政府购买公共服务的风险及其防范对策》，《宁波大学学报（人文科学版）》2014 年第 6 期，第 74 页；刘丽娟、王恩见：《双重治理逻辑下政府购买社会工作服务项目的运作困境及对策》，《社会建设》2021 年第 3 期，第 74 页；叶松东：《政府购买体育公共服务的风险因素与防范策略》，《体育学刊》2021 年第 2 期，第 44 页；杨燕英：《政府购买公共服务嵌入式财政监督机制——基于风险管理导向的研究》，第 81 页。

③ 何翔舟：《政府购买公共服务研究：问题与主题》，《浙江工商大学学报》2014 年第 5 期，第 67 页；刘舒杨、王浦劬：《政府购买公共服务中的风险与防范》，《四川大学学报（哲学社会科学版）》2016 年第 5 期，第 11 页。

④ 吴晶：《谨防政府购买公共服务成为“腐败新灾区”》，《团结报》2015 年 1 月 20 日，第 4 版。

⑤ 周俊：《政府购买公共服务的风险及其防范》，《中国行政管理》2010 年第 6 期，第 14 页；詹国彬：《政府购买公共服务的风险及其防范对策》，第 73 页；陈天祥、郑佳斯：《把政府带回来：政府购买服务的新趋向》，《理论探索》2019 年第 6 期，第 14 页。

⑥ 徐家良、许源：《政府购买社会组织公共服务的制度风险因素及风险治理》，《社会科学辑刊》2015 年第 5 期，第 46 页。

政府购买公共服务的实践运作过程中出现了用新的目标取代了初始目标的情况[①]，特别是当社会组织难以通过资源动员来完成服务项目时，其就可能会采取目标置换策略来完成与其所拥有的资源相匹配的服务项目。[②]

4. 归纳政府购买公共服务的国际经验

国际经验主要包括审慎购买、需求导向、资金充足、流程规范、信息公开、法律完备、监管严格等。就审慎购买而言，要认识到政府购买公共服务作为民营化的重要表现形式，并不必然带来效率的提高和成本的降低。[③] 就需求导向而言，在做出购买某个公共服务项目的决策之前，会先进行需求评估，并根据评估结果来构建严格的程序和标准以保证公共服务的质量。[④] 就资金充足而言，例如，英国资金投入力度很大且建立了严格的核算体系。就流程规范而言，英国政府将购买公共服务细分为八个环节，并强调购买程序的公正性。[⑤] 就信息公开而言，西方发达国家的政府会通过召开专门的会议、公开发布招标公告、建立专门的网站来发布购买信息和评标结果等多种途径来公开政府购买公共服务的相关信息。就法律完备而言，通常有较为完善的法律法规[⑥]，甚至针对包括政府购买的公共服

---

① 王春婷：《政府购买公共服务的风险识别与防范——基于剩余控制权合理配置的不完全合同理论》，《江海学刊》2019 年第 3 期，第 242 页。

② 杨宝：《嵌入结构、资源动员与项目执行效果——政府购买社会组织服务的案例比较研究》，《公共管理学报》2018 年第 3 期，第 41—42 页。

③ 胡伟、杨安华：《西方国家公共服务转向的最新进展与趋势——基于美国地方政府民营化发展的纵向考察》，《政治学研究》2009 年第 3 期，第 108—109 页。

④ 徐月宾：《西方福利国家社会服务发展趋势——政府购买服务》，《民政论坛》1999 年第 6 期，第 46 页。

⑤ 周宝砚、吕外：《英国政府购买公共服务特点及启示》，《中国政府采购》2014 年第 11 期，第 73 页。

⑥ 韩丽荣、盛金、高瑜彬：《日本政府购买公共服务制度评析》，《现代日本经济》2013 年第 2 期，第 18 页。

务项目在内的公共项目，专门出台诸如《联邦采购条例》《项目评估与结果法案》等文件。[①] 就监管严格而言，西方发达国家不仅注重制定严格的标准、规章制度和加强公共服务的绩效评价来更加有效地履行监管职能，同时还强调了政府监管能力的重要性。[②]

5. 构想我国政府购买公共服务的优化路径

优化路径主要包括明确政府角色、界定购买范围、识别有效需求、规范购买流程、完善法律法规、改进监督工作、推进制度建设等。就明确政府角色而言，政府从生产者转变为购买者和监管者[③]，从服务生产者变为“责任买主”[④]。就界定购买范围而言，财政部门应当承担起政府购买公共服务的监管职责，通过制定相关管理办法来对购买范围做出准确界定。[⑤] 而为了提高购买范围界定的准确性，就需要“对公共服务进行合理分类”[⑥]，并借此划定购买的边界[⑦]。就识别有效需求而言，就是要从政府端开展自上而下的需

---

① 冯华艳：《政府购买公共服务研究》，中国政法大学出版社 2015 年版，第 124 页；尚虎平、杨娟：《公共项目暨政府购买服务的责任监控与绩效评估——美国〈项目评估与结果法案〉的洞见与启示》，《理论探讨》2017 年第 4 期，第 40 页。

② 张汝立、陈书洁：《西方发达国家政府购买社会公共服务的经验和教训》，第 99—100 页；韩丽荣、盛金、高瑜彬：《日本政府购买公共服务制度评析》，第 18 页；姜爱华：《政府购买公共服务绩效及影响因素文献述评》，《中国行政管理》2016 年第 5 期，第 39 页。

③ 敬乂嘉：《中国公共服务外部购买的实证分析——一个治理转型的角度》，《管理世界》2007 年第 2 期，第 38 页。

④ 董杨、句华：《政府购买公共服务质量保障问题研究》，《中国行政管理》2016 年第 5 期，第 45 页。

⑤ 陈小强：《我国政府购买社会工作服务初探》，《中国政府采购》2008 年第 6 期，第 66 页。

⑥ 李军鹏：《政府购买公共服务的学理因由、典型模式与推进策略》，《改革》2013 年第 12 期，第 25 页。

⑦ 王丛虎：《政府购买公共服务的底线及分析框架的构建》，《国家行政学院学报》2015 年第 1 期，第 72 页。

求调查，从公民端推进自下而上的需求表达[①]，并通过需求识别[②]来最大限度减少供给和需求之间的错位和脱节问题[③]。就规范购买流程而言，要通过流程的相对标准化来防止主观随意性。[④] 就完善法律法规而言，要促进立法之间的衔接和专门法律法规的出台。就改进监督工作而言，要构建主体多元化的和全过程的监督体系。[⑤] 就推进制度建设而言，要加强定价机制、第三方评估制度、问责制度、评价指标体系等制度建设。[⑥]

（三）研究动态

国外学者对政府购买公共服务的研究起步较早且相对成熟，有部分学者从 20 世纪 90 年代就开始关注政府购买实践中的风险及对

---

① 蔡礼强:《政府向社会组织购买公共服务的需求表达——基于三方主体的分析框架》,《政治学研究》2018 年第 1 期，第 75—76 页。

② 于秀琴等:《大数据背景下政府购买社会管理性服务的有效需求识别及测量研究》,《中国行政管理》2018 年第 9 期，第 31 页。

③ 蔡礼强:《政府向社会组织购买公共服务的需求表达——基于三方主体的分析框架》，第 70 页。

④ 王振海、王义:《地方政府购买民间组织服务的现状与对策》,《天津行政学院学报》2011 年第 5 期，第 62 页。

⑤ 李军鹏:《政府购买公共服务的学理因由、典型模式与推进策略》，第 29 页；王丛虎:《政府购买公共服务的底线及分析框架的构建》，第 73 页；竺乾威、朱春奎等:《社会组织视角下的政府购买公共服务》，中国社会科学出版社 2016 年版，第 204 页；韩清颖、孙涛:《政府购买公共服务有效性及其影响因素研究——基于 153 个政府购买公共服务案例的探索》,《公共管理学报》2019 年第 3 期，第 71 页；赫立夫:《部分发达国家政府购买公共体育服务供给风险识别及防范研究》,《成都体育学院学报》2021 年第 3 期，第 34 页。

⑥ 徐家良:《政府购买社会组织公共服务制度化建设若干问题研究》,《国家行政学院学报》2016 年第 1 期，第 71—72 页；吴磊:《政府购买居家养老服务风险影响因素与防范路径研究——基于 S 市的扎根分析》,《中国行政管理》2019 年第 12 期，第 26 页；史小强、戴健:《政府购买全民健身公共服务绩效评估指标体系构建研究》,《沈阳体育学院学报》2021 年第 3 期，第 49 页。

策。但这些研究存在两点缺憾：(1) 在分析角度上，从经验层面上对政府购买公共服务的风险表现做出总体性列举的研究成果相对较多，结合实例对政府购买公共服务的具体风险加以深入细致的实证考察的研究成果相对较少；(2) 在分析路径上，从某个学科视角展开分析的研究成果相对较多，综合运用风险管理学、公共经济学、公共行政学、权力政治学等多学科的原理、方法和技术来探究风险识别和防范问题的研究成果相对较少。因而对风险表现及对策的分析一定程度上存在学理性和可操作性的双重欠缺。而实际上，政府购买公共服务是一个涉及多个学科的跨学科研究领域，比如有学者发现，其可以运用到经济学、社会学、管理学、心理学等学科的相关理论（见表 1-2）。因此，识别政府向社会力量购买公共服务的风险与设计风险防范策略应该摆脱单一学科视角的局限性，转而寻求多学科的综合视角。

表 1-2　政府购买公共服务研究所涉学科及其理论

学科	频次	比例	理论
经济学	28	56%	拍卖和招标理论 委托代理理论 交易成本理论 合约治理理论 博弈论 新制度经济学理论 ……
社会学	9	18%	制度理论 一般系统论 社会建构主义理论 社会交换理论 社会网络理论 ……

（续表）

学科	频次	比例	理论
管理学	9	18%	组织学习理论 精益管理理论 创新理论 ……
心理学	4	18%	领导力理论 过程理论 ……
总计	50	100%	

资料来源：在 Anthony Flynn and Paul Davis, "Theory in Public Procurement Research," *Journal of Public Procurement*, Vol. 14, No. 2, 2014, p. 156 的基础上修改而成。

国内学者较为全面地总结了政府购买公共服务的相关理论和国际经验，较为深入地探讨了我国政府购买公共服务的现实图景、突出问题和应对方案。国内亦有为数不多的文献对政府购买公共服务的风险做出了可贵探索，这些文献主要集中于对国外学者关于政府购买公共服务的风险之研究成果的介绍和借鉴，抑或从加强制度建设、完善法律法规等方面构想了风险防范的路径。不过，一方面，结合中国本土实例开展经验性分析的风险研究成果相对较少；另一方面，从政府购买公共服务的流程中的每个环节及该环节所涉主体的双重维度进行系统化的风险识别与防范的研究成果比较鲜见。

三、 学术价值和应用价值

研究价值作为内含于整个研究的选题和内容的核心部件，直接体现了一项研究工作的学术增量之所在。为此，有必要对本书的学术价值和应用价值进行理性审视和概要阐述。

（一）学术价值

关于公共服务供给问题，理论界和实践中占主流的观点认为，政府通过购买来间接供给公共服务比政府直接供给公共服务的效率、效益和质量都会更高。基于这一认识，往往容易对政府购买公共服务可能存在的需求识别偏差、逆向选择、道德风险、效率低下、质量偏差、消极腐败等诸多风险关注不够。本书则着重综合运用风险管理学、公共经济学、公共行政学、权力政治学等多个学科的原理、方法和技术，结合政府购买公共服务的现实事例，对其中的具体风险进行识别并提出可能的防范措施，有助于增进对相关风险的理论认识，并初步弥补既往研究在学理性和可操作性方面的某些不足。

以往关于政府购买公共服务的风险方面的为数不多的研究侧重于采用文献研究法来较为笼统地罗列可能存在的风险及风险防范措施，但缺少一个基本的分析框架，也缺少其他实证研究方法的进场，由此造成不同的研究对风险的罗列既存在相近之处又存在不同之处，且都缺少事实性证据的有力支撑，从而陷入了“自说自话”和“各说各话”的尴尬境地且“所说之话”的说服力相对较弱。本书则尝试将系统思维引入分析框架的构建，初步搭建起政府向社会力量购买公共服务的流程—主体分析框架，力求对流程中每个环节存在的风险和带来或造成某个风险的主体做出更加深入细致的研究，同时注重通过访谈法获取一手文献和通过文献法获取二手文献来形成实例性证据，从而在一定程度上提升了风险分析的客观性、全面性、科学性和信服度。

（二）应用价值

公共服务与民生福祉密不可分，与民心紧密相连。根据《国务院关于“十四五”公共服务规划的批复》，公共服务供给尤其是公共服务体系建设也是省级政府“十四五”经济社会发展的重点任务之一。有效防范公共服务供给尤其是购买公共服务的风险，有助于在以人民为中心的发展思想指引下，更好地增进全体人民的公共福利，在更大程度上增强全体人民的获得感、幸福感、安全感，更为有力地保障共同富裕目标的顺利实现。而本书则初步为相对全面地处置政府向社会力量购买公共服务的风险提供了一些可能。具体来说，一方面，本书能够为政府向社会力量购买公共服务运作流程的每个环节可能存在的风险提供一个有效识别与衡量的知识图谱，从而为风险的精准防范提供科学的决策基础和各种对策的有效组合；另一方面，本书为综合地防范政府向社会力量购买公共服务的风险提供了相关对策措施，既能防患于未然，又能获得风险识别与防范的总体效应。此外，在采用不同的工具时，注重统一协调、比较和综合治理，避免因重复或相互抵消而造成成本增加和浪费，因而既可以弥补单一方式的不足，又有利于降低风险识别和防范的成本。

政府向社会力量购买公共服务是推进公共服务多元主体共建的重要方式。本书有助于为政府购买公共服务的实务工作者尤其是购买主体提供一些“如何做”的操作指南，即在购买公共服务过程中，为了确保购买目标的实现，应如何准确识别风险、科学评估风险和恰当选择风险防范的策略及工具。

四、研究类型和方法体系

为了使研究的问题更加具体化、研究的思路更加清晰化、研究的表述更加条理化、研究的观点抑或结论更加科学化，在正式展开论述之前，有必要通过对本书的研究类型和方法体系的精准厘定来确保本书的方法自觉。

（一）研究类型

从类型学维度看，所有关于类型的研究都需要明确交代类型划分的基本依据。唯有如此，才能尽可能避免分类的交叉、重叠和混乱，对研究类型的划分亦如此。当然，根据不同的分类标准，可以对研究类型做出不同的界分。

根据研究目的的不同，可以将研究类型划分为探索性研究、描述性研究和解释性研究等三种。一般来说，社会科学研究存在许多目的，但其中有三个目的最为主要和基本，即探索、描述和解释。当研究者想针对某个新议题或新现象展开研究以形成初步的认识时，其所进行的研究就可称为探索性研究。换言之，探索性研究通常是研究者针对新现象或新问题，在缺乏前人研究基础和研究结果的背景和条件下，在很小的范围内、对很少的现象所进行的初次的和初步的探究。[①] 探索性研究的目的一般有三个：一是满足研究者的好奇心和更加了解某个事物的欲望；二是探究对某个议题进一步进行细致研究是否可行；三是发展后续研究中需要运用的方法。[②] 描述性研究通常是要通过研究来解决社会情况“是什么”或“发生了什么”的问题，并将研究的发现描述出来。描述性研究容易被认为比较肤浅，但要对社会情况做出精准的描述并不是一件容易的事，而且这种精准描述也是我们进一步探讨背后的原因和寻求问题解决方案的前提和基础。解释性研究通常是要通过研究来回答某种现象“为什么会发生”的问题[③]，其关注的是现象间的因果关系或相关关系。就本书而言，由于所研究的问题并非完全属于一个“前无古人”的新议题或

---

① 风笑天：《社会研究设计与写作》，中国人民大学出版社 2014 年版，第 5 页。

② 〔美〕艾尔·巴比：《社会研究方法（第 10 版）》，邱泽奇译，华夏出版社 2005 年版，第 86—87 页。

③ 风笑天：《社会研究设计与写作》，第 5 页。

新现象，因而本书不属于探索性研究。由于本书在不同的部分有所侧重地分别涉及“是什么”（“发生了什么”）和“为什么”（“为什么会发生”）的问题，故而本书兼有描述性研究和解释性研究的特质。当然，在不同的章节中，两种研究类型的占比存在一定差异。

根据研究目标的不同，可以将研究类型划分为行动研究、应用研究和基础研究等三种。行动研究顾名思义就是行动和研究的结合，其所强调的是实务工作者在实际工作中，根据实务经验和实务中遇到的问题来进行研究，提出解决问题的对策并加以实施和进行评鉴反省。① 行动研究原本隶属于应用研究，但因为行动研究的实务工作者与研究结果应用者是同一批实务工作者，所以被从应用研究中单列了出来。② 行动研究与应用研究的相似之处在于，二者都坚持问题导向（problem oriented），即“以了解、分析、解决现实社会问题为主要目标和原动力”③。应用研究是要把理论变成可以实际运用的形式，基础研究则是为了获得新知而开展的实验性或理论性工作。基础研究不以任何专门或特定的应用或使用为目的，它也不关注研究的成果对解决现实问题而言是否有实践价值。正因为基础研究以促进人类知识的增长为主要的甚至是唯一的目标，该类研究又被视为“知识导向（knowledge oriented）的研究”④。由于本书的研究议题具有较为显著的应用性色彩，属于较为现实的社会问题，因而本书主要归为应用研究。不过，由于本书的相关章节也涉及基本概念的学理性界定、相关理论的推演和发展（如需求管理的四象限法则）等试

---

① James Mckernan, *Curriculum Action Research: A Handbook of Methods and Resources for the Reflective Practitioner*, 2nd ed., London: Kogan Page, 1996. 转引自蔡清田主编：《社会科学研究方法新论》，五南图书出版股份有限公司 2013 年版，第 174 页。

② 蔡清田主编：《社会科学研究方法新论》，第 177 页。

③ 风笑天：《社会研究设计与写作》，第 7 页。

④ 同上。

图为问题的解决提供知识基础的内容，所以本书还兼有基础研究的成分。

根据研究分析侧重点的不同，可以将研究类型划分为规范研究和实证研究两大类。规范研究的重点是与价值有关的问题，其主要是努力回答“应该是什么”或“应该怎么样”等带有显著价值判断色彩的问题。可见，规范研究是非常重视价值层面的分析和判断的。实证研究的重点则是与事实有关的问题，其主要是想精准解答“实际是什么”或“实际怎么样”等存有明显的事实判断色彩的问题。可见，与规范研究相反，实证研究强烈反对将价值判断裹挟到对客观现象的客观描述之中，即十分重视“价值祛除”。因此，关注事实还是关注价值，抑或说关注对研究对象的客观描述还是主观论述，就构成了区分规范研究和实证研究的基本判别标准。当然，与自然科学研究相比，在社会科学研究中，规范研究和实证研究之间的区分并不那么泾渭分明。一般来说，应用研究中实证研究的占比通常较高，而规范研究的占比则要视该应用研究的主题和目标而定。本书同时具有实证研究和规范研究的成分。不过，在具体行文尤其是文字叙述中，本书努力避免将事实判断和价值判断混杂在一起，以增强研究的科学性、清晰度和说服力。

总而言之，从研究目的来看，本书属于描述性研究和解释性研究；从研究目标来看，本书以应用研究为主，基础研究为辅；从研究分析侧重点来看，本书兼有规范研究和实证研究的成分（见表 1-3）。

表 1-3　本书的研究类型

分类依据	研究的应然类型	本书的实然类型
研究目的	探索性研究	×
	描述性研究	√
	解释性研究	√

（续表）

分类依据	研究的应然类型	本书的实然类型
研究目标	行动研究	×
	应用研究	√（为主）
	基础研究	√（为辅）
研究分析侧重点	规范研究	√
	实证研究	√

（二）方法体系

所谓方法体系，通常是指由方法论、基本方式和具体方法技术等三大部分构成的一个相互联系和有机统一的整体。“方法论是关于方法的理论。”[①] 方法论不能等同于方法，方法论是相对原则性、概括性、方向性和抽象化的，方法则是具体性、操作化和具象化的。方法论为方法提供指导和遵循，方法为方法论的落地提供步骤和操作办法。方法论主要涉及研究计划和研究程序的拟定等理论性的知识，而方法则主要涉及如何具体地实施研究计划和研究程序等操作性的知识。与方法论不同，研究方式指的是研究的具体形式或具体类型；具体方法和技术指的是在研究过程中使用的资料收集和分析的方法以及各种操作程序和技术。社会研究方法体系如图 1-1。

如果将方法论视为“指导研究的一般思想方法或哲学”[②]，那么存在实证主义和人文主义两种哲学观。

实证的哲学（positive philosophy）最早由圣西门提出，但在孔德那里，其才成为一种哲学。[③] 孔德认为，所谓“实证”，应当是现实

① 蒋逸民编著：《社会科学方法论》，重庆大学出版社 2011 年版，第 1 页。

② 袁方主编：《社会研究方法教程（重排本）》，北京大学出版社 2013 年版，第 19 页。

③ 沃野：《论实证主义及其方法论的变化和发展》，《学术研究》1998 年第 7 期，第 33 页。

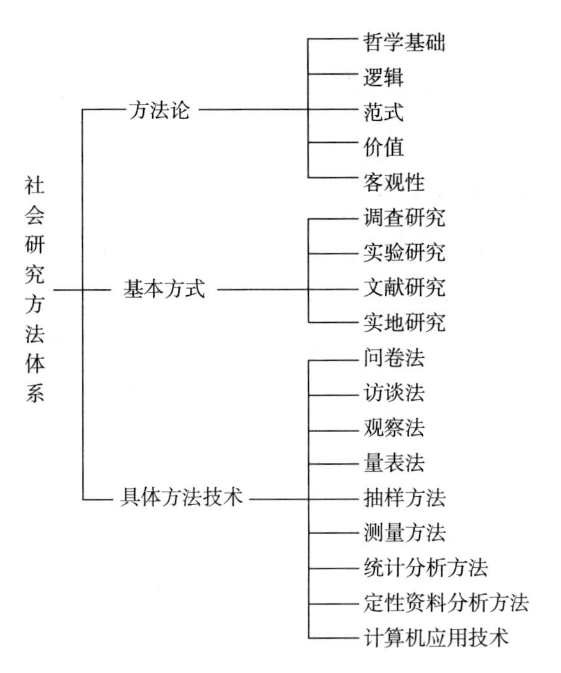

图 1-1 社会研究方法体系

资料来源：风笑天：《社会学研究方法》，中国人民大学出版社 2001 年版，第 6—9 页。

的而非幻想的、有用的而非无用的、可靠的而非可疑的、确切的而非含糊的、肯定的而非否定的。[①] 孔德等人创立的实证主义通常被称为第一代实证主义。第二代实证主义即逻辑实证主义则由费格尔、赖兴巴赫等人提出，并经历了逻辑实证主义、逻辑经验主义、操作性的实证主义等名称上的变换和内容上的变化。[②]

与实证主义哲学观相比，人文主义哲学观虽未占主流，但亦产生了很大影响。德国社会学家狄尔泰认为，社会现象具有特殊性，无论人的行为，还是社会历史事件，都具有偶然性、独特性和无规律性。因此，不能简单套用自然科学的方法来研究人和社会，而应

---

① 袁方主编：《社会研究方法教程（重排本）》，第 25 页。

② 沃野：《论实证主义及其方法论的变化和发展》，第 35 页。

采用人文主义的主观方法对个人和事件加以描述和解释。20世纪的社会学现象学派也认为，涂尔干的“客观的社会事实”根本不存在。有鉴于此，社会学应当将其主要任务设定为对实际的社会生活做出具体而细微的描述，以便对“世界的本来面目”加以还原，而不是去探寻根本不存在的社会规律。①

与人文主义和实证主义相对应的是定性研究与定量研究两种方法论。一般来说，定性研究通常是以研究者自身作为主要的资料收集工具，通过深度访谈、参与观察、实地笔记、开放式问题等途径来收集定性资料，通过寻找这种资料中的模式、主题以及整体特征来分析资料。与定性研究不同，定量研究往往采用结构式的、具有信度和效度的资料收集工具，或通过档案数据资源，来收集基于精确测量的定量资料。具有变量的形式是这种资料的特性。而且只要应用恰当，这种研究的结果可以推广到总体。②

从研究方法论的发展趋势来看，混合方法论代表着未来的趋势，本书也不例外，即本书总体上采用的是定性研究为主、定量研究为辅的混合研究方法论。在研究方式上，本书综合考虑研究议题、研究类型、研究时间和精力等因素，采用了文献研究和调查研究相结合的方式。在具体方法技术方面，主要采用了文献分析法、半结构式访谈法、比较分析法、制度认知分析法。其中，文献分析法用于对政府向社会力量购买公共服务的相关理论研究成果、政策文件和制度文本的梳理、归纳、分析和借鉴。半结构式访谈法用于收集地方政府向社会力量购买公共服务的实践探索方面的描述性资料，为针对风险识别与防范的分析提供一手资料。比较分析法主要体现在研究过程中会对不同国家或地区政府购买公共服务的实践做法有一

---

① 袁方主编：《社会研究方法教程（重排本）》，第26页。

② Ajai S. Gaur and Sanjaya S. Gaur, *Statistical Methods for Practice and Research: A Guide to Data Analysis Using SPSS*, 2nd ed., New Delhi: Response Books, 2009, pp. 28-29.

定的比较分析。制度认知分析法主要用于对政府向社会力量购买公共服务的政策评估、政策设计以及制度与认知的交互分析。

五、研究特色和创新

无论是何种类型的研究，特色和创新都应该是研究的灵魂和价值所在。有鉴于此，有必要对本书可能具有的特色和创新之处做一交代。

（一）学术观点的特色和创新

我国政府购买公共服务的实践运作中既缺乏足够的风险意识，又缺少充分的经验数据来证明政府购买公共服务的确能提高效率、节省成本和改进质量，而且对这一模式中隐藏的风险知之甚少。我国政府向社会力量购买公共服务的风险的本质可概括为“一个确定”和“六个不确定”。“一个确定”即风险事件发生的最终后果一定有损失，“六个不确定”即是否发生不确定、发生时间不确定、所涉对象不确定、发生空间不确定、发生状况不确定、产生损失不确定。从政府向社会力量购买公共服务的风险防范的原则来看，应符合经济合理原则，即应综合考量各种风险防范措施所需的成本，以使风险防范成本尽可能降低。在此背景下，梳理本书核心学术观点的特色和创新如下：

1. 搭建了流程—主体双重维度下的政府购买公共服务风险分析框架

政府向社会力量购买公共服务的风险通常存在于具体的运作流程之中。因此，对风险的识别和防范首先应该从运作流程中的具体环节入手。同时，风险通常是由不同的主体（如购买主体、承接主体、消费主体、评估主体）引发的，因此对风险识别与防范的探究又离不开主体维度。换言之，只有从流程和主体的双重维度入手，才能对政府向社会力量购买公共服务的风险进行全面、深入、细致的识别与防范。基于这样的考虑，本书依次围绕政府向社会力量购买公共服务所涉及的设计项目、编报预算、组织购买、履行合同、绩效评价等五个环节展开风险识别工作，并在具体分析过程中进一步明确风险所涉主体。

在设计项目环节，涉及的主体主要为购买主体。购买主体一方面需要对消费主体的需求信息予以征集反映，另一方面需要对承接主体的服务内容、资质要求、绩效评估等予以规范考察。该环节风险及其防范主要体现在项目风险端口的前置性转移。进一步分析该环节的风险，研究发现基于设计项目环节内部的流程来说，该环节主要包括需求信息偏差风险、目标模糊风险、项目选择偏差风险和总成本增加风险。

在编报预算环节，涉及的主体主要是购买主体。编报预算环节作为公共服务购买流程的有机组成部分，是公共部门预算管理的重要内容，直观地反映了购买主体用于向社会力量购买公共服务的资金计划。从政府向社会力量购买公共服务的主体角度来看，编报预算环节的风险主要由购买主体所引发并承担。购买主体作为编报预算的实施主体，主要存在单个公共服务项目预算金额失当、购买公共服务预算资金总额不足、预算编报程序规范性欠缺、预算编报时间和内容不合理、预算编报方法和技术不科学、预算上报审批管理薄弱等风险。

在组织购买环节，涉及的主体主要是购买主体和承接主体。简言之，在开展组织购买工作过程中，可能会存在合同不完全、信息发布形式化、逆向选择、竞争性短缺、寻租及“串标”“陪标”、高价购买等诸多风险。其中，合同不完全风险和信息发布形式化风险主要由购买主体造成，逆向选择风险和竞争性短缺风险是由购买主体和承接主体共同造成的，寻租及“串标”“陪标”风险主要是由承接主体造成的，高价购买风险主要是由购买主体造成的。不过，考虑到在组织购买环节的承接主体选择和合同签订过程中均会涉及购买主体和承接主体，所以逆向选择、竞争性短缺、寻租及“串标”“陪标”、高价购买等风险与两类主体都有一定的关系。

在履行合同环节，涉及的主体主要包括购买主体、承接主体和消费主体。在该环节，如果承接主体没有尽到生产义务，购买主体没有履行好监管责任，消费主体没有充分的监督机会，那么就可能会存在一系列风险。其中，公共服务生产质量降低风险主要是由承接主体引发的，与购买主体监管不力和消费主体无力监管也有一定关系；公共服务生产能力和监管能力下降风险、资金拨付迟滞风险主要是由购买主体造成的；购买主体监管失灵风险、俘获风险主要是由购买主体和承接主体共同引发的，与消费主体无从监督也有部分关联。当然，因为履行合同环节整个过程同时涉及购买主体和承接主体，所以每个风险都与二者存在一定勾连性，只是在其中发挥的作用大小会有所差别。

在绩效评价环节，涉及的主体主要包括购买主体、承接主体和第三方机构，并在一定程度上涉及消费主体。该环节存在的目的就是辅助查找是否偏离公共服务购买的既定目标方向，以及如何调整修正以保证购买目标的顺利实现。在该环节，评价主体的选择与作用的发挥关乎整个绩效评价工作的高效与否。一方面，从单主体视角来看，当购买主体作为评价主体时，可能由于自身主观成分的干扰等原因而产生购买主体评价失效风险；当第三方机构作为评价主体时，可能由于缺少信息来源、缺少运作独立性等原因而存在第三方评价失灵风险；消费主体由于需求表达机制不完善等原因而失去成为评价主体的资格，这本身就构成了消费主体参与不足风险。另一方面，从多主体视角来看，由于购买主体、承接主体以及评价主体可能为寻求共同利益而采取“共谋”行为，从而生成绩效评价形式化的潜在风险；由于承接主体与评价主体双方存在角色冲突与利益博弈等原因，可能导致评价结果运用表面化风险。

2. 提出了立足“多元主体、全部流程、技术视角、机制维度”的政府购买公共服务体系化风险防范策略

我国在政府购买公共服务领域可能会遭遇到的前述风险既与该领域宏观的、缺乏执行标准的政策设计有关，也与地方政府等购买主体在执行过程中出于自利等目的而产生的执行阻滞或变相执行等自我规避有关。降低或避免以上种种风险，既需要关注全过程、多主体的购买公共服务设计与实施，又需要从技术视角降低执行过程中的主观随意性，还需要从机制维度实现公共服务购买绩效的长效性。基于前述考虑，本书从“多元主体、全部流程、技术视角、机制维度”等四个向度尝试构建起体系化的风险防范策略。

在设计项目环节，通过开展公共服务需求调查来确定服务内容，在明确本质性政府职能的基础上进一步完善顶层管理制度，通过科学完善的目标设定以及成本效益等结果考量，从过程视角有效规避政府购买公共服务的潜在风险。对具体风险的防控，除了从购买主体和设计项目工作的具体过程视角出发，还从技术实施视角和机制构建视角予以展开。

在编报预算环节，提出政府购买公共服务中编报预算的风险防范应从明确预算价格、深化全面预算绩效管理改革、健全预算编报程序公开机制、推动公众参与式预算的高质量发展、规范预算编报标准和调整幅度、构建预算资金激励相容机制、科学调整预算编报时间、提高对预算编报的重视程度和预算的精细化水平、深化全口径综合预算、优化预算编报方法、加强政府预算与中长期战略规划的结合、拓展预算编报的技术手段、适当延长预算审批时间、进一步完善预算审批流程、加强对预算上报审批过程的监督管理等方面

入手，建立“全面规范透明、标准科学、约束有力”的公共服务购买预算编报制度。

在组织购买环节，通过追求可行的完全性、采用绩效合同、健全合同备案制度等措施来降低合同不完全程度；经由缩短信息发布时间差、加大监督力度和引入社会各界监督来防范信息发布形式化；采用遵循“物有所值”原则、降低信息不对称程度、优化组织购买程序、发挥潜在承接主体监督作用等措施防止逆向选择；借助承接主体培育、公共服务项目分解、准市场方式和公私混合模式来提升竞争程度；依靠精准惩治、以案促制、以案示警、消费主体参与、凭单来减少寻租及“串标”“陪标”行为；依凭预算价格刚性、市场测试、执业资格制度等来预防高价购买风险。

在履行合同环节，以强化教育培训、加强和改进事中监管、建立履约保证金制度、构建激励相容机制来防止购买主体降低公共服务生产质量；以购买主体公共服务生产能力和合同履行监管能力重建来防范其公共服务生产能力和监管能力下降风险；以推进第三方监管、引入服务对象参与式监管、与严格履约的承接主体建立长期合作关系、助推“管家”型承接主体的养成来防范购买主体监管失灵风险；以识别机制、问责机制、监督机制、考核评价机制、教育引导机制和正向激励机制的构建来降低俘获风险；以明确及时支付原则和完善拨付机制来预防资金拨付迟滞风险。

在绩效评价环节，按照“制度—主体—机制—运用”的风险防范思路，综合考虑运用健全绩效评价法律制度、组建评价组织管理体系、完善绩效评价程序等制度建设策略，提升购买主体绩效评价能力和引入消费主体满意度评价等主体能力提升策略，构建基于购买目标的绩效评价机制、优化第三方绩效评价机制、建立绩效评价成果扩散机制等机制优化策略，以及强化绩效评价结果运用等多方举措来全方位防范该环节的风险。

3. 构建了“过程和结果并重型”风险识别与防范模式

政府购买公共服务风险防范是一个动态发展的过程，在此基础上，我们尝试构建了“过程和结果并重型”风险识别与防范模式。一方面，在本书的各章节中，对于不同环节可能产生的风险分析的侧重点不同。设计项目、编报预算、组织购买和履行合同环节侧重过程视角下的风险识别与防范；绩效评价环节侧重从结果角度评估和防范风险。另一方面，政府购买公共服务各环节中显在风险和潜在风险的防控不仅应建立在理念与意识层面对购买公共服务的全过程和全主体考察基础之上，更应该在技术视角下通过科学的流程设定和完善的流程再造实现对服务开展、服务过程和服务绩效的科学评估与系统落实，从技术层面降低执行过程中的主观随意性。诸如，在设计项目环节对工具与方法的运用，在保证了购买公共服务工作的开展与公共服务过程的科学性的基础上，也对服务绩效予以系统性评估设计，有效避免项目开展前、开展中的决策失误与开展后的绩效主观评定等潜在风险。此外，本书提出从机制维度提升公共服务风险防范的长效性。从我国政府购买公共服务的制度环境来看，相关的制度供给和机制建设尚有不足，政府购买公共服务“内卷化”倾向还在一定程度上存在，故而需要从机制构建与完善层面来破解风险防范的现实困境和加强对潜在风险的预防，以切实提升我国公共服务的购买绩效。

（二）研究方法的特色和创新

本书既运用依靠二手资料和逻辑思辨来搜寻风险的传统研究方法，又运用半结构式访谈法、参与式观察法来获取第一手的实践资料，试图在真实世界中发现真实的风险，从而避免单纯的问题描述式和非经验主义式研究浮于表象和脱离实际的缺陷，因而对风险的辨识会更加科学、准确和全面，对风险防范措施的构建具有较强的针对性和实用性。

（三）研究视角的特色和创新

关于政府购买公共服务的风险方面的研究成果中有不少成果主要凭借经验甚或直觉对所面临的风险做出研判并构想出一定的对策建议，因而分析结论的学理性、准确性、有用性和可操作性都受到影响。本书则从涉及风险管理学、公共经济学、公共行政学、权力政治学等的跨学科视角切入，借鉴多个学科的相关理论和工具，立足流程和主体的双重维度来深入细致地探究而不是仅从整体轮廓上粗略地探讨政府向社会力量购买公共服务的风险识别和防范问题，从而努力增强研究成果的学理性、有效性和可操作性。

第二章　相关概念和分析框架

不论是自然科学研究还是社会科学研究，抑或人文学科研究，精准厘定相关学术概念和有效构建分析框架都是在正式展开具体研究工作时要率先做好的前提性和基础性工作。对于一项应用研究而言，这些基础性工作同样不可或缺，否则，我们取得的研究成果很可能非但难以有效指导实践，反而会造成对实践的误导。故而，本章的目标在于：对“公共服务”“政府向社会力量购买公共服务”“风险”等相关概念做出界定和辨析，对本书的分析框架加以构建和阐释。

一、相关概念

概念既是认识事物的基础，又是建造理论大厦的砖瓦，还是分析问题和解决问题的逻辑起点。正如维特根斯坦所言，“概念引导我们探索”①。如果研究者对研究所涉及的相关概念缺乏清晰准确的理解，那么在开展研究的过程中不但可能会出现概念的误置或误用，而且这种误置或误用会引致研究过程的偏误或研究结论的偏差。基于前述考虑，结合本书的研究对象和想解决的研究问题，本部分选

① 〔奥〕维特根斯坦：《逻辑哲学论》，郭英译，商务印书馆1962年版，第540页。

取了“公共服务”“政府向社会力量购买公共服务”“风险”“问题”等相关概念进行语义阐释和界说，从而为本书后续研究的开展提供概念基础。

（一）公共服务的概念辨识

在《辞海》中，服务又叫作劳务，它体现为这样一种活动，即采用活劳动而非实物的形式来使他人的需求得以满足。[①] 根据服务是具有“公”还是“私”的性质，可以将其划分为公共服务和私人服务。公共服务的概念，如果从字面上来理解，就是面向公众的服务。对公众而言，这些服务非常重要，比如教育、医疗、住房、养老，等等。不仅如此，公共服务一词本身就意味着在服务资金的来源、服务的具体提供、服务的生产管理等方面或多或少地需要政府的介入。[②] 如果从学科领域来看，国外学界主要是公法领域的学者经常使用这个术语。李军鹏经过考证发现，莱昂·狄骥（Leon Duguit）——法国公法学派的一位著名代表人物，早在1912年就首先使用了“公共服务”这个术语。狄骥提出了现代公法制度内含的一个隐性原则，即拥有公权力的那些人有一项基本的义务，就是运用公权力来组织和保障公共服务的供给。那么，何谓“公共服务”呢？在狄骥那里，所谓公共服务，是指那些对增进和实现社会团结不可或缺，所以一定得由政府出面进行干预，不然就难以充分进行下去的活动。[③] 在对公共服务概念的理解中，狄骥使用了“社会团结”或“社会连带”这个术语。从社会连带的类型来看，包括求同的连带关系和分工的连

---

① 《辞海》，上海辞书出版社2009年版，第638页。

② 〔英〕朱利安·勒·格兰德：《另一只无形的手：通过选择与竞争提升公共服务》，韩波译，新华出版社2010年版，第4页。

③ 李军鹏：《公共服务学——政府公共服务的理论与实践》，国家行政学院出版社2007年版，第33页。

带关系。所谓求同的连带关系，是指唯有依赖共同的社会生活，人们才能实现共同需要的满足；所谓分工的连带关系，是指由于人们的兴趣和能力存在显著的差异，所以为了实现各自利益的满足，必须进行科学分工和服务交换。[①] 不过，在国外的经济学尤其是公共经济学和财政学领域，则更多地使用公共产品[②]这个术语，而且国外学者通常不对这个概念下严格的定义，而只是进行大致的描述。例如，法国学者狄骥就曾指出，公共服务所包含的内容是复杂多样和动态变化的，哪怕想准确把握变化的过程和趋势都不是一件轻而易举就能做好的事情。我们唯一可以做出肯定回答的是，与公共需求有关的政府活动会随着人类文明的发展而日益增多，公共服务的数量也会因此而不断增长。[③] 又如，美国学者奥克森没有直接界定公共服务的概念，而是对服务供应所包含的内容做了罗列。在他看来，服务供应方的行为主要属于一些集体选择行为，这些行为所要决定的事项大致包括：(1) 供给什么产品和服务（其中哪些产品和服务应由私营部门或个人来供给而无须政府的任何介入）；(2) 需要对哪些私人活动加以监管，监管到何种程度和采用什么类型的监管；(3) 需要筹集多少资金以及怎样筹集这些资金；(4) 需要供给的产品和服务的数量是多少，质量有什么要求以及质量的衡量标准是什么；(5) 产品和服务的提供和生产如何开展，特别是怎样将提供和生产有机结合起来。[④]

关于公共服务的概念，国内学界虽然存在一定的争议，但是相

---

① 陈振明等:《公共服务导论》，北京大学出版社 2011 年版，第 10 页。

② 公共产品即“public goods”，常被翻译成公共物品、公共产品、公共品、公共资财等，故而这些中文名称可以通用。

③ 〔法〕莱昂·狄骥:《公法的变迁·法律与国家》，郑戈、冷静译，辽海出版社、春风文艺出版社 1999 年版，第 50 页。

④ 〔美〕罗纳德·J. 奥克森:《治理地方公共经济》，万鹏飞译，北京大学出版社 2005 年版，第 9 页。

较于国外学者，国内学者对该概念的界定则要清晰得多。因此，本书主要对国内学者关于公共服务概念的界定进行评述，并以此为基础提出本书对该概念的理解。总的来看，国内学界关于公共服务的概念的界定主要包括三个维度，即国家或政府维度、公共产品维度、公共需求和公共利益维度。

从国家或政府维度看，赵黎青指出，公共服务可以有三种含义。公共服务的第一种含义是：鉴于现代国家属于公共服务型国家，故而其所做出的行为都属于在供给公共服务。公共服务的第二种含义是：鉴于现代政府是服务型政府，故而其所做出的行为同样都属于在供给公共服务。公共服务的第三种含义是：从政府职能的视角来看，公共服务作为政府的一个主要职能，与政府的经济调节、市场监管、社会治理等其他几个职能存在显著区别。公共服务的种类可以根据其内容和形式分为基础性公共服务、经济性公共服务、社会性公共服务、公共安全服务。[①] 其中，第一种含义过于宽泛，而且国家的有些行为并不属于“服务”的范畴。第二种含义也有类似的缺陷。第三种含义将公共服务作为政府职能之一是正确的，但该含义对我们理解公共服务概念的内涵和外延都没有提供实质性帮助。不仅如此，第三种含义对公共服务种类的划分存在重复和交叉的不足。例如，公共安全也属于政府的社会治理职能，因而可以放在社会性公共服务中。经济性公共服务、社会性公共服务是从公共服务所属的领域角度做出的区分，因为整个社会（广义社会）可以划分为经济、政治、文化、社会(狭义社会)、生态五大领域，所以经济性公共服务、社会性公共服务与文化性公共服务、生态性公共服务、政治性公共服务是同一层面的概念。公共安全服务是从服务内容角度提炼出的概念，就其外延而言，既会有经济领域的公共安全服务

---

① 赵黎青:《什么是公共服务》,《中国人才》2008 年第 15 期，第 70 页。

(如安全生产服务),也会有社会领域的公共安全服务(如社会治安服务),还会有政治领域、文化领域和生态领域的公共安全服务,因而公共安全服务的概念与经济性公共服务、社会性公共服务的概念不仅划分的角度不同,而且在外延上还存在交叉和重复。基础性公共服务则是从公共服务本身的地位来划分的,可以据此将公共服务分为基础性公共服务和非基础性公共服务。因为在经济性公共服务、社会性公共服务和公共安全服务中都存在基础性公共服务和非基础性公共服务,所以基础性公共服务与前三个概念同样既存在划分角度的差异,又存在外延上的交叉和重复。

从公共产品维度看,主要有静态和动态两个层面的界定。从静态层面看,公共服务被理解成公共产品。例如,刘旭涛认为,广义的公共服务是指诸如国防、法律、教育等不适合由市场来提供的公共产品,狭义的公共服务是指诸如邮政、道路、公用基础设施等有赖于政府直接供给的公用事业或依靠政府直接投入公共财力来建设的基础设施。[①] 再如,厉以宁指出,在经济学学科中,通常将政府向居民户提供的各种服务统称为公共产品,比如国防、治安、教育、卫生保健、司法、社会保障等。[②] 又如,王浦劬和莱斯特·萨拉蒙等认为,政府通过行使公共权力和运用公共资源向公民提供的各项服务都属于公共服务,既包括无形产品(如科学、文化、教育、卫生等),也包括有形产品(如基础设施、道路交通等)。[③] 从动态层面看,公共服务被理解成供给公共产品(有的学者还将特殊私人产品

---

① 刘旭涛:《行政改革新理念:公共服务市场化》,《中国改革》1999 年第 3 期,第 9 页。

② 厉以宁:《关于教育产品的性质和对教育的经营》,载郝克明主编:《面向 21 世纪我的教育观》综合卷,广东教育出版社 1999 年版,第 235—250 页。

③ 王浦劬、〔美〕莱斯特·M. 萨拉蒙等:《政府向社会组织购买公共服务研究:中国与全球经验分析》,北京大学出版社 2010 年版,第 6 页。

包括进来）的活动。例如，陈振明等认为，公共服务为这样的实践活动之总称，即政府等公共部门依凭公共权力和一定的机制及方式来提供各种物质形态或非物质形态的公共物品之活动。公共部门之所以要这样做，是为了更好地回应公共需求偏好，更有效地维护公共利益。[①] 再如，张序认为，公共服务是指公共部门为了依靠公共权力或公共资源来增进公共利益和社会公平，同时也为了满足公民基本而具体的公共需求，所从事的公共产品和特殊私人产品之生产、提供和管理活动。[②] 从前述国内外学者的五种观点中不难发现，这些学者通常认为只有那些依靠公共权力或公共资源供给的服务才能认定为公共服务。不仅如此，前述五种界定，除了张序的界定把特殊私人产品包括了进来，其他四种界定都把公共服务视为在外延上与公共产品可以等同的概念。国外学者萨瓦斯也坚持相同的观点。在他看来，物品和服务“这两个术语将被用作同义词”[③]。当然，国内还有别的学者早于张序提出了类似的观点，即认为通过公共服务提供的物品也包含某些特殊私人物品。例如，马庆钰就曾强调，公共服务体现为“政府和非政府公共组织以及有关工商企业在纯粹公共物品、混合性公共物品以及特殊私人物品的生产和供给中所承担的职责”[④]。概言之，在前述界定中，有的侧重将公共服务理解为公共产品，有的侧重将公共服务理解为公共部门供给公共产品和某些特殊私人产品的活动或承担的职责。

从公共需求和公共利益维度看，有学者把公共需求和公共利益

---

① 陈振明等：《公共服务导论》，第 13 页。

② 张序：《与“公共服务”相关概念的辨析》，《管理学刊》2010 年第 2 期，第 57 页。

③ 〔美〕E. S. 萨瓦斯：《民营化与公私部门的伙伴关系》，周志忍等译，中国人民大学出版社 2002 年版，第 46 页。

④ 马庆钰：《公共服务的几个基本理论问题》，《中共中央党校学报》2005 年第 1 期，第 58 页。

视为界定公共服务的基本依据，即公共服务的基本旨归是满足公众的公共需求或增进社会的公共利益。柏良泽强调，既然服务体现为通过为组织或他人工作来帮助组织和他人满足需求的一类行为，那么公共服务就可以理解为为了满足公共需求所做出的行为或为了实现公共利益而提供的服务。[①] 黄新华认为，公共服务包括向社会提供的各种物质产品和精神产品[②]，提供这些产品的目的是公共需求的满足和公共利益的实现。唐铁汉和李军鹏指出，政府为了实现公共需要的满足所提供的产品和服务都可以称为公共服务。[③] 前述三种界定都把政府为了满足公共需求（公共需要）和实现公共利益所做出的行为以及提供的服务和产品视为公共服务。立足公共需求和公共利益维度的这种理解是从目的论角度展开的，对这一目的的设定，学术界是没有争议的。前述三位学者的理解让我们能够更加清楚地明白公共服务的目的，并且可以将政府提供的私人产品类服务也涵盖进来。

在综合比较和借鉴前述观点的基础上，本书倾向于从静态和动态两个层面来界定公共服务。从静态层面看，狭义的公共服务通常包括公共部门、私营部门、第三部门甚或公民个体供给的一切公共产品，而广义的公共服务除这些公共产品外，还包括某些特殊私人产品。因此，静态层面的狭义的公共服务与公共产品是在内涵和外延上都可以等同的概念；静态层面的广义的公共服务则包含了公共产品和某些特殊私人产品两大类，因而在外延上要大于公共产品的外延。静态层面的公共服务无论是狭义的还是广义的，都可以分为

---

① 柏良泽：《“公共服务”界说》，《中国行政管理》2008 年第 2 期，第 18 页。

② 黄新华：《从公共物品到公共服务——概念嬗变中学科研究视角的转变》，《学习论坛》2014 年第 12 期，第 45—46 页。

③ 唐铁汉、李军鹏：《公共服务的理论演变与发展过程》，《新视野》2005 年第 6 期，第 36 页。

基本公共服务和非基本公共服务。从动态层面看，公共服务是指经由法定授权的公共部门、私营部门、第三部门甚或公民个体供给的公共产品或部分特殊私人产品的行为或活动。因此，在动态层面上，作为一种行为或活动的公共服务虽然主要供给的是公共产品（含纯公共产品、俱乐部产品、共用资源），但有时也会供给某些特殊私人产品。当然，从应然的角度看，通过公共服务来提供特殊私人产品的基本依据应该是公共利益，这正是该私人产品的特殊性所在。换言之，只有出于公共利益的考虑，才能将这些私人产品纳入公共服务的行为或活动。

（二）政府向社会力量购买公共服务的概念界说

一般来说，核心只有一个。例如，党的十八届六中全会作出的一个重要论断就是“一个国家、一个政党，领导核心至关重要”，并明确强调习近平总书记既是党中央的核心，又是全党的核心。同样，核心概念（core concept）也应只有一个。在本书中，相对于公共服务这个基本概念来说，政府向社会力量购买公共服务（government purchasing public services from social forces）才是本书的核心概念，因而有必要对该概念加以深入细致的探讨。

1. 概念之实践缘起

在国内当下的公共管理研究中，政府向社会力量购买公共服务无疑是一个被学者广为关注的热点议题。然而，从全球范围来看，早在20世纪七八十年代的新公共管理实践中，该议题在英美等西方发达国家就成为热潮。不过，如果从大历史观和长时段的维度来看，政府购买公共服务的实践早在18世纪就已经出现了。从这一意义上说，政府购买公共服务并非什么新事物。在18世纪，有不少公共服务事项，例如垃圾回收和处理、监狱的管理工作、道路的养护事宜等，都被英格兰政府合同外包给私营部门来承担。放眼全球，较早大范围推行公共服务政府购买的国家当属英国和美国。就英国而言，政府购买公共服务的大规模推行开始于20世纪70年代。时任英国首相撒切尔夫人对公共服务市场化改革情有独钟，她特别重视发挥竞争机制的积极作用，积极推动公共部门与公共部门之间、公共部门与私营部门之间、私营部门与私营部门之间通过竞争的方式来争夺公共服务的生产权和政府购买公共服务的资金。其中，私营部门和非营利组织参与竞争的重要机缘就是政府购买公共服务，尤其是向社会力量购买。在英国的影响下，美国、澳大利亚、新西兰等西方发达国家也先后于20世纪七八十年代开始积极推进政府购买公共服务的探索性改革。例如，美国奉行小政府大社会的理念，联邦政府花费大量的公共财力来依靠非营利组织等社会力量推动减贫减灾工作，仅1979年签订的购买合同所涉及的服务量就达到了全年服务总量的55%左右。[①] 在20世纪90年代，西方发达国家大都将政府购买公共服务作为政策工具箱中的一个重要工具，所购买的公共服务项目也非常广泛，甚至涉及戒毒治疗、戒酒治疗、心理健康、智力障碍人士服务、日托服务、老年人服务、儿童福利等多个领域。从20世纪末期开始，合同外包也被广大发展中国家所引入，政府购买公共服务也因此席卷全球。[②] 至于中国，香港地区早在20世纪中后期即60年代末就开启了政府购买公共服务的实践探索。那时，因为政府在大力推行官办民营，所以志愿机构生产的社会服务竟然占到社会服务项目总数的2/3左右。[③] 在内地，政府购买公共服务的实践

---

① 朱眉华:《政府购买服务——一项社会福利制度的创新》,《社会工作》2004年第8期，第8页。

② 周俊:《政府购买公共服务的风险及其防范》,《中国行政管理》2010年第6期，第13页。

③ 陈少强、宋斌文:《政府购买社会工作服务初步研究》,《财政研究》2008年第6期，第52页。

则要晚三十多年。首开中国内地政府购买公共服务先例的当数深圳市。早在1994年，深圳市罗湖区就率先尝试购买环境卫生服务。上海市紧随其后，在1995年也开展了政府购买公共服务的相关工作。上海市浦东新区社会发展局将“罗山市民会馆”通过协商方式委托给上海基督教青年会管理。截至目前，不仅香港、深圳、上海在大力推进政府购买公共服务，全国其他地区的地方政府也在积极开展相关实践探索，购买范围也较为广泛，比如教育服务、养老服务、就业服务、医疗卫生、计划生育、社区矫正、环境卫生服务等等。国务院常务会议也对如何推进政府购买公共服务做了专门研究，随后出台了《关于政府向社会力量购买服务的指导意见》，这标志着我国政府向社会力量购买公共服务在中央政府层面开始走向制度化。不过，截至目前，国内外学术界关于政府向社会力量购买公共服务的确切含义并没有达成共识。本部分试图对该概念做出相对科学的界说，以期推进认识上的相对统一。

2. 国内学者之学理阐释

关于何谓“政府向社会力量购买公共服务”，因为国外学者很少使用这个术语，所以也就谈不上进行概念界定了。在国外，与“政府向社会力量购买公共服务”相近的概念主要有四个：“购买服务合同”“购买合同服务”“合同外包服务”“合同委外”。这四个概念的共同本质在于，强调通过签订购买合同的形式来由社会上的营利组织抑或非营利组织从事公共服务的生产工作。[①] 由此可见，在国外学者那里，政府购买公共服务与公共服务合同外包实际上是名称不同而含义相同的两个概念。政府向社会力量购买公共服务作为在实践中提出的一种称谓，国内也很少有学者对其做出界定，但国内学者对

① 余冰、郭伟信：《政府购买服务的理论与实践探讨——以广州仁爱社会服务中心的社工服务购买为例》，《广东工业大学学报（社会科学版）》2012年第1期，第46页。

政府购买公共服务的概念多有界定，总的来说，对这些界定主要可以从三个角度进行类型学分析。

其一，从政府提供公共服务职能的部分让渡角度进行分析。李慷认为，政府部门为了切实履行好为社会公众服务的职能，会依靠公共财政从社会服务机构那里购买公共服务，这就是政府购买公共服务。① 陈少强、宋斌文强调，政府购买公共服务意味着政府对提供哪些类型的公共服务和提供的品质要求是什么等问题做出认真的回答，然后通过签订合同的方式由非政府组织或其他组织来具体完成公共服务的生产工作。② 赵云、潘小炎指出，政府购买服务体现了公共服务提供模式的创新，即从政府亲自生产服务的传统模式转变为通过付费的方式由符合条件的市场主体或社会组织来生产的现代模式。③ 王浦劬和萨拉蒙等认为，政府购买公共服务意味着原本由政府直接提供的公共服务，转交由社会服务机构来从事，而政府则要在考察社会服务机构生产的公共服务的数量和质量之后，向其支付一定的费用。从表现形式来看，除了合约制这种被学者广为探讨的形式之外，广义的购买服务还存在诸如政府资助、提供服务券等多种形式。④ 唐钧强调，政府购买服务昭示着原本由政府直接承担的公共服务转而交由非营利组织或社会企业来承担，而政府则要向非营利组织或社会企业支付一定的费用以弥补服务的成本。⑤ 从王浦劬和萨

---

① 李慷：《关于上海市探索政府购买服务的调查与思考》，《中国民政》2001 年第 6 期，第 23 页。

② 陈少强、宋斌文：《政府购买社会工作服务初步研究》，第 51 页。

③ 赵云、潘小炎：《含义、内容、方式以及对象的确认是推进政府购买卫生服务方式的前提》，《中国卫生经济》2010 年第 9 期，第 29 页。

④ 王浦劬、〔美〕莱斯特·M. 萨拉蒙等：《政府向社会组织购买公共服务研究：中国与全球经验分析》，第 3—4 页。

⑤ 唐钧：《政府购买服务：购买的究竟是什么》，《中国社会保障》2012 年第 3 期，第 35 页。

拉蒙等的界定中可以看出，政府购买公共服务的方式并不局限于合同承包制，补助制和凭单制亦是其可采用的购买方式。关于这一点，国内还有别的学者也做了阐述。例如，有学者认为，政府购买公共服务存在诸如合同外包、凭单、补助或奖励等多种方式。[①] 其中，硬服务（服务标准、服务质量、服务规格等要求能够被清楚详细地加以阐释的服务）通常更适合采用合同外包的方式来供给；软服务（服务标准、服务质量、服务规格等要求难以被准确说明，而是主要靠消费主体主观评价的服务，例如老年人看护服务）通常更适合采用凭证制度的方式来供给。[②] 周义程也指出，政府购买公共服务常见的制度安排方式包括合同承包制、特许经营制、补助制和凭单制。[③] 此外，对这些学者所做的概念界定进行比较分析可以发现，公共服务的承接主体不仅可以是社会组织，也可以是私营部门甚或公民个体。

其二，从政府购买公共服务的特征角度进行阐述。刘军民和赵立波都认为，政府购买服务体现为公共服务提供方式的新变化，即“政府承担、定向委托、合同管理、评估兑现”。[④] 杭州市财政局课题组指出，所谓政府购买公共服务，意指政府把直接举办的公共服务采用政府承担、定向委托、合同管理、评估兑现的方式交给符合条件的社会组织或居民来从事，政府在对公共服务的数量和质量加

---

① 财政部科研所课题组：《政府购买公共服务的理论与边界分析》，《财政研究》2014年第3期，第6页。

② 冯俏彬、郭佩霞：《我国政府购买服务的理论基础与操作要领初探》，《中国政府采购》2010年第7期，第72页。

③ 周义程：《政府购买公共服务的基本理论与制度安排》，广东人民出版社2016年版，第149页。

④ 刘军民：《关于政府购买卫生服务改革的评析》，《华中师范大学学报（人文社会科学版）》2008年第1期，第35页；赵立波：《完善政府购买服务机制 推进民间组织发展》，《行政论坛》2009年第2期，第59页。

以评估后向后者支付一定的费用。[①] 陆春萍则将政府购买服务理解为政府通过拨款资助服务或以公开招标的形式向提供公共服务的社会机构购买社会服务。[②] 在这几种观点中，刘军民、赵立波和杭州市财政局课题组都突出了政府购买公共服务的“定向委托”特质，陆春萍则把拨款资助和公开招标明确地提了出来。概括地说，政府购买公共服务并不局限于定向委托这种形式，还经常采用竞争性招投标的形式，而且为了降低公共服务购买成本，提高公共服务购买绩效，更多地引入竞争机制是完善政府购买公共服务的努力方向。

其三，从购买主体、承接主体或消费主体的角度进行剖析。苏明等认为，政府购买公共服务体现的是公共服务机制的创新，在该机制中，承包公共服务的是社会组织，政府与社会组织签订合同，并用公共财政资金向社会组织支付费用。[③] 邓金霞认为，政府购买公共服务就其本质而言，表现为公共服务所有权和公共服务经营权之间的分离，其中涉及政府、企业或非营利组织、公众等三类主体。政府是公共服务的提供者、购买者、激励者和监督者，企业或非营利组织是公共服务的生产者和惩戒者，公众是公共服务的使用者和消费者。[④] 冯俏彬、郭佩霞强调：广义地说，以政府为主体向市场购买的各种服务都属于政府购买服务。按照服务的消费者是谁来进行划分，可以将向市场购买的服务分为供政府消费的服务和供符合规定条件的居民消费的服务。[⑤] 简言之，第一类服务的消费者是政府，

---

① 杭州市财政局课题组：《关于政府购买服务问题的思考》，《经济研究参考》2010年第44期，第30页。

② 陆春萍：《我国政府购买公共服务的制度化进程分析》，《华东理工大学学报（社会科学版）》2010年第4期，第103页。

③ 苏明等：《中国政府购买公共服务研究》，《财政研究》2010年第1期，第15页。

④ 邓金霞：《地方政府购买公共服务“纵向一体化”倾向的逻辑——权力关系的视角》，《行政论坛》2012年第5期，第33页。

⑤ 冯俏彬、郭佩霞：《我国政府购买服务的理论基础与操作要领初探》，第70页。

第二类服务的消费者是公众。《中华人民共和国政府采购法》（下文简称《政府采购法》）第二条规定强调，“本法所称政府采购，是指各级国家机关、事业单位和团体组织，使用财政性资金采购依法制定的集中采购目录以内的或者采购限额标准以上的货物、工程和服务的行为。……本法所称货物，是指各种形态和种类的物品，包括原材料、燃料、设备、产品等。本法所称工程，是指建设工程，包括建筑物和构筑物的新建、改建、扩建、装修、拆除、修缮等。本法所称服务，是指除货物和工程以外的其他政府采购对象。”由此可见，政府采购的对象既包括货物和工程，又包括服务。那么这里所说的服务是指什么呢？关于这个问题，在《政府采购法》中并没有明确说明。而“在以往的实践中。这里的‘服务’常常被理解为确保政府行政机关事务和实际运行而需要的服务”[①]，即仅仅是指政府自身履职所需的服务。而根据《中华人民共和国政府采购法实施条例》（下文简称《政府采购法实施条例》）第二条的相关规定，“政府采购法第二条所称服务，包括政府自身需要的服务和政府向社会公众提供的公共服务”。由此可见，在《政府采购法实施条例》中，将作为政府采购对象之一的服务的外延做了拓展，即不仅包括公共服务，还包括政府自身履职所需的服务。此时，公共服务才被正式纳入政府采购的范围。根据这里关于服务外延的界定，不难看出政府购买服务既包括政府购买公共服务，又包括政府购买辅助性服务。根据这一判断，不宜将政府购买服务与政府购买公共服务等同。因此，有学者做出的“政府购买服务又称为政府购买公共服务”[②] 的判断是值得商榷的。财政部发布的《关于推进和完善服务项目政府采购有关问题的通知》强调，要“分类推进服务项目政府采购工作”，同时

---

① 王浦劬、〔英〕郝秋笛等：《政府向社会力量购买公共服务发展研究：基于中英经验的分析》，北京大学出版社 2016 年版，第 43 页。

② 郑卫东：《政府购买服务的监管问题研究》，上海人民出版社 2019 年版，第 5 页。

还明确指出,“根据现行政府采购品目分类，按照服务受益对象将服务项目分为三类：第一类为保障政府部门自身正常运转需要向社会购买的服务。如公文印刷、物业管理、公车租赁、系统维护等。第二类为政府部门为履行宏观调控、市场监管等职能需要向社会购买的服务。如法规政策、发展规划、标准制定的前期研究和后期宣传、法律咨询等。第三类为增加国民福利、受益对象特定，政府向社会公众提供的公共服务。包括：以物为对象的公共服务，如公共设施管理服务、环境服务、专业技术服务等；以人为对象的公共服务，如教育、医疗卫生和社会服务等”。据此可知，服务项目按照服务受益对象划分，可以分为“保障政府部门自身正常运转需要向社会购买的服务”“政府部门为履行宏观调控、市场监管等职能需要向社会购买的服务”“为增加国民福利、受益对象特定，政府向社会公众提供的公共服务”等三类。第一类和第二类服务的受益对象都是政府部门，这两类服务不属于公共服务。第三类服务的受益对象为社会公众，该类服务属于公共服务。与此相似,《政府购买服务管理办法》则更加概括地将服务分为“政府向社会公众提供的公共服务”和“政府履职所需辅助性服务”两大类。由此可见，作为政府购买对象的服务同样包括公共服务和政府自身履职所需的服务。因此，作为政府采购对象之一的服务和作为政府购买对象的服务在内涵和外延上都是可以等同的概念。

3. 本书之语义分析

学术界和实践中关于政府购买服务或政府购买公共服务的概念所做出的界定为本书厘清政府向社会力量购买公共服务的概念提供了很好的基础。由于从术语的词语构成角度来看，政府向社会力量购买公共服务是由“政府”“社会力量”“购买”“公共服务”四个实词和一个虚词组合而成的一个术语，所以为了精准界定政府向社会力量购买公共服务的概念，有必要对这四个实词分别做出界定。关于公共服务的概念，前文已经做了厘定，这里只需对“政府”“社会力量”和“购买”这三个概念加以解析。

何谓“政府”？政府一词在学理层面通常有广义和狭义之分。广义的政府包括国家立法机关、行政机关、司法机关和其他一切公共机关等所有国家机关，狭义的政府只是指国家行政机关。[①] 当然，还有更广义的政府，即不仅包括一切国家机关，还包括执政党。那么，实务部门在使用“政府向社会力量购买公共服务”这个称谓时，所说的“政府”究竟包括哪些机构呢？为了回答这个问题，我们检索了中央政府及相关部委发布的购买公共服务的相关文件，发现财政部、民政部、工商总局于2014年12月15日颁布的《政府购买服务管理办法（暂行）》（后文简称《管理办法（暂行）》）和财政部于2020年1月3日公布的《政府购买服务管理办法》（后文简称《管理办法》）是与政府购买公共服务有关的为数不多的具有“法”的性质的部门规章，其权威性程度较高。不过，需要特别说明的是，根据《管理办法》第三十五条规定，该办法自2020年3月1日起施行，《管理办法（暂行）》同时废止。因此，本书重点参考了《管理办法》。《管理办法》第五条规定：“各级国家机关是政府购买服务的购买主体。”根据这条规定，不仅国家行政机关，而且其他国家机关，都可以作为购买主体。第三十三条规定：“党的机关、政协机关、民主党派机关、承担行政职能的事业单位和使用行政编制的群团组织机关使用财政性资金购买服务的，参照本办法执行。”从这条规定可知，党的机关、政协机关、民主党派机关、承担行政职能的事业单位和使用行政编制的群团组织机关也可以成为购买主体。由此可见，实践中使用“政府向社会力量购买公共服务”这个称谓是不够严谨的，主要体现在严格意义上的“政府”是不包括“承担行政职能的事业单位”和

① 乔耀章：《政府理论》，苏州大学出版社2003年版，第4页。

“使用行政编制的群团组织机关”的。但由于这两类主体实际上具有“政府”的功能，因而将它们作为“政府向社会力量购买公共服务”中的购买主体也有其合理之处。总之，综合相关文件表述，并结合购买实践中的购买主体的实际状况，本书认为，公共服务的购买主体包括国家机关、党的机关、政协机关、民主党派机关、承担行政职能的事业单位、使用行政编制的群团组织机关。不过，根据《管理办法》第八条的规定，应当将“公益一类事业单位、使用事业编制且由财政拨款保障的群团组织”从购买主体中排除出去。关于购买主体外延更细致的分析，将在本章的分析框架搭建部分进一步展开，此处不再赘述。

何谓“社会力量”？由于政府向社会力量购买公共服务中的承接主体是公共服务购买实践中符合条件的社会力量，因而为了界定“社会力量”这一概念，可以先对承接主体的概念加以阐释。根据《管理办法》第六条的规定，承接主体包括“依法成立的企业、社会组织（不含由财政拨款保障的群团组织），公益二类和从事生产经营活动的事业单位，农村集体经济组织，基层群众性自治组织，以及具备条件的个人”。而根据《管理办法》第八条的规定，“公益一类事业单位、使用事业编制且由财政拨款保障的群团组织，不作为政府购买服务的购买主体和承接主体”。概言之，承接主体包括依法成立的企业、依法成立的社会组织（不含由财政拨款保障的群团组织）、公益二类和从事生产经营活动的事业单位、农村集体经济组织、基层群众性自治组织、具备条件的个人等六类。关于这一点，在本章的分析框架搭建部分会进一步做出深入分析，此处不再展开。

何谓“购买”？购买通常是指用钱交换物品，其近义词有采购、采办、购置等等。王浦劬和萨拉蒙等认为，在政府向社会力量购买公共服务这一语境下的“‘购买’是指政府将一些公共服务事项委托给有资质的机构去做，并为此支付费用”[①]。参照这一界定，本书将政府向社会力量购买公共服务中的“购买”定义为购买主体用钱与具备相应资质的机构（承接主体）来交换后者所生产的公共服务。

在实践中，很少对政府向社会力量购买公共服务做出明确界定，但《管理办法》第二条规定，“本办法所称政府购买服务，是指各级国家机关将属于自身职责范围且适合通过市场化方式提供的服务事项，按照政府采购方式和程序，交由符合条件的服务供应商承担，并根据服务数量和质量等因素向其支付费用的行为”。这个概念的不足是将购买主体仅仅限定为各级国家机关。

参照学术界和实践中对政府购买公共服务和政府购买服务的概念之阐述，同时结合本书对“政府”“社会力量”“购买”“公共服务”四个概念的界定，本书尝试将政府向社会力量购买公共服务界定为：通过发挥市场机制作用，把国家机关、党的机关、政协机关、民主党派机关、承担行政职能的事业单位、使用行政编制的群团组织机关等购买主体直接提供的一部分公共服务事项，按照一定的方式和程序，交由依法成立的企业、依法成立的社会组织（不含由财政拨款保障的群团组织）、公益二类和从事生产经营活动的事业单位、农村集体经济组织、基层群众性自治组织、具备条件的个人等社会力量承担，并由购买主体根据合同约定向其支付费用。当然，政府购买公共服务与政府购买服务是两个不能简单等同的概念。这是因为，政府购买服务中的服务既包括让公众去消费的那类公共服务，又包括政府为了履职所需要购买的供自身消费的辅助性服务。由此可知，政府购买服务包括政府购买公共服务和政府购买辅助性服务。从本书的书名来看，本书研究的服务只包括公共服务，辅助性服务不在本书的讨论范围之内。

---

① 王浦劬、〔美〕莱斯特·M. 萨拉蒙等：《政府向社会组织购买公共服务研究：中国与全球经验分析》，第6页。

政府向社会力量购买公共服务体现的是公共服务供给方式的创新，即通过将公共服务的提供和公共服务的生产区分开来，从而使购买主体能够将部分公共服务的具体生产即“划桨”职能委托给社会力量来承担，而自己则专心扮演好公共服务的提供者角色，即安心“掌舵”。购买主体与社会力量之间通常要签订公共服务的“购买合同”。就购买合同的签订而言，要符合基本的合约精神，即合约关系所涉及的买卖双方是自由签订合同且在合同中的地位是对等的。[①] 换言之，购买合同中的买卖双方在理论上是平等的民事主体，合同的签订基于双方的合意而非单方的强制。换言之，合同是一种法律关系，这一关系以签订合同双方的意思表示一致为基本前提。政府向社会力量购买公共服务作为购买主体与社会力量围绕公共服务供给进行协作生产的一种形式，其基本的意图就是要打破传统的将政府作为公共服务唯一的提供和生产主体的固有观念，转而让社会力量参与到公共服务生产中来，并在确保政府承担公共服务提供责任的前提下，利用市场机制和社会力量来实现公共服务供给效率和供给质量的提高以及供给成本的降低。[②] 在协作生产中，购买主体与承接主体都是公共服务供给的重要主体，二者应当共同努力生产出让消费主体满意的公共服务。[③] 一般来说，公共服务协作生产又可以进一步细分为两种具体制度安排方式，即联合生产和合同生产。所谓联合生产，是指购买主体在做出公共服务提供决策之后，选择与社会力量一同完成公共服务的生产任务。合同生产则是指购买主体负责

---

① 易宪容:《古典合约理论的演进以及对古典经济学的影响》,《江苏社会科学》1998年第2期，第19页。

② 句华:《公共服务中的市场机制——理论、方式与技术》，北京大学出版社2006年版，第4页。

③ Jeffrey L. Brudney and Robert E. England, “Urban Policy Making and Subjective Service Evaluations: Are They Compatible?” *Public Administration Review*, Vol. 42, No. 2, 1982, pp. 127-135.

决定公共服务供给的种类、数量、质量、时限等，而将生产公共服务的任务移交给社会力量来完成。[①] 购买主体作为公共服务的提供者和购买者，虽然从公共服务的直接生产者角色中解放了出来，并让承接主体在公共服务生产中扮演主角，但购买主体还需要扮演好服务生产的监管者角色。奥斯特罗姆夫妇就曾强调，政府作为购买主体，应当起到“服务‘提供者’或者‘安排者’的作用……向生产公益物品的生产者付费；收集用户意见，并监督生产单位的绩效”[②]。换言之，虽然部分公共服务不再由购买主体直接生产，但购买主体必须确保公共服务供给的质量、数量和服务对象满意度都不能下降，必须确保公共服务的供给成本不能增加，否则就会背离公共服务购买的初心。

（三）风险及其相关概念阐释

对购买公共服务的风险之识别与防范必然要以恰当地理解“风险”这一概念作为基本前提。而由于“问题”与“风险”是两个既有一定联系又有一定区别的概念，也是两个容易混淆的概念，故而在对“风险”做出概念界定的同时，有必要对“问题”的概念也做一较为明晰的厘定。

1. 风险之概念解析

何谓“风险”？在《现代汉语词典》中，风险被解释成“可能发生

---

① 中国社会科学院财政与贸易经济研究所：《中国财政政策报告 2005/2006：走向“共赢”的中国多级财政》，中国财政经济出版社 2005 年版。转引自陈振明等：《公共服务导论》，第 124 页。

② 〔美〕文森特·奥斯特罗姆、埃莉诺·奥斯特罗姆：《公益物品与公共选择》，载〔美〕迈克尔·麦金尼斯：《多中心体制与地方公共经济》，毛寿龙译，上海三联书店 2000 年版，第 111 页。

的危险”[①]。例如，担风险，冒着风险去做什么事情，等等。从“风险”一词的起源来看，一般认为风险是源于人们对“风”所带来的“险”的认识。在远古社会，渔民们往往依靠捕鱼来谋求生计。每次出海捕鱼，渔民都会祈祷，祈求上天保佑自己能平安归来，特别是祈求神灵保佑自己出海时能够避免遭遇风浪所带来的危险。不过，在大海上航行，风平浪静的日子并不是常态，遇到风浪是常有之事，故而渔民们对风给他们带来的无法预料的危险通常都会有直观而深刻的体验，“风险”一词由此产生。风险作为一种出现某种后果的可能性，其可能产生的后果通常是人们不希望出现的。同时，这种后果并不总是百分之百会发生，而是具有一定的发生概率，因此，风险体现为一定的概率。如果我们对不希望出现的后果发生的概率能够较为精确地加以预测，那么我们对风险发生的可能性就能有较为科学的把握。此时，风险就具有“可能性”这个属性。如果我们对不希望出现的后果发生的概率无法加以预测，那么我们就无法科学地把握风险发生的可能性。此时，风险就具有“不确定性”这个属性。需要指出的是，由于直观地看，风险与可能性或不确定性之间有着十分密切的联系，因而不少人都习惯把风险理解成关于某种事物的不确定性。例如，在《牛津英语词典》中，风险被定义为“遭受损失、伤害、不利或毁灭的机会或者可能性”[②]。而早在1972年，罗森布鲁姆就指出，风险意味着“损失的非确定性”。[③] 20世纪80年代，克兰在《保险原则与实践》一书中持相似的观点，强调风险是指“未来

① 中国社会科学院语言研究所词典编辑室编：《现代汉语词典（第7版）》，商务印书馆2016年版，第391页。

② 〔英〕保罗·霍普金：《风险管理：理解、评估和实施有效的风险管理（第二版）》，蔡荣右译，中国铁道出版社2014年版，第2页。

③ 参见J. S. Rosenbloom, *A Case Study in Risk Management*, New York: Meredith Corp., 1972。

的损失的非确定性”。[1] 1985 年，小威廉姆斯和海因斯认为，风险是指在未来某个时期结果的变化性。[2] 1995 年，莫布雷、布兰查德和小威廉姆斯指出，风险是指不确定性。[3] 吉登斯在 2000 年也强调，风险“与可能性和不确定性的概念是分不开的”[4]。美国特许财产及责任险核保师协会（CPCU）指出，风险可以被界定为“后果的不确定性”。我国原保监会也认为，风险应当被界定为“对实现保险经营目标可能产生负面影响的不确定性因素”[5]。在我们看来，风险虽然具有可能性或不确定性等属性，但不能将风险简单化地理解成可能性或不确定性，而应理解为不希望出现的后果。概言之，我们倾向于将风险界定为可能发生的人们不希望出现的结果。具体来说，风险至少包含三层含义：其一，风险是客观存在的现象；其二，风险的本质是可能性或不确定性；其三，风险事件是人们主观不愿发生的。[6]

从风险产生的原因来看，可能是由自然因素如海啸、台风、暴雨、地震等不可抗力所造成的风险，即自然风险；也可能是由个人或组织的行为或政治活动、经济活动、文化活动、社会活动等所造成的风险，即人为风险或人造风险。在政府向社会力量购买公共服务的购买实践中，因为可能存在的风险通常是由具体运作过程中所

---

① 参见 F. G. Crane, *Insurance Principles and Practices*, 2nd ed., New York: John Wiley & Sons, Inc., 1984。

② 参见 C. A. Williams Jr. and R. M. Heins, *Risk Management and Insurance*, New York: McGraw-Hill, 1985。

③ 参见 A. H. Mowbray, R. H. Blanchard and C. A. Williams Jr., *Insurance*, 4th ed., New York: McGraw-Hill, 1995。

④ A. Giddens, *Runaway World: How Globalization is Reshaping Our Lives*, New York: Routledge, 2000, p. 25.

⑤ 谢志刚、周晶：《重新认识风险这个概念》，《保险研究》2013 年第 2 期，第 101—102 页。

⑥ 范道津、陈伟珂：《风险管理理论与工具》，天津大学出版社 2010 年版，第 1 页。

涉主体引发的，所以这些风险主要是人为风险而不是自然风险。鉴于这一情况，同时也考虑到研究主题和研究重点的相对聚焦，本书对风险的研究主要立足于对主体所造成的人为风险的考察，而暂不涉及对自然风险的探讨。

从风险带来的损失和收益看，有的风险是只会造成损失而不太可能带来任何收益的风险，如自然风险；有的风险是可能造成损失、可能带来收益、可能没有损失也没有收益的风险，如金融风险。前者被称为纯粹风险或特定风险，即狭义风险；后者被称为投机风险，即广义风险。公共服务购买实践中的风险主要是纯粹风险而不是投机风险。换言之，公共服务购买实践中的风险通常只会成为实现购买目标的阻滞因素而不是促进因素。

从风险的可控程度来看，有的风险是人们能够较为清楚地认识并采取相应防范措施加以控制的，即可控风险；有的风险是人们无法提前识别或即使能够识别也无法加以控制的，即不可控风险。公共服务购买实践中的风险主要是可控风险而不是不可控风险。

总的来看，在政府向社会力量购买公共服务的实践中所遭遇的风险通常是指不应当出现的结果。这种结果在风险类型上通常属于人为风险、纯粹风险和可控风险。

2. 问题之概念诠释

何谓“问题”?《现代汉语词典》对问题的解释有五种：一是指要求回答或解释的题目；二是指须要研究讨论并加以解决的矛盾、疑难；三是指关键、重要之点；四是指事故或麻烦；五是作为形容词，指有问题的、非正常的、不符合要求的。[①] 我们针对研究对象进行分析时，所论及的存在的问题通常是指第五种含义，即需要加以

① 中国社会科学院语言研究所词典编辑室编：《现代汉语词典（第7版）》，第1375—1376页。

应对的不正常的、不符合要求的一些状况。那么我们为什么会认为某些状况是不正常或不符合要求的呢？这就涉及要对何谓“问题”做出进一步深挖性的解释。

有学者在回答“什么是社会问题”这个问题时，认为“社会问题是指实际状态与社会期望状态之间的差距”[①]。参照这一界定，我们可以认为，所谓问题，是指实际状态与期望状态之间的差距，或者说，是指现实与理想之间的距离。根据这一定义，不难想见，某种现实状况或某些现实状况究竟是否为问题，往往受到人们主观判断的影响，即如果这一现实状况与人们心目中期望达到的状况之间不存在明显的差距，那么这一现实状况就不是问题，反之则是问题。对于不同的人来说，其心目中的期望状况可能会有所不同，因而这种期望状况与现实状况之间是否存在差距以及差距的大小也会存在差异。对于有的人来说，由于其期望程度相对较低，因而期望状况与现实状况之间的差距会相对较小，甚至不存在差距（此时就不存在问题）。而对于另一些人来说，其期望程度相对较高，因而期望状况与现实状况之间可能存在显著的差距，此时问题就会比较突出。当然，人们常说：“理想很丰满，现实很骨感”；“人生不如意之事，十之八九”。这些话表明，期望状况与现实状况存在差距是较为常见的现象。

3. 概念间关系之辨析

由前文的分析可知，风险意味着在未来可能会出现人们所不希望出现的结果。而这种结果是否会出现和具体到什么时间点会出现，往往带有很大的不确定性。因此，可能性或不确定性应当被看作风险的一个本质属性。问题作为人们期望出现的状况与实际存在的状况之间的差距，通常是已经产生的，而不是未来可能会出现抑或可

① 谢明编著：《公共政策导论（第四版）》，中国人民大学出版社 2015 年版，第 56 页。

能不会出现的。因此，现实性可以被视为问题的一个本质属性。由此，我们可以得出风险与问题之间的一个主要区别，那就是风险是指向未来的，它在未来可能会变为现实也可能不会变为现实；问题是指向当下的，它在当下已经成为现实。

风险与问题之间既存在显著的区别，也存在一定的联系。风险事件在未来的某个时间点上如果真实地发生了，那么它就变成了问题。有的风险属于黑天鹅型风险，即由发生概率虽然不高但很难被准确预测且非同寻常的现象所造成的风险。有的风险属于灰犀牛型风险，即由非常常见以至于人们对其习以为常甚至视而不见的现象所造成的风险。不论发生概率的大小，只要真实地发生了，风险就转化成了问题。由此可见，风险与问题的联系在于，真实发生了的风险事件与问题可以被视为同一个事物。当然，没有从可能性或不确定性变成现实性的那些风险就不能被称为问题。

二、本书的分析框架

在中文语境中，概念通常是成对出现的。就“分析”一词而言，其与“综合”相对，一般是指把一件事、一种现象、一个概念分成较为简单的组成部分，找出这些部分的本质属性和彼此之间的关系，如化学分析、分析问题等。[①]“框架”一词通常有两种含义：一是指在建筑工程中，由梁、柱等联结而成的结构，如完成主体框架工程；二是用来比喻事物的基本组织、结构，如这部长篇小说已经有了一个大致的框架。[②] 分析框架是为了对研究对象和研究问题更加清晰和更具学理性地展开研究所搭建的一个结构化的解释图式。它既有助

① 中国社会科学院语言研究所词典编辑室编:《现代汉语词典（第7版）》，第383页。

② 同上书，第762页。

于研究者一以贯之地沿着该解释图式分析下去，又有助于增强研究内容的学术性和研究结论的说服力。因此，就本书而言，搭建起一个合理有效的分析框架，就成为正式开展研究时必须及早完成的一项重要工作。

（一）流程和主体：购买公共服务的风险识别之重要维度

何谓“流程”？根据《现代汉语词典》中的解释，流程的最初含义是指“水流的路程”，后来被进一步引申为“工艺流程的简称”[①]，即在工业品生产过程中，从原材料到制成品所经过的各道工序安排的整个程序。流程是由工序或环节构成的，即若干工序或环节形成了一个流程。流程管理就是对流程的管理，其既可能涉及对流程所包含的每个工序或环节相对独立地进行管理，又可能涉及对流程所包含的工序或环节从总体上进行改良甚至重新设计。

20 世纪初以来，诸多管理理论都高度重视流程在管理实践中的重要作用。例如，科学管理的创始人弗雷德里克·泰勒（Frederick W. Taylor）倡导通过工作流程的优化来提高生产效率。20 世纪 50 年代中后期产生的全面质量管理（total quality management，TQM）理论，也对通过业务流程的优化来改进产品质量和提高生产效率做出了特别的强调。[②] 20 世纪 80 年代中后期产生的六西格玛（six sigma）作为一种管理策略和技术，通过改善流程而使产品质量大幅度提高、成本大幅度降低。同样产生于 20 世纪 80 年代中后期的 ISO 9000 质量管理体系，将保证最终产品质量的标准化的流程之认证作为核心。20 世纪 90 年代，哈佛大学教授罗伯特·卡普兰（Robert Kaplan）和

---

① 中国社会科学院语言研究所词典编辑室编：《现代汉语词典（第 7 版）》，第 836 页。

② 赵卫东：《智能化的流程管理基础》，复旦大学出版社 2014 年版，第 3 页。

诺顿研究院（Nolan Norton Institute）执行长戴维·诺顿（David Norton）提出了平衡计分卡（blanced score card，BSC）。在平衡计分卡所包含的财务、客户、内部运营流程、学习和成长等四个维度中，内部运营流程作为不可或缺的一个重要维度，强调管理者要认真确认组织必须擅长的关键流程。[①] 同样是在20世纪90年代，迈克尔·哈默（Michael Hammer）等学者提出了业务流程再造（business process re-engineering，BPR）理论。该理论以满足客户需求和提高客户满意度为基本目标，以业务流程为改造对象，从产品质量维度对现有的业务流程进行重新思考和彻底的再设计。该理论还以价值链理论为基础，致力于实现以客户为导向的价值创造。21世纪出现的业务流程管理方法论强调以流程为核心的企业管理模式，通过在企业范围内使用业务流程管理系统（business process management system，BPMS），提供覆盖流程全生命周期的流程建模、流程仿真、流程监控与流程优化等集成化的流程管理工具，方便业务人员利用可视化工具实时、有效地分析和监控企业流程绩效，充分发挥信息技术在流程管理中的作用，提高企业运营的效率。[②] 总之，更加关注流程而非结构是现代管理理论与传统管理思想的一个主要区别。

从风险管理学的维度看，风险管理与流程管理的有效结合是提升风险管理有效性的关键。有这样一个真实的案例：1981年，美国哥伦比亚号航天飞机开始服役，这是美国第一架正式服役的航天飞机。不幸的是，在2003年2月1日，多次执行航天任务的哥伦比亚号在执行第28次航天任务返回地面时解体失事，飞机上的七名宇航员全部遇难。相关部门针对事故的发生原因展开深入调查后发现，

---

① 高天鹏编著：《流程管理理论与技术研究——管理熵的视角》，电子科技大学出版社2012年版，第1页。

② 赵卫东：《智能化的流程管理基础》，第3—4页。

造成这起事故的直接原因是，外部燃料箱表面的一块泡沫材料脱落并击中了航天飞机左翼前缘的隔热材料。航天飞机在返回地面时，经过大气层时产生了剧烈摩擦，导致温度高达1400℃的空气冲入左机翼并融化了机翼和机体，从而造成飞机解体的悲剧。这次事故说明，在人造系统的运转过程中，即使一个微小的要素出现问题，也可能引起整个系统的崩溃。就政府向社会力量购买公共服务而言，整个运作流程中的任何一个环节存在风险，都可能导致最终结果的失败。财政部在2022年3月25日发布的《关于做好2022年政府购买服务改革重点工作的通知》中就明确强调，要“严格按照政府购买服务制度有关规定开展购买工作，加强政府购买服务全过程管理，着力提升政府购买服务管理的规范化、精细化、信息化水平”。

由此不难得知，对风险的识别必须重视从流程入手，即要深入查找整个流程中每个环节可能存在的风险。为此，有必要首先对政府向社会力量购买公共服务的购买流程加以澄清与辨识。

何谓“主体”?《现代汉语词典》中对主体有三种解释：“事物的主要部分；哲学上指有认识和实践能力的人；法律上指依法享有权利和承担义务的自然人、法人或国家。”① 在政府向社会力量购买公共服务领域，主体应当取第三种含义。在购买流程中，每个环节可能存在的风险通常是由某个主体或某些主体所制造，并成为其他主体的“噩梦”。因此，研究政府向社会力量购买公共服务的风险识别与防范有必要在清晰界定购买流程的基础上，再从主体维度对流程中每个环节所涉的某个或某些主体进行分析，并探究这个主体或这些主体可能引发的风险以及防范这些风险的具体路径。

---

① 中国社会科学院语言研究所词典编辑室编：《现代汉语词典（第7版）》，第1712页。

（二）政府向社会力量购买公共服务的购买流程

关于政府向社会力量购买公共服务的购买流程，学术界已有一些学者从理论层面做了初步探讨。在实践层面，一些政策文件也对购买流程做了明确规定。为了精准地廓清政府向社会力量购买公共服务的购买流程，有必要对理论层面和实践层面的相关文献进行尽可能客观的分析，从而对购买流程形成更加准确的理解和界定。

1. 购买流程：理论层面的分析

国外学者很少使用政府向社会力量购买公共服务这个概念，而是较为常见的采用公共服务合同外包这个相近的概念。从他们关于公共服务合同外包流程的分析来看，不同的学者从应然层面对流程所涉环节的划分并不一致。在学者们的相关研究成果中，三环节论、四环节论、五环节论和七环节论是比较具有代表性的观点。阿尔博兹、塞登、舍佩斯认为，公共服务合同外包可以分为合同前期、合同中期、合同后期。[①] 萨阿德、贝特曼、本达安曼指出，公共服务合同外包包括计划概念形成期（确定目标和评估自身能力）、计划及完善期（可行性研究和选择合作伙伴等）、实施期、评估期等四个环节。[②] 德洛夫认为，公共服务合同外包包括规划、发展、实施、维护和操作等五个环节。[③] 与德洛夫不同，库马尔、阿奎诺、安德森指

---

① S. Alborz, P. B. Seddon and R. Scheepers, "A Model for Studying IT Outsourcing Relationships," 7th Pacific Asia Conference on Information Systems, Adelaide, 10-13 July, 2003.

② C. Saade, M. Bateman and D. B. Bendahmane, *The Story of a Successful Public-Private Partnership in Central America: Handwashing for Diarrheal Disease Prevention*, Arlington: BASICS Ⅱ, 2001.

③ L. A. de Looff, "Information Systems Outsourcing Decision Making: A Framework, Organizational Theories and Case Studies," *Journal of Information Technology*, Vol. 10, No. 4, 1995, pp. 281-297.

出，公共服务合同外包的五个环节是指战略和开始、业务分析、合同和服务商选择、执行和实施、完成或终止。① 施尼德詹斯等则提出了七环节论：界定非核心能力、选择拟外包的服务、起草服务外包合同、挑选服务商、衡量服务外包绩效、监控服务外包行为、进行评估反馈。②

国内部分学者从应然层面对政府向社会力量购买公共服务的购买流程做了理论探讨。有学者以政府购买就业服务为例，将流程概括为四个环节：选择拟购买的服务并研究可行性，选择服务机构并签订合同，履行合同并实施监督，评估绩效和进行奖惩。③ 有学者强调，流程主要包括“项目确定、组织购买、监督管理、绩效评价”④ 等四个环节。有人参考了国外学者将政府购买公共服务与公共服务合同外包等同的观点，从合同外包角度切入，将流程概括为“外包决策、服务商选择、外包合同、合作管理、绩效评估”⑤ 等五个环节。还有学人借鉴了美国学者利昂·金斯伯格(Leon H. Ginsberg) 的观点，认为我国政府购买公共服务的流程包括四个环节：明确需求，制定规划；选择卖方，签订合同；合同履行，监督管理；评估验收，后续跟进。(见图 2-1) ⑥

① S. Kumar, E. C. Aquino and E. Anderson, “Application of a Process Methodology and a Strategic Decision Model for Business Process Outsourcing,” *Information, Knowledge, Systems Management*, Vol. 6, No. 4, 2007, pp. 323-342.

② M. J. Schniederjans, A. M. Schniederjans and D. G. Schniederjans, *Outsourcing and Insourcing in an International Context*, New York: M. E. Sharpe, 2005.

③ 温俊萍:《政府购买公共就业服务机制研究》,《中国行政管理》2010 年第 10 期，第 50 页。

④ 财政部科研所课题组:《政府购买公共服务的理论与边界分析》，第 10 页。

⑤ 唐倩茹:《我国政府购买公共服务流程优化研究》，湖南大学硕士学位论文，2018 年，第 11 页。

⑥ 许芸:《从政府包办到政府购买——中国社会福利服务供给的新路径》,《南京社会科学》2009 年第 7 期，第 103 页。

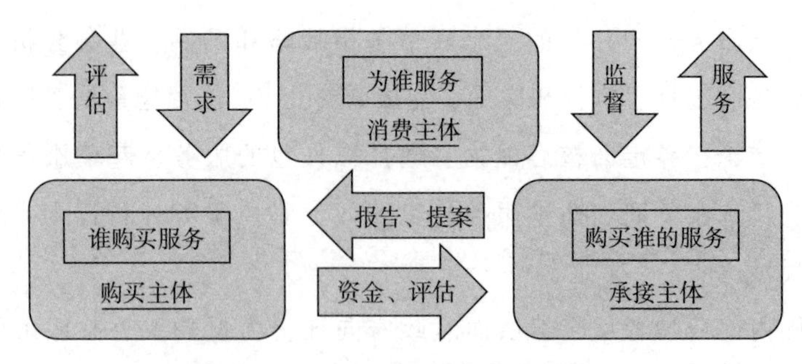

图 2-1　政府购买公共服务运作模型

第一个环节是明确需求，制定规划。购买主体通过运用关键公众接触法、由公民发起的接触、公民调查等信息搜集方式来了解公众的公共服务需求。[①] 在综合考虑公共服务需求与财力承受度的前提下，制定出政府购买公共服务规划，明确购买范围、购买数量、质量要求和财政收支方案。[②] 第二个环节是选择卖方，签订合同。购买主体将购买内容、规模、承接主体的资质和应提交的材料等信息及时向社会公布。在此基础上，购买主体根据可供选择的承接主体之数量和资质、公共服务性质、公共服务购买数量和费用等实际情况挑选最为合适的承接主体，并与其签订购买合同。第三个环节是合同履行，监督管理。承接主体应当根据合同约定认真履行相关义务，确保公共服务的数量、质量和效果符合合同条款要求。购买主体是合同监管的第一责任主体，其必须加强对合同履行情况的监督管理。同时，由于公共服务的消费主体对公共服务的数量、质量和效果往往感受最为深切，因而购买主体也会注重加强消费主体对承接主体的监督。第四个环节是评估验收，后续跟进。当承接主体完成合同约定的公共服务生产任务后，购买主体应当及时组织评估验收。[③] 评

① 周义程：《当代西方领导决策优化型参与工具析论》，《领导科学》2016 年第 32 期，第 9 页。

② 许芸：《从政府包办到政府购买——中国社会福利服务供给的新路径》，第 103 页。

③ 邓国胜：《非营利组织评估》，社会科学文献出版社 2001 年版，第 167—168 页。

估结束后，还应继续做好后续跟进工作。后续跟进主要是指通过召开评估通报会、项目反馈会等会议来总结本次购买的经验教训，从而为下一轮的政府购买公共服务提供决策参考。

学界对购买流程所开展的理论层面的分析为本书提供了有益启示。不过，理论层面的探讨容易因缺少对现实的深入考察而停留在学理构想层面和脱离实际，因而本书对购买流程的研究更倾向于从实践层面展开。

2. 购买流程：实践层面的设计

不少作者从理论层面探讨了政府向社会力量购买公共服务的流程，这为我们进一步开展相关研究提供了一定的知识基础。当然，这些研究更多地立足于学理层面，实践层面尤其是中央所认可的政府购买公共服务流程究竟包含哪些主要环节，仍然是一个值得深入探究的问题。鉴于购买流程的制度化是我国政府购买公共服务的一个重要特质，故而为了有效地回答这个问题，我们尝试从中央政府及其相关部门颁发的文件中寻找答案。在这些文件中，有五份文件对购买流程做了相对明确细致的规定，而且这五份文件的颁发时间不同，因而既具有一定的代表性，又可以借此考察纵向的动态变化情况。这五份文件分别是：2012 年印发的《关于政府购买社会工作服务的指导意见》（下文简称文件一）、2013 年印发的《关于政府向社会力量购买服务的指导意见》（下文简称文件二）、2014 年印发的《关于民政部门利用福利彩票公益金向社会力量购买服务的指导意见》（下文简称文件三）、2015 年发布的《关于做好政府向社会力量购买公共文化服务工作的意见》（下文简称文件四）、2017 年发布的《关于积极推行政府购买服务 加强基层社会救助经办服务能力的意见》（下文简称文件五）。

在文件一中，购买流程被划分为四个环节：(1) 编制预算；(2) 组织购买；(3) 签订合同；(4) 指导实施。

在文件二中，购买流程则被分为项目申报、预算编报、组织采购、项目监管、绩效评价等五个环节。

在文件三中，购买流程被划分为五个环节：(1) 设计项目；(2) 编报预算；(3) 组织采购；(4) 合同管理；(5) 绩效评价。

在文件四中，购买流程被划分为项目选定、信息发布、组织采购、项目监管、绩效评价等五个环节。

在文件五中，购买流程被划分为项目选定、信息发布、组织购买、实施监管、绩效评价等五个环节。

不难发现，五个文件对购买流程的规定有一定的差别。(见图 2-2)

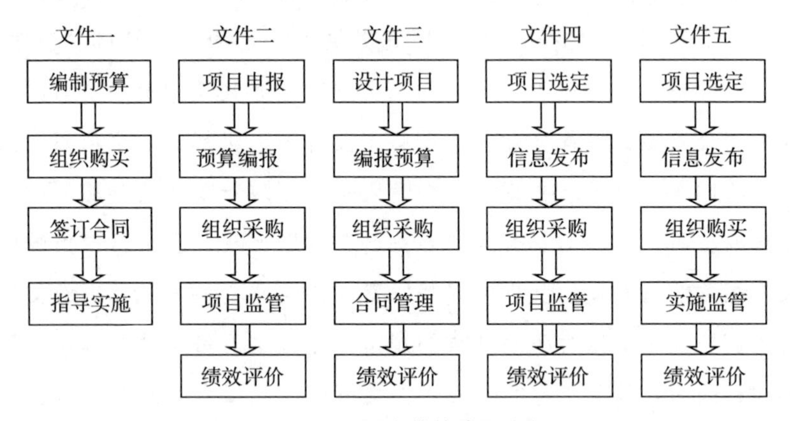

图 2-2　不同文件的购买流程

文件二相较于文件一，在购买流程的划分上有显著的进步，主要体现在四个方面：一是增加了“项目申报”这个环节，从而更为符合实际；二是将“组织购买”和“签订合同”作为一个环节，从而在逻辑上更加严谨，因为“组织购买”本身就应该包含与选中的承接主体签订购买合同这个内容；三是将文件一中的“指导实施”改为“项目监管”，从而凸显了购买主体从直接生产公共服务转变为通过购买的方式间接提供公共服务之后，虽然不再扮演生产者的角色，但其应切实承担起监管者的职责；四是增加了绩效评价这个环节，从而突出了购买主体的公共服务评价者角色，即购买主体要通过亲自评价或委托第三方机构评价等方式对承接主体的公共服务生产绩效进行科学评价，以进一步保证公共服务购买的预期目标的顺利达成。

文件三相较于文件二，主要有两个方面的变化：一是第一个环节的表述从“项目申报”变为“设计项目”。因为设计项目比项目申报的范围更广，即其也包含设计好后进行申报这个内容，而且强调了要注重运用设计思维来对项目进行尽可能科学的设计，所以本书更认同“设计项目”这种表述。二是第四个环节的“项目监管”变为“合同管理”。狭义的“合同管理”通常是指合同双方依据所签订的合同对公共服务项目进行监督和管理。其与“项目监管”相比，既包含监督公共服务项目的承接主体严格按照合同约定来生产公共服务的这层含义，又包含购买主体也要严格履行合同这层含义，因而比“项目监管”更为全面和准确。当然，广义的合同管理包含了合同起草、合同谈判、合同履行和合同终结等诸多环节，因而在第四个环节中，“合同管理”改为“履行合同”或“合同履行”更为恰当。

文件四相较于文件三，主要有三点差异：一是在第一个环节中，“设计项目”变化为“项目选定”。“设计项目”相较于“项目选定”，不仅更为突出理性设计的这个含义，又包含了进行理性选择的含义，而“项目选定”则只强调了选择这个含义，因而本书更倾向于使用“设计项目”这一表述。二是在第二个环节中，“编报预算”变成了“信息发布”。因为“编报预算”是购买流程中不可或缺的一个环节，而“信息发布”则可视为“组织采购”中要做的一件具体的事情，因而本书倾向于保留“编报预算”这个环节，并且不将“信息发布”单独作为一个环节。三是在第四个环节中，“合同管理”变成“项目监管”。正如本书在对文件三和文件二进行比较时指出的那样，应将“合同管理”改为“履行合同”，而不是“项目监管”。

文件五相较于文件四，主要有一点差异，那就是在第三个环节中，“组织采购”变为“组织购买”。此外，项目监管在表述上也变为实施监管。由于根据《政府采购法》第二条的规定，政府采购的对象既包括货物，又包括工程，还包括服务，故而政府采购的对象虽然包括公共服务，但还包括除了公共服务以外的其他货物、工程和服务。有鉴于此，本书更赞同使用“组织购买”而不是“组织采购”这一表述。

基于前述比较分析，本书倾向于从项目管理维度切入，将政府向社会力量购买公共服务的流程设定为五个环节，并分别用“设计项目”“编报预算”“组织购买”“履行合同”“绩效评价”这样的表述。(见图 2-3)

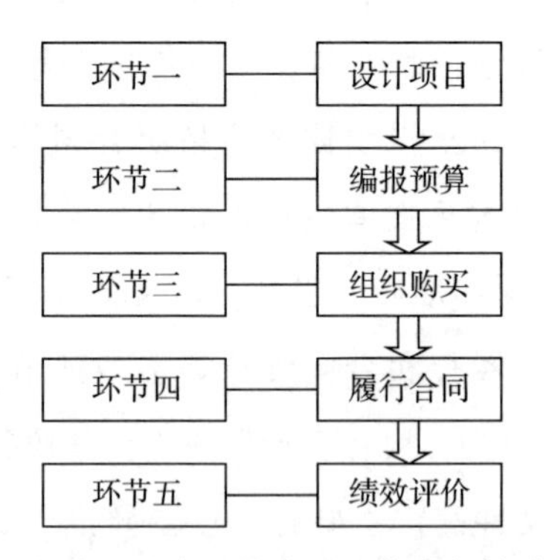

图 2-3　政府向社会力量购买公共服务的购买流程

(三) 政府向社会力量购买公共服务所涉主体

在公共服务纯政府型供给模式中，政府是公共服务的唯一提供和生产主体，即政府包揽了公共服务提供和生产的全部环节。[①] 此时，公共服务供给和消费只涉及供给主体（主要是政府，其通常集提供者角色和生产者角色于一身）和消费主体（社会公众，其通常是公共服务的被动接受者）两大主体。而当采用购买公共服务这一公共服务市场型供给模式时，所涉及的主体则拓展为购买主体、承接主体、消费主体和评价主体等四类主体（见图 2-4）。当然，如果采

① 周义程:《公共产品民主型供给模式的理论建构》，中国社会科学出版社 2009 年版，第 34 页。

用的不是第三方评价的绩效评价方式，而是由购买主体亲自开展评价验收工作，那么所涉主体就会变为购买主体（评价主体）、承接主体和消费主体等三类主体。当然，消费主体也可以参与评价，从而也在一定程度上扮演了评价主体的角色。

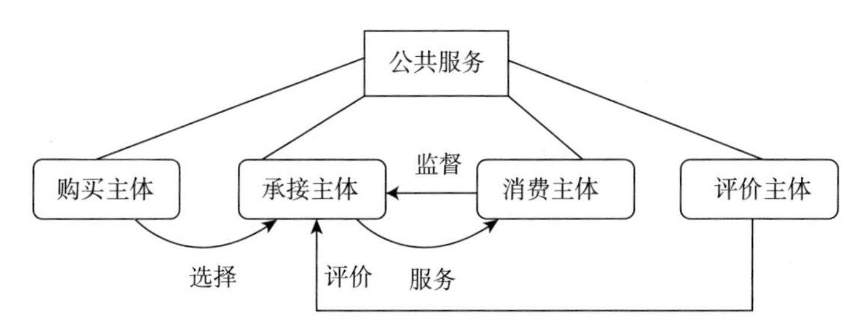

图 2-4 政府向社会力量购买公共服务所涉主体

1. 购买主体

公共服务的购买主体即通过向社会力量购买的方式来为有权享受特定类型公共服务的服务对象提供该类公共服务的组织。关于哪些组织可以成为公共服务的购买主体，相关政策文本的规定有一定的差异性，因而有必要对主要的政策文本中的相关表述进行系统梳理和比较分析。由于政策文本中的整体性政策对购买主体的规定通常更为全面，因而应当选取整体性政策类的政策文本中的相关表述。从相关的整体性政策类的政策文本来看，《国务院办公厅关于政府向社会力量购买服务的指导意见》（下文简称《指导意见》）和《管理办法》两个文件都对政府向社会力量购买服务的购买主体做了较为详细的规定。

2013 年 9 月 26 日印发的《指导意见》中指出："政府向社会力量购买服务的主体是各级行政机关和参照公务员法管理、具有行政管理职能的事业单位。纳入行政编制管理且经费由财政负担的群团组织，也可根据实际需要，通过购买服务方式提供公共服务。"根据这一表述，购买主体包括三类：各级行政机关、参照公务员法管理并具有行政管理职能的事业单位、纳入行政编制管理且经费由财政负担的群团组织。《管理办法》第五条将各级国家机关视为政府购买服务的购买主体。国家为实现其职能而建立起来的一整套国家机关体系统称为国家机构，所以国家机关又称为国家机构。根据《中华人民共和国宪法》（2018年修正）第三章的相关规定，我国的国家机构包括权力机关（包括全国人民代表大会和地方各级人民代表大会）、国家主席、行政机关（包括中央人民政府和地方各级人民政府）、军事机关（包括中央军事委员会及其下辖的相关机构）、监察机关（包括国家监察委员会和地方监察委员会）、审判机关（包括最高人民法院、地方各级人民法院、专门人民法院和派出的人民法庭）、法律监督机关（包括最高人民检察院和地方各级人民检察院）。由前述分析可见，《管理办法》对购买主体的规定所做出的贡献是将所有的国家机关都列为购买主体，从而避免了《指导意见》中只将国家机关中的行政机关列为购买主体所存在的偏狭性弊端。同时，根据《管理办法》第三十三条的规定，党的机关、政协机关、民主党派机关、承担行政职能的事业单位和使用行政编制的群团组织机关也能成为购买主体。

综合以上政策文件的相关表述，我们更倾向于将购买主体的范围界定为如下几类(见图2-5)：

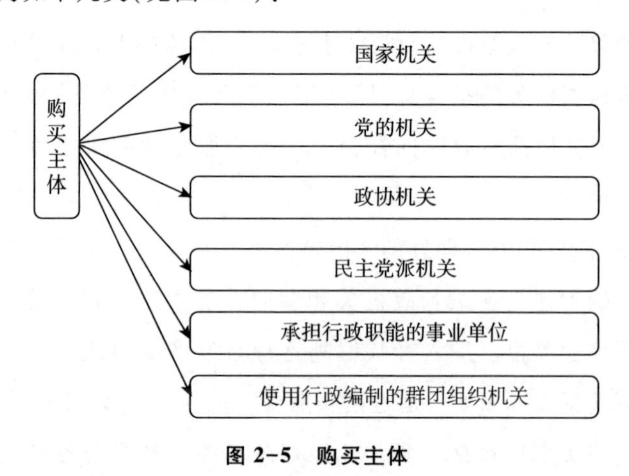

图2-5　购买主体

2. 承接主体

公共服务的承接主体即有资格从购买主体那里获得公共服务生产机会的组织。根据符合条件的组织是否已经获得某个公共服务项目的生产机会，承接主体可以划分为潜在的承接主体和现实的承接主体。潜在的承接主体是那些有资格去赢取某个公共服务项目的生产机会但还没有真正获得生产机会的承接主体。现实的承接主体是那些有资格去赢取某个公共服务项目的生产机会且已经获得生产机会的承接主体。关于哪些组织可以成为服务的承接主体，前述两个文件的规定同样有一定的差异性，因而有必要对两个文件中的相关表述进行梳理和比较。

《指导意见》中指出："承接政府购买服务的主体包括依法在民政部门登记成立或经国务院批准免予登记的社会组织，以及依法在工商管理或行业主管部门登记成立的企业、机构等社会力量。"根据《管理办法》第六条和第八条的规定，承接主体包括六类：依法成立的企业、依法成立的社会组织（不含由财政拨款保障的群团组织）、公益二类和从事生产经营活动的事业单位、农村集体经济组织、基层群众性自治组织、具备条件的个人，而公益一类事业单位和使用事业编制且由财政拨款保障的群团组织，既不作为购买主体，也不作为承接主体。

综合上述分析，鉴于《管理办法》对承接主体的范围列举得更为详细和具体，因而我们更倾向于采用《管理办法》中的规定，即认为承接主体包括依法成立的企业、依法成立的社会组织（不含由财政拨款保障的群团组织）、公益二类和从事生产经营活动的事业单位、农村集体经济组织、基层群众性自治组织、具备条件的个人等六类。（见图 2-6）

3. 消费主体

公共服务的消费主体即购买主体所购买的公共服务的法定享用

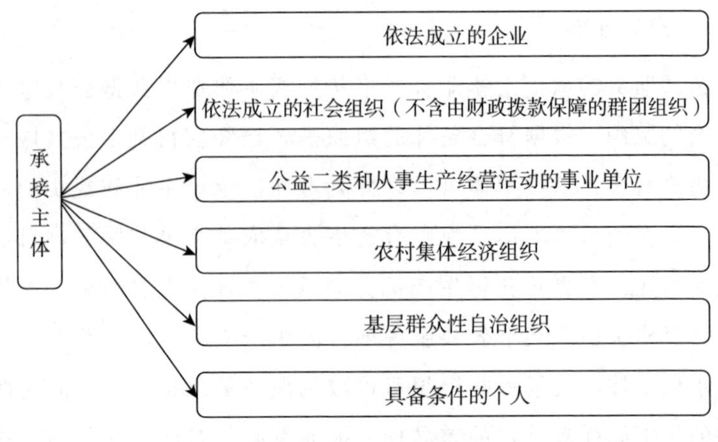

图 2-6　承接主体

者。对于所购买的不同类型的公共服务来说，消费主体会有一定的差别。购买主体需要对哪些人能够成为该种公共服务的消费主体进行明晰的界定，这就涉及消费主体的资格认定问题。以政府购买居家养老服务为例，根据江西省九江市于2021年3月1日起施行的《九江市困难老年人政府购买居家养老服务暂行办法》的相关规定，该市政府购买居家养老服务的消费主体即困难老年人主要包括五类：60周岁以上分散供养特困老年人；70周岁以上享受最低生活保障的老年人；80周岁以上的失能老年人；60周岁以上计划生育特殊家庭的老年人；60周岁以上低保对象中未享受残疾人护理补贴的失能老年人。这些老年人每人每月可以享受200元标准的基本养老服务，服务内容包括助餐、助浴、助洁、助急、助医、助行等居家养老支持服务。

需要指出的是，即使对于同样的公共服务，不同地区对消费主体的规定也可能会存在些许差异。还是以政府购买居家养老服务为例，与江西省九江市有所不同的是，内蒙古呼和浩特市在《呼和浩特市人民政府办公室关于印发〈政府购买居家养老服务实施办法〉的通知》中，将可以享受政府购买居家养老服务的老年人分为六类：

65周岁以上城乡特困分散供养人员；80周岁以上城乡低保家庭及低保边缘家庭中的老人；城乡低保家庭及低保边缘家庭中的中度失能失智、重度失能失智老人；70周岁及以上的计生特扶老人、独居老人；70周岁以上的市级以上劳动模范获得者、因公致残或见义勇为伤残等为社会做出突出贡献人员；90周岁以上老人。江苏省南京市则在《南京市政府购买居家养老服务实施办法》中，将可以申请政府购买服务的老年人分为八类：特困老年人；最低生活保障家庭以及最低生活保障边缘家庭中的老年人；经济困难的失智、失能、半失能老年人；计划生育特殊家庭老年人；百岁老人；60周岁以上独居老人和在二级及以上医院确诊患有走失风险类疾病的老年人；80周岁以上老人；市政府文件规定的其他对象。服务内容主要包括照护服务和紧急呼叫服务。其中照护服务包含生命体征监测、整理床单位、上门送餐、上门助医、家务料理、安全护理、协助更衣、协助床上移动、温水擦浴、压疮预防及护理、面部清洁和梳头、床上洗头、协助进食/水、口腔护理、协助翻身及有效咳痰、留置尿管的护理、会阴护理、失禁护理、床上使用便器、指/趾甲护理、足部清洁、日间照料等22类，每个服务项目都在《南京市政府购买居家养老服务实施办法》中明确规定了服务标准。不难看出，呼和浩特市、九江市和南京市对困难老年人认定的区别主要体现在年龄和类型上。当然，在购买服务的标准上，与九江市不同，呼和浩特市在《呼和浩特市人民政府办公室关于印发〈政府购买居家养老服务实施办法〉的通知》中，还对不同类型困难老年人所享受的购买服务标准做了细分。例如，65周岁以上城乡特困分散供养人员和80周岁以上城乡低保及低保边缘的老人每人每月的标准为80元，城乡低保家庭及低保边缘家庭中的中度失能失智、重度失能失智老人每人每月的标准分别为150元、200元，等等。购买的服务内容包括助浴、助洁、助医、助行、呼叫服务、康复护理、心理慰藉、健康指导、代办服务等。同样，南京市也对符合条件的不同类型的老人可以享受的养老服务标准进行了细分。不过，与呼和浩特市不同，南京市是将服务时间和服务频次作为细分的基本维度。例如，在免费生活照料服务时间方面：半失能的政府养老扶助对象每人每月不少于 36 小时；失智、失能的政府养老扶助对象每人每月不少于 48 小时；自理的最低生活保障家庭和分散供养的特困对象中 80 周岁及以上老年人、自理的最低生活保障家庭和最低生活保障边缘家庭中计生特扶老年人每人每月不少于 3 小时。在服务频次方面：半失能的政府养老扶助对象原则上每周上门不少于 5 天，每天不少于 1 小时；失智、失能的政府养老扶助对象原则上每周上门不少于 5 天，每天不少于 1.5 小时；自理的最低生活保障家庭和分散供养的特困对象中 80 周岁及以上老年人、自理的最低生活保障家庭和最低生活保障边缘家庭中计生特扶老年人每月上门不少于 2 天，每天不少于 1 小时。

4. 评价主体

评价主体即对政府向社会力量购买公共服务中承接主体所从事的公共服务生产之绩效进行评价的组织。为了避免政府向社会力量购买公共服务中自己购买又自己评价所带来的主观色彩较为浓厚、专业化水平不高、人情关系干扰、走过场现象时有发生等诸多局限，切实提高绩效评价的客观性、专业性、独立性和权威性，引入第三方机构开展绩效评价成为必然趋势。早在 2014 年出台的《管理办法(暂行)》中就明确要求推进第三方评价，即由财政部门“推动建立由购买主体、服务对象及专业机构组成的综合性评价机制，推进第三方评价”。而在 2018 年，财政部则围绕第三方评价专门印发了《关于推进政府购买服务第三方绩效评价工作的指导意见》，进一步要求“受益对象为社会公众的政府购买公共服务项目，应当积极引入第三方机构开展绩效评价工作，就购买服务行为的经济性、规范性、效率性、公平性开展评价”。在 2020 年出台的《管理办法》中，再次强调“具备条件的项目可以运用第三方评价评估”。

在政府向社会力量购买公共服务的绩效评价环节，评价主体在理论上主要包括三类：购买主体、第三方机构、消费主体。在具体操作过程中，评价主体可能是符合相应条件的研究机构、高校、中介机构等第三方机构，或是购买主体，抑或是服务对象即消费主体，也可能是前述三类主体的混合。(见图 2-7)

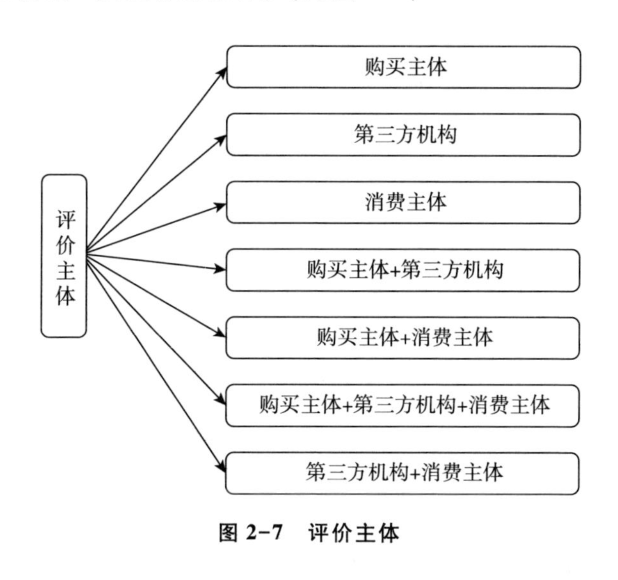

图 2-7　评价主体

(四)购买公共服务风险识别与防范的流程—主体分析框架

风险通常存在于具体的运作流程之中，并且是由流程所涉及的主体引发或面临的，因此本书尝试立足流程和主体维度来搭建政府向社会力量购买公共服务风险识别与防范的分析框架。从主体角度来看，关于政府向社会力量购买公共服务的风险可以有两种理解：一种是指由主体引发的风险，即主体是造成风险的原因；另一种是指主体所面临的风险，即主体是风险指向的对象。本书对风险进行识别时，遵从的是第一种理解，即从主体引发的风险这个意义上对风险进行分类分析。

前文已经指出，政府向社会力量购买公共服务在购买流程上主要涉及设计项目、编报预算、组织购买、履行合同、绩效评价等五个环节；在主体上主要涉及购买主体、承接主体、消费主体、评价主体等四类主体。从流程—主体维度来看：在设计项目环节，承接主体、消费主体和评价主体都还没有出场，因而该环节的风险主要是由购买主体所引发的。在编报预算环节，同样如此。在组织购买环节，主要涉及购买主体和承接主体，而消费主体和评价主体则没有出场，因而风险主要由购买主体和承接主体所引发。在履行合同环节，涉及购买主体、承接主体和消费主体等三类主体，其中购买主体和承接主体是引发风险的主要主体，消费主体也可能会引发部分风险，属于引发风险的次要主体。在绩效评价环节，会涉及购买主体、承接主体、消费主体和评价主体，其中，如果是引入第三方评价，那么第三方机构就会成为重要的评价主体；在该环节，风险主要是由购买主体、承接主体和第三方机构引发，而消费主体基本不会引发什么风险。基于前述分析，本书搭建的政府向社会力量购买公共服务风险识别与防范的分析框架就可以用图2-8来表示。

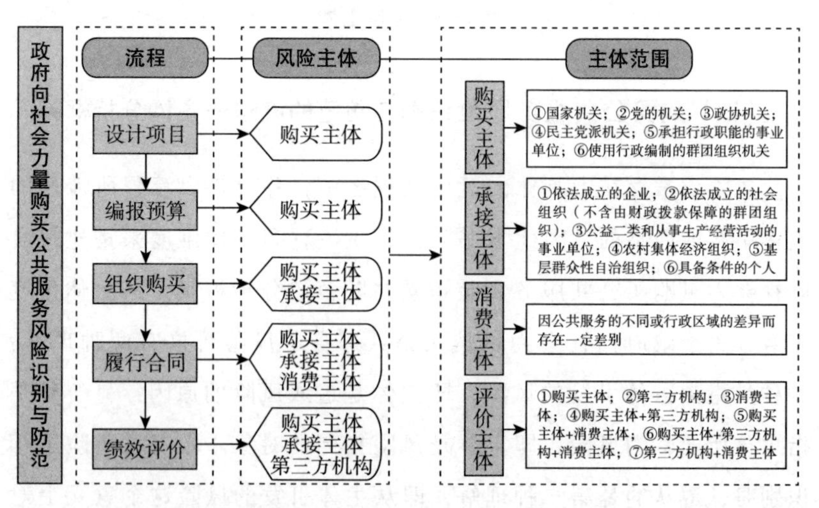

图2-8 政府向社会力量购买公共服务风险识别与防范的流程—主体分析框架

第三章　设计项目环节的风险及其防范

政府购买公共服务的设计项目环节既为购买公共服务规划设计实施场景，也为其行动开展设定行为边界，从而直接影响后续购买决策绩效。本章从设计项目环节可能存在的风险表征出发，系统阐述管理维度、经济维度和政治维度下可能会衍生的风险困境。在此基础上，通过提出“过程—技术—机制”三维风险防范分析框架，探讨过程视角、技术视角、机制完善视角下的风险防范对策，尝试体系化地构建设计项目风险防控体系。本章最后，通过对政府购买公共服务项目的定价方式、购买公共服务的运行逻辑等设计项目环节需要关注的其他重点、难点问题进行讨论与分析，以期全面有效降低该环节的风险。

一、设计项目环节的主要风险

从合同管理和公共政策的双重视角来看，政府向社会力量购买公共服务的设计项目环节可以理解为政策过程的议程设定阶段，即对是否购买、购买什么、购买多少（购买数量）、质量要求、如何购买等问题做出界定。设计项目是否合理，将直接关系到购买公共服务的边界之把握是否准确、用于购买公共服务的资源配置是否实现了帕累托改进、购买公共服务的后续环节是否能顺利推进。在该环节，涉及的主体主要为购买主体。购买主体一方面需要对消费主体的需求信息予以征集反映，另一方面需要对承接主体的服务内容、资质要求、绩效评估等予以规范考察。设计项目环节的严谨性不仅对公共服务中消费主体的感知质量、承接主体的服务生产等有重要影响，同时对服务后评价主体评估考察的可操作性产生直接影响。该环节风险及其防范主要体现在项目风险端口的前置性转移。现有购买公共服务决策过程分析的四阶段模式和五阶段模式均涉及协定合同或者合同设定阶段，这是狭义上的设计项目环节；广义上来说，四阶段或者五阶段的任一阶段的管理任务说明均为设计项目环节可能面临的风险，由此购买主体作为该阶段主体所展示出的能力将为后续环节的公共服务供给绩效实现和提升奠定良好的基础。进一步分析发现，该环节的风险从产生类型来说，主要包括需求信息偏差风险、目标模糊风险、项目选择偏差风险和总成本增加风险。

（一）需求信息偏差风险

政府向社会力量购买公共服务具体运作流程所涉及的第一个环节就是设计项目，而设计项目则应以获取服务对象的公共服务需求信息为逻辑起点。随着经济社会发展水平的提高，公众的公共服务需求日益多元化、复杂化和高要求化，并呈现出逐步增长的态势。推进公共服务高质量供给离不开对服务对象的公共服务需求之准确把握和及时回应。如果设计的公共服务项目没有精准地反映服务对象的公共服务需求，那么购买公共服务的经费支出与服务对象的效用之间的关系就会变得弱相关甚或无关，此时即使有再高的公共服务生产效率也不会带来比较高的社会效益。进言之，在设计公共服务项目的过程中，坚持将公众的需求偏好作为设计项目的基本依据，是坚持人民至上理念的具体体现，也是切实提升购买主体回应性的必然选择。在发达国家的公共服务供给实践中，所强调的顾客导向也强调要以服务对象为中心，从服务对象的需求角度来设计公共服务项目，以服务对象是否满意和能否满足服务对象的合理期待作为基本评判标准。[1] 然而，由于公共服务项目设计主体与消费主体（公众）之间存在较为明显的信息不对称问题，前者往往并不具备完全理性来天然地、全面准确地知晓后者多样化的公共服务需求。加之不同消费主体的公共服务需求存在显著的多样性、动态性、差异性和复杂性，这就让公共服务项目设计主体精准把握消费主体公共服务需求函数的难度进一步加大。

从我国政府向社会力量购买公共服务的实践运作层面看，通常更加注重从供给侧切入，采用以购买主体为中心的项目设计思路，即关于购买什么公共服务、购买多少该类公共服务、向谁购买这些公共服务、怎样购买这些公共服务、所购买的公共服务的质量要求和时间节点是什么等问题，通常都由购买主体关起门来封闭式地作出决定。例如，即使是政府购买公共服务的实践走在全国前列的上海这样的国际性大都市，也存在公众和媒体呈现公共服务需求信息的渠道不畅通、设计项目环节的信息不透明等问题。[2] 当消费主体被当作公共服务的被动接受者时，在具体操作过程中就容易出现今年张书记送书、明年李书记送戏的尴尬现象。[3] 换言之，负责设计拟购买的公共服务项目的工作人员即使秉持公共利益至上理念，在设计所要购买的公共服务项目过程中，也往往不太重视深入细致地开展公共服务需求调查，而是自以为是地去设计他们认为服务对象需要的而未必是服务对象自己认为自己需要的公共服务项目，因

---

① 陈振明等：《公共管理学原理（修订版）》，中国人民大学出版社 2017 年版，第 196 页。

② 郑卫东：《政府购买服务的监管问题研究》，上海人民出版社 2019 年版，第 88 页。

③ 王浦劬、〔英〕郝秋笛等：《政府向社会力量购买公共服务发展研究：基于中英经验的分析》，北京大学出版社 2016 年版，第 103 页。

而时常难以对服务对象的需求做出精准的回应。

因为不重视获取服务对象的真实需求，而是根据自身认知、上级要求、财政状况、便于操作等因素主观地设计拟购买的公共服务项目，所以出现所供非所需的局面并不意外。换言之，公共服务需求调查的不充分甚至缺失和公共服务需求的无表达可能会共同造成部分公共服务出现供需失配现象。例如，某个区政府在购买某个民间图书馆的公共文化服务时，由于该图书馆在二楼，所举办的残疾人书画展也放在了二楼，结果因为没有考虑到残疾人上下楼不便，导致来参观的人很少。[①] 再如，A市在设计家庭综合服务项目时，构建了"一刀切"的"批发式"购买方式，即丝毫不考虑不同街道在辖区面积、人口数量、人口结构等方面的显著差异，统一按照每个街道200万元的标准确定购买金额。[②] 这样一来，面积大、人口多的街道资金捉襟见肘，面积小、人口少的街道资金绰绰有余。又如，为了成功创建文明城市，不少城市的地方政府都会花费大量资金修建健身步道和街心公园，但很多青少年和中年人对篮球场和足球场而非健身步道和街心公园有更大需求，所以青少年和中年人的需求难以得到有效满足。[③] 再如，有学者对某社区的居民进行访谈时，有居民就直言不讳地指出：

> 政府每年都会在社区举办不少活动，在活动中我们也会接受一些服务，但总有走过场的感觉。服务内容重复现象时有发生，服务效果也非常一般，我们需要解决的问题没有得到解决，

---

① 易斌等：《政府购买图书馆服务的监管成效、困境与对策》，《图书馆学研究》2021年第2期，第21页。

② 陈天祥、郑佳斯：《把政府带回来：政府购买服务的新趋向》，《理论探索》2019年第6期，第15页。

③ 朱毅然：《我国政府购买公共体育服务的潜在风险与防控》，《上海体育学院学报》2019年第3期，第64页。

感觉他们来提供服务就是为了完成任务。[①]

还如，根据《老龄蓝皮书：中国城乡老年人生活状况调查报告(2018)》中的相关调查数据，排在老年人需求量前列的养老服务项目主要包括上门看病、康复护理等医疗和护理方面服务。[②] 根据对服务投递者以及老年人所做的访谈，还可以发现因为接受养老服务的老年人的子女通常没有时间天天在老年人身边，而且其中不少老年人生活比较困难，所以这些老年人孤独感比较强，有人陪着聊天等精神慰藉服务也是他们希望得到的。有服务投递者就坦率地强调：

我觉得跟老人聊天很重要，因为这些老人也都是一些比较困难的老人，她需要你替她分担一点心理的压力。我这边有一个老妈，她家里有一点小矛盾，所以她就希望我天天到她家去。早上，我到她家楼上去，然后也给她扫扫抹抹，看看她家里还有什么事。她就说，她就缺少人跟她讲话。这些老人有什么心理呢？她需要宣泄，宣泄完了就没事了，然后你就安慰她，劝劝她。[③]

不过，从政府购买养老服务的实际情况来看，地方政府仍然将助餐、助浴、家政服务等公共服务项目放在优先购买的位置，这与老年人实际需求并不吻合。[④]

如果公共服务项目的相关设计人员并没有高尚的敬业精神，而是存在较重的私心杂念和“为他人做嫁衣裳”的心理，那么其在设计

---

① 倪咸林：《政府购买社会组织服务“供需适配偏差”及其矫正——基于江苏省N市Q区的实证分析》，《中国行政管理》2018年第7期，第89页。

② 党俊武主编：《老龄蓝皮书：中国城乡老年人生活状况调查报告(2018)》，社会科学文献出版社2018年版，第31页。

③ 冯华艳：《政府购买公共服务研究》，中国政法大学出版社2015年版，第234页。

④ 李长远、张会萍：《政府购买养老服务的风险及其防治——基于养老服务链视角》，《经济体制改革》2019年第2期，第35页。

公共服务项目时，就容易变得不负责任和应付了事。例如，我们对某地一虚拟养老院工作人员进行访谈时发现：

> 该市针对80周岁以上的老人提供了政府购买的居家养老服务，服务内容主要是家政服务，如搞卫生，洗洗晒晒，做做家务，烧烧饭，烧烧菜等等，但有的老人并不需要，因为他的子女很多，并且觉得上门服务不方便，就主动放弃了接受这样的服务。(访谈编号：E20170715)

再如，有学者对某县农村生产性公共服务购买进行调研后发现，基层政府机构开展公共服务购买工作时具有较强的主观性，习惯于单方面决定购买的内容、时间和方式，由此带来的一个不良后果就是政府购买的公共服务经常与消费主体的需求不够吻合，甚至与农时相违背，由此造成了资源的浪费。[①] 有的购买主体在设计项目时，从自利性动机而非公共服务动机出发，优先选择“见效快、形象好的项目”[②]。由此可见，以购买主体为中心而非以消费主体为中心的项目设计思路容易“相对忽视服务使用者的个人偏好”[③]，并将这种偏好视为无足轻重之事。例如，上海市曾专门就政府购买服务供需对接问题出台《上海市政府购买社会组织服务供需对接平台管理和使用办法（试行）》，明确规定了供需对接平台发挥的三个主要功能：供购买主体和承接主体自行发布、查询和使用相关信息，更好进行供需对接；在信息充分公开的基础上，打破部门、区域之间的壁垒，促进社会组织公平竞争；全景呈现全市政府购买社会组织服务项目

---

① 王浦劬、〔英〕郝秋笛等：《政府向社会力量购买公共服务发展研究：基于中英经验的分析》，第75页。

② 王栋：《社会组织承接政府购买服务中参与式预算的实践困境与机制突破》，《现代经济探讨》2019年第9期，第46页。

③ 陈振明等：《公共服务导论》，北京大学出版社2011年版，第146页。

开展情况，为优化基本公共服务提供决策参考。由此不难发现，供需对接平台没有为主动收集服务对象的需求信息和服务对象主动表达现实诉求提供任何渠道。对服务对象偏好的忽视难免会导致公共服务需求信息出现偏差，并导致拟购买的公共服务项目在一定程度上脱离消费主体即服务对象的实际需要，公共服务供给的回应性程度也因此受损。

从需求侧角度来看，消费主体的需求表达意识不足也是造成需求信息偏差风险的一个重要因素。公众缺少表达需求的渠道和机制，即存在需求的“表达缺席”。此时，消费主体只是在扮演抽象的“委托人角色”，其全部需求内容主要是由扮演“代理人”角色的购买主体“代理”表达的。消费主体如同“沉默的受益者”，是无话语、无参与、无表达的“三无”服务对象，其需求并没有得到足够的重视，甚至完全按照购买主体的服务安排“被服务”。① 此外，对部分消费主体而言，其认为进行需求表达不仅需要花费一定的时间、精力和金钱，而且还会存在一定的机会成本②，而所表达的诉求能否被购买主体采纳还未可知，故而部分消费主体出于理性经济人的考虑，就有可能出现表达冷漠现象。

（二）目标模糊风险

如果是购买主体直接从事公共服务的生产工作，那么购买主体可以采取渐进调适的决策模式，即先确定公共服务生产的一个大致目标，然后在落实过程中再根据实际情况进行目标调整。然而，在

---

① 王浦劬、〔英〕郝秋笛等：《政府向社会力量购买公共服务发展研究：基于中英经验的分析》，第168—169页。

② 机会成本（opportunity cost）又被称为择一成本，意指在做出决策时，因为选择了某一个行动方案而放弃了另一个行动方案所丧失的潜在收益或所付出的代价。

通过购买的方式委托社会力量从事公共服务生产工作时，却需要购买主体在选定相应的承接主体之前就具体明确地界定公共服务的购买目标。这是因为，如果不对目标事先加以明确界定，那么承接主体就无法准确地知晓购买主体的需求函数，也就不清楚购买主体究竟需要自己把公共服务生产工作做到什么程度，导致承接主体无法确定具体工作如何开展，也会对购买主体是否会随意提高工作的要求心存疑虑。不仅如此，如果缺乏明确的目标，在后续的绩效评价环节，也无法给出精确的评价承接主体工作绩效的标准，而且承接主体还可以以目标不够明确为借口为自己不佳的公共服务生产工作绩效进行辩解，从而导致公共服务质量无从保证。然而，在设计政府购买公共服务的具体项目过程中，不仅有可能无法对项目产品或服务特性做出明确要求导致不利于竞争开展，而且还会存在市场信息失灵的情况。鉴于前述情况，在设计项目环节，对公共服务项目的目标做出清晰界定就显得十分必要。然而，对购买主体来说，有的公共服务本身具有非实物性、动态性和复杂性的特点，针对这类公共服务在设计项目环节就精准设定明晰的目标的确是一项有较大难度的任务，“公共目标极少会坚持到精确公式的出台”[①]。更有甚者，有的购买主体不但没有明确的购买目标，而且连项目设计都没有。有学者于 2017 年 5 月访谈了某市一位社区问题专家，该专家明确表示：

> 那里的政府官员预先没有项目设计，他们也不知道该购买什么。他们让你说觉得应该购买什么。[②]

此外，从购买主体的价值目标设立来看，不少购买主体会想方设法地取悦上级，却会有意无意地忽视服务对象这一终端消费者的

① 〔美〕唐纳德·凯特尔：《权力共享：公共治理与私人市场》，孙迎春译，北京大学出版社 2009 年版，第 21 页。

② 周玉萍：《政府购买社区养老服务研究》，中国社会科学出版社 2019 年版，第 39 页。

需求。换言之，对于购买主体而言，购买的公共服务因不是自身所需，更多作为一种任务，是为了应付上级政府考核或者行政发包任务检查。例如，某地建了一个800多平方米的社区日间照料中心，一共放了12张床，环境十分温馨，但只入住了一位老年人，只为两位老年人提供送餐服务，只有十几位老年人在老年餐桌吃饭。这个中心实际上的主要功能是作为上级领导来参观时的一个“花瓶”。[①]购买主体对购买合同中的购买目标也经常随着上级对购买的公共服务的重视程度、关注点的变化而予以更改，缺乏自身对此的明确要求。同时，公共服务的消费主体——社会公众对政府等购买主体与社会组织或企业等承接主体所提供服务的具体质量目标等存在信息不对称，导致无法对此进行有效监管与反馈。

（三）项目选择偏差风险

不少购买主体向社会力量购买公共服务的一个隐含的动机就是让社会力量来帮助自己分担一些公共服务供给任务。正因为如此，所以其在确定哪些公共服务项目应当用购买的方式来间接提供时，往往受到这个隐含的动机的驱动，对于自身不擅长因而需要耗费大量精力的公共服务项目尤其具有强烈的购买动机。当然，地方政府在设计拟购买的公共服务项目时，通常会把降低成本和提高服务质量等作为可以公开言说的理由，试图借此来减少自己的工作任务这个潜在的目的则会被隐藏在内心深处。

公共服务中既存在有形的“硬”公共服务，也存在无形的“软”公共服务。[②] 对于“硬”公共服务来说，购买主体通常能够较为容易地对这类公共服务的数量、质量、成本等进行界定和测量，所以这

① 周玉萍：《政府购买社区养老服务研究》，中国社会科学出版社2019年版，第46—47页。

② 杨燕英主编：《政府购买公共服务导论》，经济科学出版社2018年版，第93页。

类公共服务又被称为可测量的公共服务。对于“软”公共服务来说，购买主体对于哪些应该购买，购买的数量和质量要求是什么，哪些应当由购买主体直接供给，都存在较大的界定难度且不易达成共识，所以这类公共服务又被称为不易测量的公共服务。例如，在美国，“尽管所有的政府都对外承包着什么，而且几乎每一件事情都被承包了出去，但在地方政府之间却很少能够形成共识——到底应该对外承包哪些服务”[①]。在我国中央政府和地方政府颁布的相关文件中，关于哪些公共服务不适合由社会力量承担，并没有做出明确的说明，这就给购买主体在具体实践中如何操作造成了一定的困扰。例如，早在2013年9月颁布的《国务院办公厅关于政府向社会力量购买服务的指导意见》就强调，“凡适合社会力量承担的，都可以通过委托、承包、采购等方式交给社会力量承担。对应当由政府直接提供、不适合社会力量承担的公共服务，以及不属于政府职责范围的服务项目，政府不得向社会力量购买”。不过，该文件并没有明确规定哪些公共服务适合由社会力量承担，哪些不适合由社会力量承担。有地方政府相关部门负责人在接受访谈时也明确指出：

> 从政府的角度来讲，政府与社会的边界，还没有弄清楚。区里也有（购买服务）目录，但是政府（职能）哪些是应该转移出来的，哪些是应该剥离出来的，这个还说不清楚，我们目前也说不清楚；哪些你不能干或者干不好，这个也说不清楚。因为边界不清楚，所以财政只能根据自己的思路去做。我们在政府常务会上也总会遇到这样的问题，市政管委提到垃圾分类问题，需要社会组织，但是没有社会组织，也没法孵化，就只能等。[②]

---

① 〔美〕唐纳德·凯特尔：《权力共享：公共治理与私人市场》，第127页。

② 吕芳、王冬芳等：《政府购买公共服务研究：中国实践与国际经验》，国家行政学院出版社2017年版，第84页。

因为精准把握可以购买的公共服务种类、数量和质量的难度较大，所以就可能导致购买主体选择通过购买来间接供给公共服务项目时出现偏颇和失误。我们总结发现，主要有以下三类偏差：

其一，将不应由社会力量生产的公共服务项目交由社会力量承接。根据本质性政府职能（inherently government functions；本质性政府职能又称为政府核心职能或政府固有职能）理论，凡是属于政府核心职能，都不应当采用合同外包的方式来由社会力量承担，否则就会有让社会力量来代替政府行使政府所拥有的核心权力之危险。例如，制定和修改宪法、法律、法规、规章以及出台其他政策文件并确保其被普遍地遵守或执行，刑事侦查、外交事务、情报及反情报活动[①]，这些都属于政府固有的核心职能。需要补充说明的是，这里的政府是广义的政府，就我国而言，包括作为执政党的中国共产党、政府行政机关、人民代表大会、政治协商会议、法院、检察院等等，即党和国家机构。

从公共政策学角度来看，中国共产党的政策、人民代表大会的立法、国家行政机关的行政决策和国家司法机关的司法解释等公共政策[②]的制定、执行、评估和终结职能都属于本质性政府职能亦即政府核心职能或政府固有职能。当然，要明确地界定哪些职能属于政府的固有职能并列出一份详细的清单的确是一件较为困难的事情。即使某个公共服务项目不在政府的固有职能范围之内，我们也不能简单地认为就可以直接采用购买的方式来提供，而是需要进行成本比较分析，即要进一步确定如果由社会力量来负责完成该公共服务项目的生产任务，是否会比由政府等购买主体直接生产的成本更低，

---

① 李海平：《政府购买公共服务法律规制的问题与对策——以深圳市政府购买社工服务为例》，《国家行政学院学报》2011 年第 5 期，第 96 页。

② 谢明编著：《公共政策导论（第四版）》，中国人民大学出版社 2015 年版，第 30—34 页。

抑或虽然成本相当，但社会力量生产的公共服务项目质量更好。对于某个公共服务项目而言，如果可以用更低的成本获得同样的服务产出或用同样的成本可能获得更高质量的服务，那么就意味着公共服务供给的效率有所提升。低效甚至无效的公共服务供给所带来的不良后果不仅是公共资源的浪费，而且会造成一定的机会成本损耗，即这些资源本来可以用来供给其他公共服务。

其二，将应该由社会力量承接的公共服务项目留给自己直接供给。根据比较优势原则，当出现以下情况时，应当由社会力量来承接公共服务项目：第一，在公共服务质量大致相同的情况下，社会力量生产同等数量的公共服务的成本比购买主体直接供给的成本明显更低，即社会力量具有成本比较优势；第二，在由社会力量生产和由购买主体亲自生产所产生的成本大致相等的情况下，前者生产的公共服务的质量明显高于后者，即社会力量具有质量比较优势，能更好地实现资金的价值。这两种情况都说明在这些公共服务项目的生产上，社会力量具有“比较优势”，而购买主体则存在“比较劣势”。

其三，对由社会力量直接生产的公共服务项目在生产数量的确定上出现偏多或偏少的情况，对于公共服务项目的质量标准界定出现与消费主体即服务对象的实际需求不契合的情况。这一类风险较前两种项目选择“方向型”偏差而言，体现在质与量等具体“实践型”绩效层面上的缺乏考察。这里的偏差主要为预判—结果层面上的效率偏差，这主要与公共服务和普遍意义上的商品有本质区别有关：公共服务生产者之间缺乏足够的竞争，即由于公共服务市场通常很难存在数量足够多的卖方、卖方和买方之间的私下勾连难以完全消除、卖方和买方之间经常存在信息不对称等市场缺陷，故而难有充分竞争的公共服务市场。一方面从公共服务供给设计端，政府需要做一个精明的买主，在对社会公众的需求精准判断的基础上选择最佳承接主体，但非完全竞争环境下政府对于公共服务质量的预判能力相对有限；另一方面从服务供给结果端，虽然社会公众作为服务的接受者和评价者，却因为多重代理导致承接主体更倾向于获取政府人员满意而非社会公众认可的服务绩效，从而出现公共服务生产数量和绩效的实际偏离。

（四）总成本增加风险

在政府等购买主体购买公共服务的过程中，由于受到获取资源的非交换性等外在因素影响，购买决策往往缺乏成本底线意识。由政府等购买主体来生产公共服务抑或由社会力量来生产公共服务，这两种选择并不意味着后者必然比前者成本更加低廉。我们在决定是否要采用购买的方式由社会力量来生产某种公共服务时，一个基本的要求就是要进行总成本比较分析。如果支付给承接主体的费用和从设计项目环节开始直到合同履行完毕所产生的交易费用的总和高于购买主体直接生产的费用，“那么就有必要问一下这个棘手的问题——能够从这样的合同管理中得到什么？”。[①] 当然，对政府等购买主体直接供给某个公共服务项目的成本进行精准测算通常是一件难度较大的事情，这无疑给总成本比较分析增加了难度，也为客观权衡是否要通过购买方式来间接供给公共服务带来了新的挑战。

一般来说，购买主体直接生产的总成本包括生产成本（意指公共服务的生产本身需要付出的成本）和官僚成本（意指购买主体在完成公共服务生产任务过程中维持自身运转的成本，又被称为内部管理成本），通过购买方式来供给公共服务的总成本则包括生产成本和

---

① 〔美〕菲利普·库珀：《合同制治理——公共管理者面临的挑战与机遇》，竺乾威、卢毅、陈卓霞译，复旦大学出版社 2007 年版，第 116 页。

交易成本。威廉姆森指出，由政府垄断性地从事公共服务的提供和生产会产生官僚成本，购买公共服务可以使提供和生产分开，从而消除了内部管理成本，但会产生交易成本。[①] 从交易的时间节点来看，可以简单地以交易达成（签订合同）为分界线，将交易分为交易前和交易后。据此，交易成本也可以相应地划分为合同签订前的交易成本和合同签订后的交易成本。前者是为了使交易能够达成所付出的起草合同、围绕合同内容进行讨价还价以及确保合同能够履行的成本。后者是在签订合同之后出现的交易成本，包括交易双方讨价还价产生的成本、为了消除履行合同中的分歧付出的成本、为了确保合同中约定的条款特别是承诺能够兑现付出的成本，等等。[②] 购买公共服务的一个重要目的就是降低生产成本（一个暗含的假设是，承接主体生产公共服务的成本会比购买主体直接生产公共服务的成本低）和减少官僚成本。不过，购买公共服务会新增交易成本。这里的交易成本至少由两个部分组成：一是购买主体从设计项目环节到绩效评价环节的整个购买流程中为了交易的达成和履行完毕所耗费的人、财、物、时间、信息等资源，主要包括确定购买哪些公共服务以及购买的数量要求和质量标准即设计拟购买的公共服务项目所耗费的成本，针对所设计的公共服务项目进行预算编报所耗费的成本，组织购买环节确定购买的价格、拟定公共服务的购买合同、发现和选择合适的承接主体以及与承接主体达成购买协议等所耗费的成本（在威廉姆森那里，为了达成协议所付出的协商谈判成本和签订合同所花费的成本被称为“签约成本”），在履行合同环节为了确保承接主体有效履行合同所耗费的管理成本，在绩效评价环节对

---

① O. E. Williamson, “Public and Private Bureaucracies: A Transaction Cost Economics Perspective,” *Journal of Law, Economics & Organization*, Vol, 15, No. 1, 1999, p. 307.

② 〔美〕奥利弗·E. 威廉姆森：《资本主义经济制度——论企业签约与市场签约》，段毅才、王伟译，商务印书馆 2002 年版，第 37—39 页。

承接主体履约情况进行评价验收和对违约行为进行惩罚等产生的成本。根据威廉姆森的研究，履行合同环节和绩效评价环节所耗费的成本可以统称为“执行成本”，即为了落实合同条款和对落实情况进行监督、监察、评价和敦促改进所花费的成本。二是购买主体为了成为一个聪明的买家而组织开展学习所耗费的人、财、物、时间、信息等资源。因此，从降低总成本的角度看，在购买还是直接生产这两种方式中进行选择时，一个基本的前提就是要进行总成本的比较分析。国外有学者认为，要根据交易成本的大小来决定是否采用合同外包方式提供公共服务，即交易成本高的公共服务由政府直接生产，交易成本低的公共服务采用合同外包的方式由其他组织来生产。① 这种观点虽然注意到了交易成本问题，但是忽视了进行总成本的比较分析。从国外的实践看，民营化的倡导者从经济理性出发，以效率和效能为基本价值追求，认为以合同外包方式购买公共服务具有明显的效率优势和效能优势。在效率优势方面，萨瓦斯指出，在同样数量和质量的公共服务生产中，合同承包节省的费用为25%左右。② 在效能优势方面，“承包商的技术更为专业，灵活性更强，所以其在诸多日常活动中都比政府直接生产更加有效”③。但是，也有民营化的反对者提出了相反的证据。比如说，在美国的公共服务合同外包实践运作中，出现了通过政府购买减少公务员职位总数的情况，但不能据此就简单地认为节约了成本，因为实际上此时合同管理的成本却上升了。④ 由此可见，虽然通过合同外包方式减少了公

---

① Trevor L. Brown and Matthew Potoski, “Transaction Costs and Contacting: The Practitioner Perspective,” *Public Performance & Management Review*, Vol. 28, No. 3, 2005, pp. 326-351.

② 〔美〕E. S. 萨瓦斯:《民营化与公私部门的伙伴关系》，周志忍等译，中国人民大学出版社 2002 年版，第 74—75 页。

③ Lester M. Salamon, ed., *The Tools of Government: A Guide to the New Governance*, New York: Oxford University Press, 2002, p. 287.

④ 〔美〕菲利普·库珀:《合同制治理——公共管理者面临的挑战与机遇》，第 82 页。

务员的职数，从而降低了政府运作的人力成本，但是却新增了对合同进行管理的成本，而合同管理的成本有时会高于所降低的人力成本。

从我国的实践看，无论是在中央关于政府购买公共服务的相关文件中，还是在地方政府向社会力量购买公共服务的相关实践运作中，都很少见到关于总成本比较的内容，这就可能带来购买公共服务并未降低公共服务供给成本反而导致供给成本增加的风险。早在2013年，中国社会科学院就发布了《中国法治发展报告》，其中明确指出，从政府采购的价格与市场平均价格的比较来看，前者高于后者近80%，这无疑证实了政府采购的成本大幅增加的社会现实。另有学者研究发现，公共服务的政府购买相较于政府直接生产而言，虽然具有赢得比较效率的发展潜力，但这种潜力并不具有显著性特质，[①] 这一点至少说明我国政府购买公共服务并没有较大幅度地降低供给成本。

二、设计项目环节的风险防范

我国在政府购买公共服务领域可能遭遇到的前述风险既与该领域宏观的、缺乏执行标准的政策设计有关，也与地方政府在执行过程中出于地方自利等而产生的执行阻滞或变相执行等自我规避有关。降低或避免以上种种风险，既需要关注全过程、多主体的购买公共服务设计与实施，又需要从技术视角降低执行过程中的主观随意性，还需要从机制维度实现公共服务购买绩效的长效性。本书基于“过程—技术—机制”风险防范分析框架，尝试构建体系化的设计项目环节的风险防控体系。

---

① 敬乂嘉、胡业飞：《政府购买服务的比较效率：基于公共性的理论框架与实证检验》，《公共行政评论》2018年第3期，第158页。

（一）过程视角下设计项目环节风险防范

生产主体的公共服务供给与消费主体的公共服务需求相吻合是提升消费主体满意度的一个最为根本的条件。公共服务购买意味着政府由公共服务的直接生产主体转变为间接生产主体，而作为承接主体的社会力量则成为直接生产主体。在政府从“前台”走向“幕后”之后，由于需求表达机制的不完善，社会力量就公共服务的生产与消费主体对公共服务的需求之间可能出现错位和误置，从而导致消费主体获得感、幸福感和满意度的降低。可通过服务提供前的公共服务需求调查确定服务内容，在明确政府固有职能的基础上进一步完善顶层管理制度，通过科学完善的目标设定以及成本效益等结果考量，在设计环节有效规避政府购买公共服务的潜在风险。

1. 开展公共服务需求调查

公共服务需求信息缺乏引致的供需失衡不仅会带来公共资源的巨大浪费，而且会导致服务对象即公共服务的消费主体对政府等购买主体的信任衰减，甚至会让购买主体陷入塔西佗陷阱。有鉴于此，防范公共服务需求信息偏差风险就变得非常重要。众所周知，消费主体对于自身需要什么样的公共服务以及需要的公共服务之种类、数量和质量往往有着直观的体会，故而消费主体毫无疑问是公共服务需求信息最为重要的来源。相关政府部门与服务对象在公共服务需求方面存在较为严重的信息不对称。因此，购买主体应当深刻认识到开展公共服务需求调查的必要性和紧迫性，主动从消费主体那里收集公共服务需求的相关信息。为此，有必要深入开展公共服务需求调查。服务对象通常不会故意不表达自己的公共服务需求，更多的情况是其缺少表达的机会和渠道。故而，为了尽可能防范需求信息偏差风险，相关政府部门应当摆脱单纯从供给侧维度开展公共服务项目设计的思维惯性，转而重视从需求侧(即公众维度）探寻公共服务需求偏好信息，即要借助一定的沟通协商渠道来实现公共服务项目设计主体与公共服务消费主体（公众）之间的信息共享。比如，项目设计主体可以借助微信公众号、QQ 群、手机 App、政府网站、电子邮箱、政务微博、大数据、云计算等现代信息技术途径来收集服务对象的需求信息。[①] 例如，深圳市南山区依托南山政府在线、南山在线微信公众号、深圳南山网及政务微信等数字化平台来向公众征集公共服务需求信息和意见建议，并通过建立“南山区民生微实事项目库”来实现公共服务项目征集工作常态化。[②]

值得一提的是，中央政府相关部门已经意识到开展公共服务需求调查的必要性。例如，财政部发出的《关于做好 2022 年政府购买服务改革重点工作的通知》中就指出，要“加强需求管理，在充分开展需求调查的基础上合理确定购买服务需求，明确相关的服务内容、服务标准和技术保障，强化对购买服务需求和采购实施计划的完整性、合规性、合理性审查和风险管理”。国内部分地区也已经在探索如何坚持公共服务管理实践中的需求导向原则。例如，北京市西城区探索的“全响应式”社会服务管理模式以人民群众的需求为基本导向，强调围绕人民群众关心的问题来开展各项工作。为此，全区采用“一本、一会、一单”民生工作法，依托社情民意调查及时了解和回应公众反映的热点问题。[③] 这一做法也较好地提升了该区政府向社会力量购买公共服务在设计项目环节对服务对象需求的回应程度。为了确保调查的有效开展，可考虑组建由购买主体的成员、专家学

---

① 张立荣、冉鹏程、汪榆淇：《政府购买社会公共服务的供需失衡及精准匹配——以利川市公共服务改革为考察对象》，《河南师范大学学报（哲学社会科学版）》2020 年第 2 期，第 20 页。

② 蔡礼强：《政府向社会组织购买公共服务的需求表达——基于三方主体的分析框架》，《政治学研究》2018 年第 1 期，第 74 页。

③ 吕芳、王冬芳等：《政府购买公共服务研究：中国实践与国际经验》，第 70 页。

者代表、潜在的承接主体代表等组成的公共服务需求调查工作专班，也可以借鉴其他国家的相关经验，通过政府购买的方式由专业的第三方机构来开展需求调查。在深入调查的基础上，根据所获取的消费主体需求情况有针对性地设计拟购买的公共服务项目。值得强调的是，需求调查一定要在设计项目环节就开展，并将调查获取的需求信息作为设计项目的重要参考依据。然而，在实践操作中，有的购买主体虽然也开展了需求调查，但其是在与承接主体签订了购买合同之后，即在组织购买环节结束后的履行合同环节的开始阶段才进行需求调查，[①] 这种做法实际上仍然是根据主观经验而非实际需求来设计拟购买的公共服务项目，所开展的公共服务需求调查的意义也大打折扣。

需要指出的是，虽然说对公众的公共服务需求做出积极反应意味着我们要坚持服务对象至上的理念，“尽量不要把用户看作是卒，即棋盘上最弱的棋子，而应更多地把他们视作最强大的棋子，即王后”[②]，但是对公共服务需求信息的收集不宜简单地采用完全迎合公众需求的方式，而应满足公众的合法合理期待。截至目前，虽然说我国已经全面建成了小康社会，但是我国的公共服务资源仍然具有一定的稀缺性。其实，公共服务资源的稀缺性根源于这样一个基本事实，即公共服务资源的有限性与人类的需要之日益增长性之间的矛盾。[③] 如果人类不存在需要，或者虽然存在需要，但这种需要不会日益增长，那么公共服务资源的稀缺性问题就能较为容易地解决。然而，一个无可否认的事实是，人们的需要不但在不断增长，而且

---

① 吴帆、周镇忠、刘叶：《政府购买公共服务的美国经验及其对中国的借鉴意义——基于对一个公共服务个案的观察》,《公共行政评论》2016 年第 4 期，第 11—15 页。

② 〔英〕朱利安·勒·格兰德：《另一只无形的手：通过选择与竞争提升公共服务》，韩波译，新华出版社 2010 年版，第 5 页。

③ 贺卫：《寻租经济学》，中国发展出版社 1999 年版，第 22—23 页。

还有不同的层次。例如，人的需要既包括低层次的生理需要和安全需要，又包括中等层次的社交需要、尊重需要和求知需要，还包括高层次的审美需要和自我实现需要。故此，相较于公众的公共服务需求，公共服务供给总是显得不足。当意识到公共服务资源的稀缺性是一种常态化的现象，我们在设计公共服务项目时，面对公众多样化的公共服务需求，就应当审慎地进行权衡和做出一定的取舍，而不是试图全部满足公众的所有公共服务需求。其中，应该将公众需要的基本公共服务优先纳入购买范围。

针对需求调查收集到的公共服务需求信息，相关政府部门还要做好分类整理工作，特别是要根据公共服务需求的紧急程度和重要程度进行组合化分类，即从紧急、不紧急、重要、不重要四个维度进行排列组合，由此形成公共服务需求的四个象限（见图3-1）。第一象限是既紧急又重要的公共服务需求，第二象限是不紧急但重要的公共服务需求，第三象限是既不紧急也不重要的公共服务需求，第四象限是紧急但不重要的公共服务需求。由于政府的公共财力总是有限的，加之要充分考虑公共支出的效率，因此对公共服务需求要有所区别地加以对待。具体来说，对于第一象限的公共服务需求应当优先满足；第二象限的公共服务需求要认真做好计划，做到未雨绸缪；第三象限的公共服务需求可以暂时不去考虑；第四象限的公共服务需求可以选择性地满足并尽可能减少该类需求的出现。由此形成了公共服务需求管理的四象限法则。需要指出的是，公共服务需求管理的四象限法则也能够适用于其他需求的管理，因此，该法则也可以拓展为需求管理的四象限法则。

相关政府部门除了要做好需求调查工作之外，还可以借助承接主体、第三方监管机构、第三方评价主体的力量来获取更多的需求信息。相较于政府部门等购买主体，社会组织等承接主体作为直接与服务对象接触的公共服务生产主体，通常对服务对象的需求更为

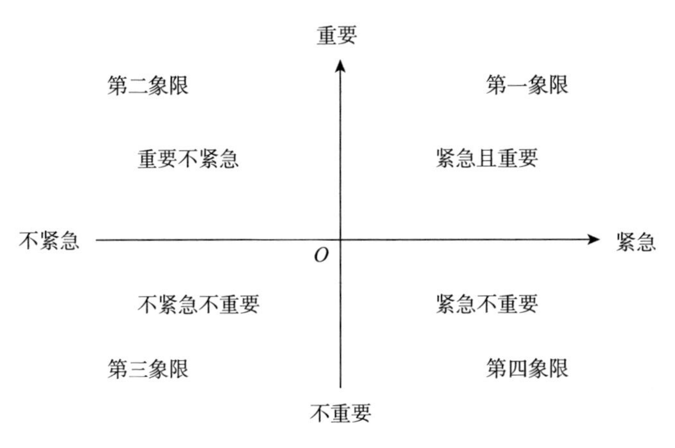

图 3-1　公共服务需求管理的四象限法则

了解。第三方监管机构和第三方评价主体作为公共服务生产工作的直接监管者和评价者，也对服务对象的需求有相对全面的了解。因此，相关政府部门在设计项目之前，可以考虑主动邀请这些主体来提供服务对象的需求意向，[①] 从而更好地发挥这些主体的需求信息分享功能。

2. 明确本质性政府职能

虽然在本质性政府职能与可以外包出去的职能之间划分界限，可能成为公私部门合作伙伴关系中最难以解开的谜团，但是对政府等购买主体而言，直面这一难题并避免将本质性政府职能让渡给社会力量来承担，却是不得不努力去完成的一项工作。换言之，应当避免将本应由政府直接承担的公共服务职责甩包袱似的一股脑儿全部移交给社会力量负责，从而“产生政府机构‘养懒人’的现象”[②]。

---

① 张汝立、刘帅顺、包娈：《社会组织参与政府购买公共服务的困境与优化——基于制度场域框架的分析》，《中国行政管理》2020 年第 2 期，第 99 页。

② 王浦劬、〔英〕郝秋笛等：《政府向社会力量购买公共服务发展研究：基于中英经验的分析》，第 59 页。

一方面，应通过修订《政府采购法》等举措来依法界定政府向社会力量购买公共服务的具体范围和相关实施原则，严禁对属于本质性政府职能的事项采用购买公共服务的方式来处理。购买主体尤其是政府要确立公共利益至上的理念并充分认识到，自己是人民的受托人，从设计项目环节开始，理应始终坚守“以人民为中心”的理念，在政府向社会力量购买公共服务的全过程中，永远将人民的福祉置于第一位。那么，哪些属于本质性政府职能呢？深圳市在 2014 年出台的《深圳市政府购买服务负面清单（试行）》中，明确规定国家安全、保密事项、司法审判、行政决策、行政许可、行政处罚、行政征收等 14 类履职事项应当由政府直接提供。青岛市财政局也在 2018 年发布了《关于公布政府购买服务负面清单的通知》，在负面清单中列举了涉及国家安全、保密事项和司法审判、行政行为等 12 类政府不得向社会购买的事项。有鉴于此，可以考虑由中央政府出台政府购买公共服务的负面清单，以在全国层面上对本质性政府职能做出规范性设定。从负面清单的内容设定来看，应当包括不属于政府职能范围的服务事项、属于本质性政府职能的公共服务事项、政府直接供给的效益显著高于交由社会力量供给的公共服务事项。

另一方面，有效规范购买行为的同时提高购买效率，明确在什么情况下适合采用政府购买公共服务的方式来实现公共服务高质量供给。德霍格认为，在下述情况下可以采取政府购买公共服务的方式来完成公共服务生产任务：(1) 无须对公共服务项目做出长期承诺便可以尝试一些试点项目；(2) 希望既降低成本又保持良好的公共服务质量；(3) 政府缺少必需的设施、经验或技能来直接生产公共服务；(4) 政府只是偶尔需要某些公共服务；(5) 可以实现规模经济；(6) 政府能够明确服务的先后次序、服务的水平和预期目标，并且能够对承接主体进行奖惩；(7) 政府拥有一个可以选择供应商的竞争性的环境；(8) 坚持公平竞争并努力维持公平竞争的秩序；(9) 出于政治动机的奖励最小化；（10）政府有充足的资源进行有效监督并坚持这样做。[①] 凡是符合这些情况的公共服务，都可以优先考虑采用政府购买公共服务的方式来完成有效供给。

3. 推进目标设定的科学化

为了确保公共服务项目的购买能够取得良好的效果，在设计项目环节就需要为每个项目设定具体明确的目标。为了科学设定公共服务项目的目标，应该对目标本身有恰当的理解。在我们看来，目标不应理解为一个虚无缥缈的抽象名词，而应直观地界定为该公共服务项目最终要产出的结果。一般来说，定量的目标比定性的目标更容易理解，也更为精确，因而所设定的目标要尽可能量化。对有些实在无法量化的内容，也要用文字的形式进行详尽通俗的描述。为了让目标尽可能具体明确，还需把目标分解为可以通过定量和定性的方式加以衡量的具体标准，此即公共服务项目的绩效标准。

与目标设定相对应的是，购买主体需要围绕目标进一步明确设定好公共服务项目的“服务对象、服务期限、服务要求、服务数量、申报资金的计算方法及用途……预算安排……量化效果指标”[②]。此外，当前政府购买公共服务的目录设定较为宽泛，社会公众的参与度不够，且在购买范围较广、投入不变的情况下，未结合区域发展实际而是采取“一刀切”普惠式的公共服务提供，必然难以有效保障服务质量，难以满足差异化的服务需求。

4. 进行成本比较分析

购买合同是公共服务购买成本输出的直接载体。在设计项目环

---

① Ruth Hoogland DeHoog, *Contracting out for Human Services: Economic, Political, and Organizational Perspectives*, Albany: State University of New York Press, 1984, p. 141.

② 王浦劬、〔英〕郝秋笛等：《政府向社会力量购买公共服务发展研究：基于中英经验的分析》，第 59 页。

节，应当对购买合同中的价格与关注内容予以约定。这就需要政府等购买主体对直接生产公共服务的成本进行测算，并对通过购买的方式间接供给公共服务的成本进行预测。购买主体直接生产公共服务的成本主要由公共服务生产成本和内部管理成本两大块构成，购买公共服务的成本则主要由公共服务生产成本和交易成本构成。在进行成本比较时，至少应当重点关注三个方面内容。

首先，在承接主体的评估与选择方面，如果与政府等购买主体直接生产公共服务相比，通过向社会力量购买公共服务项目的确可以降低成本，那么该项目就可以纳入政府等购买主体拟购买的项目清单。如果成本相当，就需要进一步确定社会力量在该公共服务的生产上是否更加专业，也就是说是否会用大致相当的成本生产出质量更高的公共服务。如果的确如此，那么也可以纳入政府等购买主体拟购买的公共服务项目清单。如果发现社会力量生产该公共服务的成本显著高于政府直接生产的成本，那么就不适合移交给社会力量来生产。

其次，在购买合同的内容结构方面，建议采用关注服务绩效产出的“绩效合同”和测算出的“固定价格合同”相结合的定价方式。原因在于，这种定价方式有利于控制公共服务项目的交易成本和生产成本。[①]

最后，除通过以上方式实现“节流”外，还要拓宽政策执行的资源渠道，即“开源”工作同样重要。建议在政府购买公共服务的设计项目环节，就将通过广告宣传、合同承诺、税收减免等其他方式邀请企业或第三方组织共同投资考虑进来。

---

① 徐勇、崔开云:《地方政府购买公共服务研究理性选择范式的批判与超越》,《重庆科技学院学报（社会科学版)》2021 年第 4 期，第 60 页。

（二）技术视角下设计项目环节风险防范

设计项目环节除了要在理念和意识层面上对购买服务过程予以考察外，在对服务边界科学划定的基础上，运用合理的公众参与工具、选择适宜的承接主体也具有重要的现实意义。相较于上一部分在设计环节的相对静态的风险防范，技术视角下的设计项目环节风险防范更侧重于对服务开展、服务过程和服务绩效的评估与落实。设计项目环节对工具与方法的运用，在保证了公共服务开展与服务过程的科学性的基础上，也对服务绩效予以系统性评估设计，有效避免了项目开展前、开展中的决策失误与开展后的绩效主观评定等潜在风险。

1. 政府购买公共服务可能边界的划定

从当前我国政府购买公共服务的实践来看，对购买边界问题虽有所涉及，但仍然在一定程度上存在指导思想不太明晰、范围界定不够清楚、可操作性不强、立法层次相对较低以及忽视了地域差异等不足。有鉴于此，在政府购买公共服务的设计项目环节，科学设计和精准界定可能的购买边界就具有重要意义。

从要素视角切入，以政府购买公共服务的效率和风险之高低作为分类尺度，可以构建出政府购买公共服务的四维边界，主要有“高效率—高风险”“高效率—低风险”“低效率—高风险”“低效率—低风险”等四种要素组合类型（见图 3-2）。根据要素组合的特征划分，政府购买的公共服务之类型包括“应当谨慎购买的公共服务”“鼓励积极购买的公共服务”“禁止购买的公共服务”和“可以购买的公共服务”四类。这一划定标准主要是按照政府提供公共服务的正绩效与负绩效等产出维度来设计的。

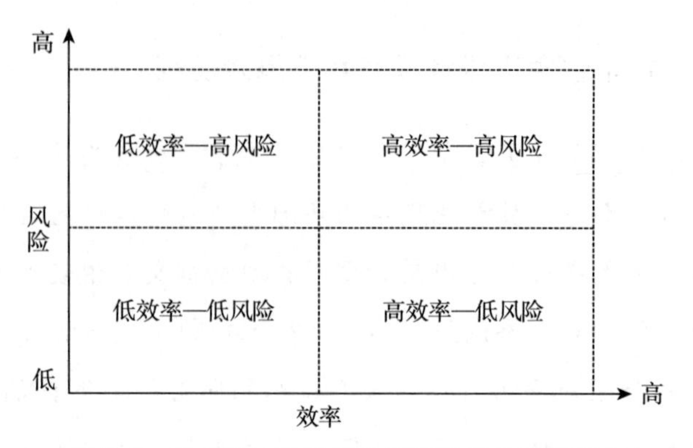

图 3-2　政府购买公共服务可能边界的类型划分

效率要素主要考虑政府购买公共服务的成本和产出效益情况，衡量公共服务的正向绩效，即如何用较小投入获得较高产出；风险要素着重考虑政府购买公共服务所引致的治理风险。在“高效率—高风险”要素组合下，政府购买公共服务类型为应当谨慎购买的公共服务，虽然该类型公共服务从成本收益比来说，能实现公共服务的高效率供给，但为了有效防范公共服务提供过程中可能产生的较恶劣甚至不可逆的影响，购买主体应着力强化公共服务购买过程中的监督约束。诸如在设计购买生态环境污染治理等项目时，应在审慎选择相关企业或组织的基础上予以购买。在“高效率—低风险”要素组合下，政府购买公共服务类型为鼓励积极购买的公共服务，该模式下设计的政府购买公共服务项目一方面治理风险较低，另一方面能够带来治理问题改善、供给效率提升等正绩效。这一模式下的公共服务较为规范，公共服务绩效较好衡量，从而成为公共服务购买项目中较为普遍和优先考虑的领域。在“低效率—高风险”要素组合下，政府购买公共服务类型为禁止购买的公共服务。因为治理风险高且面临着较低的服务效率，即存在双重负绩效导向，所以这一模式是设计政府购买公共服务项目所应限制甚至禁止实施的领域。在“低效率—低风险”要素组合下，政府购买公共服务类型为可以购买的公共服务，虽然该模式下政府提供公共服务的效率低，但是就其可能产生的低治理风险而言，该类型公共服务购买项目与人民生活的改善仍是正相关的，诸如通过社会组织的专业性服务为部分地区或领域提供相关公共服务，从辐射范围、覆盖人群、持续时间等来说，该服务是低效率的甚至难以察觉，但仍解决了政府的部分治理问题及治理难题。需要注意的是，对于政府购买公共服务边界的界定来说，关于公共服务类型的上述划分并不是最终目的，各种类型下购买公共服务所涉及的购买程度和监督机制等才是应该予以重点考虑的问题。

还有一种较为普遍的类型划分方法是，依据服务特征确定公共服务提供的类型。这里的服务特征主要包括专用性和复杂性两类，通过对这两个维度的细分形成公共服务的四种类型。每一种类型均有相应的公共服务供给方式。其中，“低专用性—低复杂性”的公共服务最为适合交由企业或社会组织等社会力量供给；“高专用性—高复杂性”的公共服务最为适宜由政府等公共部门直接供给；其他两种公共服务类型则介于以上两种供给方式之间。[①]

从原则视角切入，有学者提出应将民生性、公共性、权力制约性和可操作性等四类原则作为设计政府购买公共服务项目时应予以识别和注重的重要原则。[②] 在价值维度上，公共性、有效性和回应性被认为是政府购买公共服务的有效价值考量维度。部分学者基于对政府购买医疗保险服务效果的测量，提出设计政府购买公共服务项目应遵循系统科学、多元评价主体相结合、过程评价与结果评价并重、定性与定量评价相结合和创新性等五项原则。其中，系统科学原则主要涉及设计系统完善的评估程序、全面且客观评价不同参与者意见和态度以及资源投入产出效率等方面，在方法选择上应遵循

① 马国贤：《政府绩效管理》，复旦大学出版社 2005 年版，第 64 页。

② 项显生：《我国政府购买公共服务边界问题研究》，《中国行政管理》2015 年第 6 期，第 42—43 页。

科学的理论与方法，设计系统全面的评价指标，在资料征集上也应采用合理的方法收集整理。在多元评价主体相结合的原则下，应改变当前政府作为公共服务购买方同时作为评价方的评价方式，而应在对政府、服务对象和第三方的评价予以甄别的基础上，通过权重的设置客观反映实际。在过程评价与结果评价并重原则下，一方面对政府购买公共服务的行为予以监督，另一方面也对行为绩效予以检验。在定性与定量评价相结合的原则下，将购买公共服务项目的总体评估和定性评估相结合，有助于获得全面客观的评价结论。创新性原则则要求结合中国实际、地域特色和领域特殊等情况，创造性地提出政府购买公共服务的评价指标体系。概言之，通过划定政府购买公共服务的可能边界，从要素和原则等维度切入来组织设计政府购买公共服务的行为及模式，具有重要的实践操作意义。

2. 推进服务对象有效参与的工具选择

为了准确地获得服务对象的公共服务需求信息，必须采取一定的措施让设计项目环节的服务对象参与有效运转起来。通过服务对象的参与，能够及时将公共服务需求信息传递给公共服务项目的设计者。例如，有学者调研发现，某区每年可以从政府财政预算中获得 20 万—30 万元的公共服务专项资金。在资金的具体使用上，该区居民的作用得到了充分发挥。以该区 A 社区为例，A 社区采用自下而上的方式来决定如何使用这笔公共资金。一方面，对每家每户开展公共服务需求征集工作；另一方面，以户为基本单位来选择议事代表，由这些代表来代表社区全体居民对居民的核心需求进行表决，就每年划拨给社区的 20 万元公共服务资金的使用去向发表建议与意见。[①] 该区的实践探索表明，该种方式大幅提升了公共服务资金的使

① 王浦劬、〔英〕郝秋笛等：《政府向社会力量购买公共服务发展研究：基于中英经验的分析》，第 102 页。

用效果，较好地保证了公共服务购买活动始终运行在公共利益的轨道上。

实现公共服务购买项目的设计环节之服务对象有效参与，绝非一件轻易就能达成的事情。尤其在推进服务对象参与过程中，如果参与工具缺失或使用失当，则会在一定程度上引致服务对象真实需求与有效供给设计之间的信息偏差，从而导致低效甚至无效的参与结果，造成服务对象对于设计者提出的公共服务项目满意度较低甚至不满意。因此，如何在政府向社会力量购买公共服务的设计项目环节实现服务对象的有效参与，就成为必须加以解决的一个重要问题。服务对象的有效参与是位于完全有效参与和完全无效参与连续谱上的任一点，其具体与参与目标是偏离还是吻合，一方面与服务对象在体验公共服务后的感知满意度有关，另一方面还与服务对象在体验公共服务前的期望满意度有关。从这一层面上来说，精准把握服务对象对公共服务的需求和对服务前—服务后全过程的满意度就具有十分重要的意义。推进政府向社会力量购买公共服务设计项目环节服务对象的有效参与，就是为了让服务对象的参与趋近于服务对象参与有效性连续谱中“完全有效”那个极点。

由于科学地运用适当的参与工具对服务对象参与的有效性具有举足轻重的影响，因而为了推进政府向社会力量购买公共服务设计项目环节服务对象的有效参与，必须注重恰当地选择服务对象参与的工具。一般来说，按照服务对象参与的目的来分，参与工具可以划分为以促进信息交换（获取信息）为目的的参与工具和以增进服务对象认同（决策合法化）为目的的参与工具。[①] 为了获取服务对象对公共服务项目的需求方面的信息，关键公众接触、公众调查和公众

① Lawrence C. Walters, James Aydelotte and Jessica Miller, “Putting More Public in Policy Analysis,” *Public Administrative Review*, Vol. 60, No. 4, 2000, pp. 349-359.

会议是三种较为有效的参与工具。[①] 这三种参与工具都可以使公共服务购买主体在设计项目时拥有全面、真实、有用的需求偏好信息。这三种参与工具的使用，能在一定程度上保证以相对便捷的方式获取服务对象的需求偏好信息，确保信息的完整性与代表性，从而有利于后续增进服务对象的认同和增强购买主体设计项目相关决策的合法性。具体工具运用方式如下：

第一，关键服务对象接触。通常情况下，公众社团的领导、知识精英、商业精英等掌握的信息量更大，对信息的综合处理能力更强，他们所提供的信息通常对项目设计的帮助较大，故而他们时常被选定为“关键服务对象”。关键服务对象接触这一参与工具的使用，表明服务对象有效参与的关键因素在于其所具备的参与意愿和参与能力。通过对不同单位或组织中的意见领袖等开展深度访谈或重点调研，可以获取一些关键需求信息。需要注意的是，这里的关键服务对象一定程度上是对专业人士进行分层抽样而形成的参与主体，多为社团组织层面的领导者。在对关键服务对象进行筛选时，需要注意关键服务对象所代表社团组织的代表性与广泛性，非特殊情况下一定要尽量保证各公众社团均有代表涉及。该类型参与主体某种程度上是服务对象中的专业人士，通过与这些公众社团的领导者深度接触，一定程度上能获取服务对象对于公共服务的有效需求信息，同时也可以在很大程度上防止所设计的公共服务项目与公众社团的利益诉求产生冲突，从而减少公共服务购买的阻力。值得关注的是，对于当前组织化的服务对象，其领导者相对便于遴选与推荐，但若服务对象呈现无组织化状态，那么对关键服务对象进行遴选则较为困难，其利益诉求不能全面代表该服务对象的诉求。若只

---

① 〔美〕约翰·克莱顿·托马斯：《公共决策中的公民参与》，孙柏瑛等译，中国人民大学出版社 2010 年版，第 86 页。

以少数关键服务对象作为公共服务项目设计者的需求信息来源，则易导致公共服务项目设计的科学性不足。关键服务对象接触“之所以有效的一个原因是，它通常与别的参与技术方法一起使用，从而让更广泛的公众参与公共决策”[①]。有鉴于此，关键服务对象接触通常应当与其他参与工具结合使用，由此既能与少数关键服务对象进行深入沟通，又能与其他利益相关的公众开展广泛交流。

第二，服务对象调查。这一工具的首倡者为美国的哈里·P. 哈特里（Harry P. Hatry）教授。该工具依据工商管理领域的顾客调查来类推社会治理、政治领域的公众调查。[②] 这一参与工具的使用侧重参与制度层面，通过完整的服务对象参与制度，借助问卷调查、深度访谈等方式创设相对开放、弹性的调查结构，从而挖掘服务对象的需求信息。例如，广东省佛山市顺德区为了收集服务对象对政府购买公共服务的需求信息，在组织购买之前公开向社会发布了需求调查表，重点获取服务对象关于希望购买的公共服务项目种类和受众范围及地域、对政府购买公共服务的意见和建议等方面的信息。[③] 由于服务对象参与调查的能力与意愿存在显著的差异，所以在调查内容的选择上，要保证所选的调查内容的可测量性和短时内的可参与性。这一方面对调查内容的载体提出了时间要求，既不能太长以致影响参与调查的服务对象的耐心，也不能太短以致不能全面反映问题；另一方面也对调查实施的方式提出了可操作性方面的要求，考虑参与调查的服务对象的便利应尽量选择非工作日的时间，同时为有效激励参与调查的服务对象的积极性，应考虑为参与者准备适

---

① 〔美〕约翰·克莱顿·托马斯：《公共决策中的公民参与》，第 64 页。

② 孙柏瑛、杜英歌：《地方治理中的有序公民参与》，中国人民大学出版社 2013 年版，第 136 页。

③ 蔡礼强：《政府向社会组织购买公共服务的需求表达——基于三方主体的分析框架》，第 74 页。

宜的礼品以示感谢。使用该参与工具的较为重要的原则是保证参与调查的服务对象之广泛性和随机性，同时对问卷内容设置也具有较高要求。为了通过该参与工具相对高质量地获取服务对象的需求信息，建议考虑与相关调研机构、研究院、高校科研机构等开展合作，借助专业的力量有效完成。例如，北京市西城区社工委在设计项目环节，会委托社会组织孵化中心开展服务需求调查并形成调研报告以作为设计项目的重要参考依据。北京市朝阳区则委托北京市协作者社会工作发展中心开展相关服务项目的需求调研。①

第三，服务对象会议。服务对象会议作为参与工具，某种程度上是以上两种参与工具的具体实施手段之一。服务对象会议的参与主体，既包括关键领导者，也包括其他利益相关方；在调查方式上，公共服务项目设计主体向服务对象发出会议邀约，以开放交流的方式获得服务对象关于购买公共服务的相关意见与建议。然而与服务对象调查可以采取相对分散化的调研不同，在该类型参与工具的使用过程中，公共服务项目设计主体必须对会议召开的细节予以细致谋划，同时采用多种方式尽可能邀请到更多的服务对象参与其中。首先，在会议代表的遴选上，要注重参会服务对象的代表性，尽量保证利益主体构成具有广泛性。其次，在会议议题的选择上，在对参会服务对象的知识储备和专业素质等开展摸底调查的同时，也应当尽量帮助参会的服务对象熟悉政策议题，从而保证会议讨论能够做到有的放矢。换言之，只有参会者拥有足够的知识和经过充分的咨询辅导，才能够保证服务对象会议召开的有效性。对于服务对象会议上的政策选题，建议通过基础资料的提供和预备会议课程的安排等尽可能予以简明解读，并尽量采用公众便于理解的语言和通俗

① 蔡礼强：《政府向社会组织购买公共服务的需求表达——基于三方主体的分析框架》，第75页。

易懂的观念予以生动呈现。再次，在服务对象会议的组织形式上，通过将参会的服务对象分成若干小组，在广泛讨论的基础上汇总讨论意见。该形式一方面能够保证绝大部分参会的服务对象都能充分发表意见，并有效调动其积极性，从而有助于最终达成共识；另一方面，也能在有限的时间内尽量多地征求有效的意见与建议，促进政策议题的有效转化和提升服务对象参与的有效性。最后，在服务对象会议召开的其他细节上，会议主持人应站在完全中立的立场上实现对发言时间、发言顺序、发言主题、发言代表的广泛性等的控制。这里，会议主持人的遴选对服务对象会议的召开以及结果的有效输出具有重要影响，建议从公众社团代表、政府管理机构工作人员以外的第三方组织中予以遴选。

3. 政府购买公共服务模式的类型界分

在确定由社会力量作为承接主体来生产公共服务后，政府购买公共服务的设计者仍需进一步明确购买模式的不同类型，以期对不同模式下政府购买行为予以重点考察。对购买模式较早开展研究的是 1990 年竞争—责任关系分析模型的提出。通过对这两个维度的考察，学者划分出市场竞争模式和伙伴关系模式，在此基础上，有学者将伙伴关系模式进一步划分为协商模式和合作模式。学术界和实践中相对普遍的购买模式划分是将其分为市场竞争模式、志愿服务模式、权威供给模式和 PPP 模式。结合我国实际情况，有学者根据购买双方关系和购买程序两个维度，将我国政府购买公共服务的模式分为依赖关系非竞争性购买、独立关系非竞争性购买和独立关系竞争性购买等三种[①]；还有学者根据服务购买者和提供者双方的关系以及政府购买公共服务中存在多个还是一个服务提供者，为上述分

① 王名、乐园：《中国民间组织参与公共服务购买的模式分析》，《中共浙江省委党校学报》2008 年第 4 期，第 5 页。

类增加了一个类别，即依赖关系竞争性购买[①]。不过，在我们看来，依赖关系竞争性购买模式在实践中并不常见，更多属于理想型。对于公共环境服务的购买模式，高青松等划分出了分散式、集中式、混合式和公私合作式等四种购买模式。[②] 值得注意的是，就我国发展实际而言，政府与第三方组织之间的关系是非对称性依赖，即政府对于组织的依赖远没有组织对于政府的依赖程度高，这在一定程度上也对竞争程度和供给效率产生了本质性影响。

对政府购买公共服务的项目设计进行影响因素研究，发现主要有四个因素：权威部门颁发的政策文件、项目设计的主体、项目设计的受益目标主体和项目设计的宏观环境。政府购买公共服务模式划分和有效执行的关键在于对于以上四个因素的关注，应构建高效的项目设计系统，以切实提升政府公共服务的购买绩效。

4. 政府购买公共服务的承接主体选择模型

政府购买公共服务的模式划分可以视为对设计项目环节中考虑如何选择社会力量来生产公共服务的宏观描述。在此基础上，进一步明确承接主体的选择则是购买公共服务的项目设计者需要考虑的更为准确的执行行为策略。政府购买公共服务项目设计中最为关键的内容是从技术视角对公共服务承接主体的选择加以考量。

第一，在对承接主体性质的选择上，主要依据的是公共服务自身的产品特征、绩效水平要求等。诸如，在对企业和社会组织等承接主体的选择上，通过对外包公共服务自身情况予以分析，结合企业和社会组织等承接主体各自的发展特征予以选择。以垃圾清理为例，该服务质量水平比较容易甄别判断，建议由企业来提供；而那

---

① 徐文婕、刘惠明：《政府购买公共服务模式运行中的纠纷解决机制研究》，《全球科技经济瞭望》2020年第8期，第70页。

② 高青松、唐飞：《政府采购公共环境服务研究进展及述评》，《生态经济》2016年第4期，第150—151页。

些绩效不易测量，同时又对服务品质要求过高的产品类型，建议由社会组织来提供。

第二，在对承接主体能力的预判上，通过文本分析、专家和行业内人员访谈等方式来确定承接主体考核指标。通过专家打分法和层次分析法等方法的灵活运用，构建出考核指标基础上的层次结构模型。在对不同承接主体在方案层之上的准则层的各准则进行权重赋值基础上做出优先级排序，最终筛选出综合评价最高的承接主体方案。政府购买公共服务对承接主体的选择标准各不相同，在对承接主体进行合理评估的基础上利用决策理论工具，不仅有利于政府部门了解和评估承接主体的供给能力和服务的满意度，而且也能对政府部门和社会机构起到良好的监督作用。[①] 需要引起注意的是，对承接主体的选择应在充足且公平的竞争环境中予以实现，当前虽然政府购买公共服务多采用招投标等竞争方式，但承接主体竞争程度与需求旺盛的服务相较而言并不激烈，所以会出现“差中选择相对较好”的情况，并不能从要素组织最优视角予以理性选择。

（三）机制视角下设计项目环节风险防范

部分学者认为当前政府购买公共服务中存在“内卷化”倾向，即一方面政府购买公共服务的运作规范（如服务合同、项目制等）日益复杂精致，另一方面政府供给公共服务的实际运作机制没有根本改变，改革目标与服务绩效并没有有效实现或得到显著改善。从当前整个政府购买公共服务的制度环境来看，总体上我国相关的制度供给、机制建设不足，这既与全国层面的制度建设碎片化有关，又与政府购买公共服务的财政资金非规范化、组织建设分散化有关。各级地方政府购买公共服务的资金来源不太固定，甚至没有财政专项

---

① 王琦、卢思雯：《政府购买体育公共服务供应商选择研究》，《沈阳体育学院学报》2017 年第 1 期，第 37 页。

资金用于政府购买。只有在公共预算体系中建立公共服务购买与评估制度，从机制构建的长效路径层面完善政府购买公共服务，才能切实提升公共服务绩效。

1. 建立公共服务需求表达机制

根据价值共创（value co-creation）理论，顾客并非单纯的产品或服务的消费者，其也可以成为价值的创造者，即消费者作为工具性资源的拥有者，与生产者在合作互动中一起成为价值的共同创造者。[①] 同样地，在政府向社会力量购买公共服务的过程中，服务对象的有效参与也能够为公共服务价值的创造做出有益贡献。特别是在设计项目环节，自上而下的需求调查和自下而上的需求表达都有利于公共服务项目设计的合理性、科学性和有效性。正如托尔维宁等所言：终端顾客积极参与公共服务购买既能让顾客个人获得的价值大幅提高，又能促进公共服务和环境的改进。只有在公共服务购买的设计项目环节的互动对话（interactive dialogue）中，终端顾客最重要的价值才得以有效提升。[②] 国内部分地区已经注意到了在设计项目环节开展服务对象需求调查的重要性，并采取了一定的举措。例如，上海市依托社区社会组织服务中心来推进居民需求调研，从而较为准确地掌握了服务对象的现实诉求，并为公共服务项目设计和编报

---

① S. L. Vargo and R. F. Lusch, “Evolving to a New Dominant Logic for Marketing,” *Journal of Marketing*, Vol. 68, No. 1, 2004, pp. 1-17; C. K. Prahalad and V. Ramaswamy, “Co-creation Experiences: The Next Practice in Value Creation,” *Journal of Interactive Marketing*, Vol. 18, No. 1, 2004, pp. 5-14.

② H. Torvinen and P. Ulkuniemi, “End-user Engagement Within Innovative Public Procurement Practices: A Case Study on Public-private Partnership Procurement,” *Industrial Marketing Management*, Vol. 58, 2016, pp. 58-68. 转引自陈建国：《政府购买服务的需求管理模式和改革方向》，《东北大学学报（社会科学版）》2018年第5期，第484页。

预算提供了切实的依据。[①]（见图 3-3）不过，相对于服务对象的需求表达而言，需求调查仍然将服务对象置于消极被动的位置。因此，未来努力的一个重要方向应该是进一步建立公共服务需求表达机制，借此来提升需求信息获取的全面性、及时性和有效性。

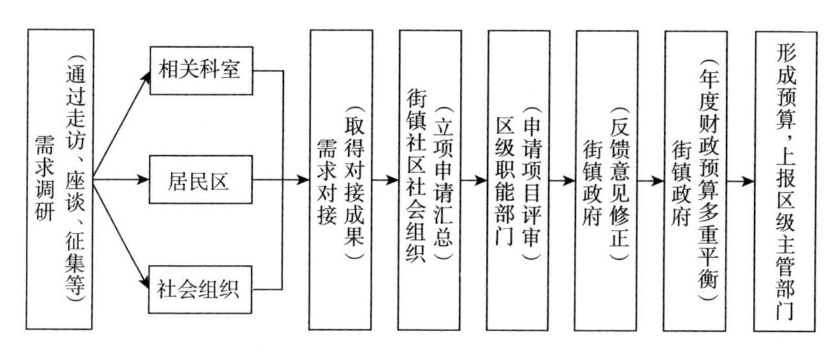

图 3-3　上海市街镇政府购买公共服务的需求调研机制

资料来源：根据王克强、马克星、刘红梅：《政府购买社会组织服务项目的绩效评价经验、问题及提升战略——基于上海市的调研访谈》，第 44 页整理而成。

需要特别指出的是，无论是公共服务项目的设计主体主动开展的需求调查还是服务对象主动进行的需求表达，都应当注意为受教育程度较低、社会地位较低或不善言辞的那些服务对象提供平等的呈现公共服务诉求的机会。一般来说，在一个社会中，中等及以上阶层不仅熟人关系网比处于社会下层的服务对象要更大，而且往往更善于利用各种人际关系来传递公共服务需求信息，并因此导致了不同阶层的服务对象在反映公共服务需求方面的不公平性。不仅如此，中上阶层也比处于社会下层的服务对象有更多的人脉来获得更好的公共服务，而且他们还有能力和机会自己购买某些公共服务（如给子女上民办的贵族学校或购买学区最好的房子）。

---

① 王克强、马克星、刘红梅：《政府购买社会组织服务项目的绩效评价经验、问题及提升战略——基于上海市的调研访谈》，《中国行政管理》2019 年第 7 期，第 43—44 页。

由前述分析可知，中上阶层的服务对象相对于中下阶层的服务对象具备双重优势：第一重优势是，前者比后者有更强的能力来向公共服务项目的设计主体表达公共服务需求，并借此使自己的需求优先获得满足；第二重优势是，即使他们表达的公共服务需求未获满足，他们还可以自己从市场上购买相应的服务。基于这一现实，公共服务项目的设计就应当多采取一些策略来更好地倾听难以获取资源的服务对象的声音。这样做不仅更符合公共服务正义的理念，也有利于更好地确保公共服务项目设计的公平性。

2. 健全全过程激励机制和约束机制

激励机制和约束机制是利用正向激励或反向约束方式的风险防范机制。在实际使用中，二者缺一不可。其中，激励机制的作用发挥是约束机制作用发挥的前提，约束机制作用发挥则是激励机制作用发挥的保障。瓦伊宁和格洛伯曼就曾指出，在采用合同外包方式生产公共服务时，为了促使承接主体更为认真负责地提供公共服务，应当在合同条款中设定与公共服务绩效具有直接相关性的经济奖励和惩罚条款。①

激励机制和约束机制实现的前提是履约各方清楚自身权责利，当前政府购买公共服务中有形合约的主体是购买主体和承接主体，然而就实际服务提供与服务对象（消费主体）来看，政府与服务对象则是最终的供需双方，二者之间一定程度上是“无形合约”关系，即生产服务的承接主体与服务对象（消费主体）签订了“间接合约”。购买主体与消费主体之间的无形合约以及承接主体与消费主体之间的间接合约，都不存在明确的书面条款，也没有明确各自的权利和责任，只能依据履行合约所产出的公共服务之质量来对合约的实现

① A. Vining and S. Globerman, “A Conceptual Framework for Understanding the Outsourcing Decision,” *European Management Journal*, Vol. 17, No. 6, 1999, pp. 645-650.

程度做出评判。在有效明确公共服务内容、服务质量等基本购买需求的基础上，应围绕以上合约的不同主体，互通合约内容，就合约完成情况开展有效监督约束，在此基础上，也应对高效完成任务的主体予以绩效激励。在具体机制构建层面，购买公共服务的设计者应将显性激励与隐性激励相结合，综合考量购买公共服务的领域特色和潜在承接主体的发展现状，采取更具针对性的激励举措。对于约束手段的使用，应在购买公共服务的全过程通过多途径多方式予以告知，诸如在购买公共服务的合同拟定中通过服务标准设定、合同条款和责权对等约束来予以规制约束；在购买公共服务的履约过程中，对服务行为有效监管并对不合规行为予以纠偏约束；在购买公共服务实施的任一阶段，根据多主体监督或举报情况，对承接主体的行为失范或者违约行为可实施惩戒约束，诸如终止合作、拉入诚信黑名单等。

3. 完善多元主体协同监管机制

借鉴基于主体责任和流程阶段的风险因子判断和风险过程识别，研究者分析了政府购买公共服务的 SU-CO 监管模型。[①] 在监管政府购买社会服务的过程中，既要从主体协同合作维度健全内部监管机制，也要从多方力量相互配合维度构筑外部监管链条，还要关注购买流程中各环节的风险监管内容和措施。

从监管主体来看，部分社会组织或者企业等承接主体以政府购买为主要的生存之道，为了短期利益，可能会与基层政府产生“合谋行为”，刻意规避上级政府的监管。需要补充说明的是，周雪光在概括下级政府与直接上级政府联合起来应对更上级政府这一非正式行为时，使用了“共谋行为”这一概念，并将该概念作为一个中性的

---

① 杨燕英、杨琼、雷德航：《构建政府购买公共服务的多元主体协同监督机制——基于 SU-CO 监督模型的分析》，《宏观经济研究》2020 年第 8 期，第 51 页。

分析概念。在经济学学科中使用的“共谋行为”（collusion）又被称为“合谋行为”，是指在寡头市场中，若干大企业秘密商量产品或服务的定价和对市场进行瓜分等有违反垄断法的经济行为。[①] 在本书中，“合谋行为”这一概念则是贬义的，它泛指不同行为主体串通起来做出违反法律或道德的行为。

在政府购买公共服务的监管实践中，第三方监管在当下主要体现在服务结束后的绩效评价环节，对于合同履行中的监管相对较少，即目前仍然较为普遍地以购买主体作为服务过程中的监管主体。政府既作为购买主体，同时还是监管主体，无论从专业性角度还是自利性角度来看，都难以为监管工作的客观性提供有效保障。此外，目前国内现有的第三方评价一定程度上也依赖政府资助，其组织独立性缺失，在评价工作的开展过程中难以避免地会存在政府立场，因而提高第三方评价的独立性和专业性就具有较强的必要性和紧迫性。除了有效发挥第三方评价机构的专业监管测评外，政府购买公共服务的项目设计者应致力于提高服务对象的参与感和参与力度，让更多的服务对象参与到政府购买公共服务的政策法规制定等项目设计工作中来。

政府购买公共服务的监管风险除了以上主体可能存在的问题外，在内部监管场域和外部监管场域中对购买流程各环节的配合不力也可能是重要原因。总结购买公共服务的基本流程，发现主要包含设计项目、编报预算、组织购买、履行合同和绩效评价等五个重要环节，应当通过对如上环节进一步细化来明确各环节的内容、标准等实质性内容，并以程序控制为主要手段，同时要贯之以调查表达、激励相容等调节反馈机制。政府购买公共服务的项目设计者应有效改变当前政府购买公共服务“一次一评”的评价方式，避免仅以文字

① 周雪光：《基层政府间的“共谋现象”——一个政府行为的制度逻辑》，《社会学研究》2008年第6期，第3—4页。

性报告和简单片面的数据作为评价的内容载体，评价结果的运用应体现在后续的激励约束措施落实上，与全服务全过程激励机制和约束机制有机对接。最后，进一步强化购买主体作为购买公共服务过程中监管主体的作用。通过将政府购买公共服务所产生的绩效水平与政府等购买主体的相关实施部门或人员的薪酬奖励、责任目标甚至职位晋升相联系，进一步强化政府相关实施部门或人员的职责，从而保证公共服务质量的有效提升。

三、 设计项目环节应关注的其他重难点问题

在设计项目环节，政府作为设计项目主体，除了应在设计项目的过程中把握需求层、目标层、选择层和核算层等的中观操作原则，并从过程视角对风险予以防范外，还应对诸如定价方式等微观实施细节的风险予以关注。而除了在操作实施维度上予以关注外，亦需把握内容、服务、关系、媒介等要素，从宏观管理视角进一步理顺政府购买公共服务的运行逻辑。此外，机制配套和技术平台构建也是应重点关注的实践问题。

（一）政府购买公共服务的定价方式仍应进一步谋划

在实际购买服务项目中，项目设计者通常会借鉴其他部门或外地类似公共服务项目的购买价格，或者采用主观粗略定价的方式。此外，政府购买公共服务项目与其他市场竞争制服务应有所区别，特别是要优先体现以服务对象为本的公平导向，但当前定价方式仍采用项目工程招投标的方式，这样市场决定价格机制下对于公共服务的成本核算则可能会出现问题。

公共服务项目的设计者应当努力设计出合理的定价方式。一方面，可以基于前期提供服务情况做出合理测算评估；另一方面，可以采用专项经费竞争性申请的方式来确定公共服务项目的价格。具

体来说，就是先由潜在的承接主体提交经费申请材料（该材料中含有申请的经费数额和测算依据等信息），再委托第三方机构对不同潜在的承接主体的申请材料进行评估，在此基础上确定该公共服务项目的定价。当前购买公共服务项目的定价方式多采用形式化协商或谈判方式，多根据财政拨款的数额、性质等来确定定价。总体来看，政府购买公共服务的定价因其隐蔽性和随意性，在费用设计的合理性和科学性上有待进一步完善。而公共服务项目定价方式的合理性与科学性会直接影响到预算编制的合理性与科学性，以及后期预算执行效率等。

（二）政府购买公共服务的运行逻辑仍待进一步理顺

首先，从主体结构出发，当前购买公共服务各环节的参与主体仍以公共服务的购买主体和承接主体为主，对消费主体参与下的决策、第三方机构的评价等方面的重视度仍显不足。在当下的政府购买公共服务行为决策下，消费主体的参与主要呈现出有限吸纳型参与、低告知型参与，导致决策型参与、改善型参与以及合作型参与力度不足。

其次，从服务结构出发，当前政府购买公共服务的内容较丰富，但从法律到细则的整体政策设计较匮乏，同时对权力、奖惩等实体性规范较多，对信用监管等程序性法制规定较少。在政府购买公共服务的法治规范层面上，不仅需考虑构建信用监管机制等实体法治规范，还需完善从共享、反馈到监督等程序法治规范。再次，当前参与主体主要以购买主体与承接主体的合作甚至合谋为普遍现象，多主体协调合作、共赢的沟通机制仍需完善。诸如，部分承接主体为了获得从事公共服务生产工作的机会，通过向购买主体及其工作人员提供回扣等手段获得准入，但在公共服务提供的质量和效率方面均按照最低标准来进行，甚至难以达到最低标准。

最后，政府面向公共服务消费主体的宣传存在缺失。当前仍有较大比例的服务对象对于区域内政府购买公共服务的概念、内容、项目、运行等不甚清楚，较低的感知度直接导致需求信息偏差等购买风险。政府购买公共服务的项目设计者应在理顺购买公共服务运行逻辑的基础上，对各环节可能存在的问题设计出相应的应对或规避策略，从而进一步完善政府购买公共服务的行为路径。

（三）政府购买公共服务的平台构建仍需进一步优化

针对政府购买公共服务可能遇到的重难点问题，不仅应从理念、机制等层面寻求突破，更有必要通过技术平台等手段予以解决。从设计项目层面来看，政府购买公共服务运作平台呈现明显的碎片化，工作联动性不足。

一方面，通过公共服务交易平台发布购买需求信息，有助于改善当前信息不对称所带来的承接主体资质不够、竞争性不足的状况。另一方面，透明的购买载体在有效增强承接主体积极性的同时，还能有效发挥基于服务前、服务中和服务后全过程的连续性监管功能，更好地发挥公共财政资金之综合效益。此外，对于不同层级的政府、不同政府部门等购买主体来说，公共服务平台的利用有利于降低其操作的隐蔽性，有效突破部门与层级壁垒，促使各部门在集中统一的平台上进行交易。

（四）政府购买公共服务的配套机制仍要进一步完善

随着政府职能重塑改革和新公共管理运动的兴起，政府购买公共服务这一服务供给机制已为世界上多个国家的政府广泛运用。由于当前该领域实践开展具有较强的工作弹性，有必要对以上各要素、实现方式予以机制重塑。借鉴唐纳德·凯特尔的公共利益目标与绩效的评估框架——效率、效能与政府能力、回应与信心，分析当前政府购买公共服务标准与绩效受限的困境所在，并建立健全重构政府购买公共服务目标的整合机制。[①] 影响政府购买公共服务的因素不应仅从经济或者政治等单一视角予以评价，而应围绕政治、经济、管理、法制等四重视角构建整体性框架，[②] 从不同的设计理念、目标等出发，对当前政府购买公共服务的配套机制予以进一步完善，这是结合各领域以及各地区发展实际，因时因势做出合理判断与决策的题中之义。

政府购买公共服务是公共服务“提供机制”尤其是提供手段方式的市场化，而非“政府责任”的市场化。政府购买公共服务并不意味着其管理责任的卸载，而仅仅是政府公共服务生产职能的部分转移。在此背景下，如果不能以不同的管理方式处理好与承接主体的复杂微妙关系，将面临购买公共服务项目的低效甚至失败风险。理性选择理论认为，人们在进行决策时并不试图搜寻所有信息从而做出最优决策，而是在其认为其掌握的信息已相对完整或完善且足够满足决策需求时即停止信息搜集工作。[③] 这一有限理性特征在政府购买公共服务的设计项目环节体现得较为显著。有鉴于此，在政府购买公共服务的设计项目环节，通过对多维度、多视角、整体框架下风险识别与防范的系统研究，从而建立健全制度要素这一外在重要影响变量，就具有重要的实践意义。

---

① ［美］唐纳德·凯特尔：《权力共享：公共治理与私人市场》，第14—15页。

② 叶托：《超越民营化：多元视角下的政府购买公共服务》，《中国行政管理》2014年第4期，第56页。

③ 徐勇、崔开云：《地方政府购买公共服务研究理性选择范式的批判与超越》，第63页。

第四章　编报预算环节的风险及其防范

编报预算作为政府购买公共服务实践中一个至关重要的环节，本质上属于预算决策的过程。需要说明的是，编报预算和预算编报是同一个概念，在本书中，为了表达流畅，会交替使用。而所谓公共预算，则通常体现为围绕公共资金的收入和支出两个方面拟订的计划。具言之，就是指包括各级政府在内的公共机构以宪法和相关法律以及其他相关法规规章为基本依据，遵照一定的公共政策之原则和程序，围绕“做什么事”“怎么做事”和“花多少钱做事”这三个基本问题编报公共资金计划，并由立法机关审议通过。[①] 习近平总书记在党的十九大报告中就曾明确指出，要“建立全面规范透明、标准科学、约束有力的预算制度，全面实施绩效管理”。中共中央、国务院于2018年9月1日公布的《关于全面实施预算绩效管理的意见》中再次郑重强调，要“加快建立现代财政制度，建立全面规范透明、标准科学、约束有力的预算制度”。财政部于2022年3月25日发布的《关于做好2022年政府购买服务改革重点工作的通知》中也指出，要“加强政府购买服务财政承受能力评估，政府购买服务支出要纳入预算。对预算未安排的事项，不得开展购买服务”。从公共财政学的视角来看，现代预算制度通常被视为现代财政制度的有机

---

① 马国贤主编:《政府预算》，上海财经大学出版社2011年版，第9页。

组成部分和不可或缺的基础性内容。就政府向社会力量购买公共服务而言，同样必须按照党中央、国务院的决策部署，加快建立健全“全面规范透明、标准科学、约束有力”的公共服务购买预算编报等现代预算制度。为此，就需要精确查找政府向社会力量购买公共服务在“编报预算”环节可能存在的主要风险，并精准地设计出风险防范的具体策略。

一、编报预算的概念界定和类型阐释

在政府向社会力量购买公共服务的相关研究中，编报预算是学术界关注不多的一个环节。为了增强对该环节风险的识别与防范之准确性和全面性，有必要对编报预算的概念和类型加以诠释，并以此为基础，对政府向社会力量购买公共服务的编报预算的概念和类型做出初步厘定。

（一）编报预算的概念界定

一般来说，预算（budget）属于计划的一种，即关于公共财政收入和支出方面相对集中的计划。这种公共财政收支计划通常需要经由法定的程序和交由法定的机构来审查和批准。预算对公共财政收入的来源和数量、公共财政支出的用途和数量都应当做出明确的规定。结合《中华人民共和国预算法实施条例》第四条关于编报预算的主体的相关规定，本书将编报预算的概念界定如下：编报预算是指国家机关、军队、政党组织、事业单位、社会团体和其他单位等与财政部门会产生预算缴拨款关系的公共机构，编写并上报公共财政收入的来源和数量、公共财政支出的用途和数量的过程。

所编报的预算在还没有经由法定程序被正式批准之前，应当被称为预算草案。正如《中华人民共和国预算法实施条例》第十九条所指出的那样，预算草案是指各级政府、各部门、各单位编制的未经法定程序审查和批准的预算。预算草案的编写和制作过程被称为预算编报或编报预算。预算编报或编报预算与编制预算或预算编制的含义存在细微的差别。编报预算或预算编报既包括预算编制或编制预算，又包括将编制好的预算草案按法定程序上报相关部门进行审核和批准。

参照编报预算的含义，政府向社会力量购买公共服务实践中的编报预算，可以界定为公共服务的购买主体编写并上报拟购买的公共服务项目的经费来源和数量、经费支出的用途和数量的一个动态过程。

（二）编报预算的类型阐释

编报预算按照不同的标准可以划分为不同的类型。根据公共财政收入和公共财政支出是经由一个计划表格还是两个以上（含两个）计划表格来体现，编报预算可以分为编报单式预算和编报复式预算。单式预算相对简洁、全面和概括，编报和审批都较为容易，但只便于对预算总额进行控制，而不利于对不同性质的公共收入和公共支出区别对待和进行分类管理。相对于单式预算，复式预算显得更加严谨、细致和科学，更加有利于对公共财政活动进行深入分析，更加有利于对公共收入和公共支出的规模进行有效控制。在政府向社会力量购买公共服务的编报预算环节，人们越来越多地使用复式预算而非单式预算。

依据预算是否将之前财政年度的财政收支计划作为基础，可以将编报预算分为编报调整预算和编报零基预算。编报调整预算通常可以称为编报增量预算，它是一种将以前财政年度的公共财政收入和支出计划以及实际收支情况作为前提和基础，并根据新的财政年度之经济社会发展实际来确定新的公共财政收入和支出计划的预算编报方法。相应地，我们可以认为，政府向社会力量购买公共服务的编报调整预算就是将之前财政年度的购买公共服务项目的经费收入和支出计划以及实际收支情况作为重要参照，并根据新的财政年度拟购买的公共服务项目的实际情况来确定本年度购买公共服务项目的经费收入和支出计划的一种预算编报方法。与编报调整预算相反，编报零基预算则是一种不将之前财政年度的公共财政收入和支出计划以及实际收支情况作为前提和基础，而只根据对新的财政年度的经济社会发展状况的预测来确定新的财政年度的公共财政收入和支出计划的预算编报方法。相应地，我们可以想见，政府向社会力量购买公共服务的编报零基预算就是不将之前财政年度的购买公共服务项目的公共财政收入和支出计划以及实际收支情况作为参照，而只根据新的财政年度拟购买的公共服务项目的预测状况来确定本年度购买公共服务项目的经费收入和支出计划的一种预算编报方法。在政府向社会力量购买公共服务的编报预算环节，往往还是习惯性地采用调整预算方式，零基预算运用得相对较少，而后者理应成为政府购买公共服务编报预算的主导方式。

二、 编报预算环节的主要风险

编报预算是政府向社会力量购买公共服务的流程中设计项目环节的紧后环节，也是整个流程中相对薄弱的环节，其中所蕴含的多重风险尚未在学术界和实践中引起充分的重视，关于政府购买公共服务编报预算环节的风险的研究成果也相对较少，这既为本章的研究提供了可以拓展的空间，又客观上增加了本章内容写作的难度。从这一意义上说，本章的研究带有较为显著的探索性研究的色彩。此外，由于政府购买公共服务的编报预算主要是由政府等公共服务购买主体运用手中的公共权力来开展的，基本不会涉及承接主体和消费主体，抑或承接主体和消费主体在这一环节所能发挥的作用非常小，故而这一环节的风险主要是由购买主体所引发的。

（一）单个公共服务项目预算金额失当风险

公共服务项目预算金额失当主要表现为某个特定的公共服务项目，其预算金额偏高或偏低。由于在政府购买公共服务的编报预算环节，预算金额的很大一部分就是公共服务购买中支付给承接主体的费用，故而预算金额失当通常与公共服务的定价不合理密切相关。然而，在购买公共服务的编报预算环节，公共服务的准确定价通常是一个较为艰难的议题。为了实现公共服务的科学定价，相关工作人员既需要具备成本计算方面的财务管理知识，又需要对具体的公共服务项目本身有全面深入细致的了解，同时还要能够将公共服务具体生产者付出的劳动准确地折算成具体的费用。① 由于不少公共服务项目都具有无形的“软”公共服务项目特质，所以相对于有形的货物和工程等“硬”公共服务项目而言，对这些“软”公共服务项目进行精准定价要更加困难。由于不少公共服务项目的实际生产过程本身具有即时性的特点，即这些公共服务通常体现在服务的具体过程中，一旦服务过程结束，这些服务也就不复存在了，因而通常只有对服务全过程进行全方位的观察和测量，才有可能对这些公共服务进行精准定价，但这显然是不太可能的。由此可见，公共服务项目的无形性和即时性都显著增加了确定公共服务项目购买价格的难度。正因为公共服务定价所存在的困难，所以在具体操作过程中，这方面的探索相对薄弱。即使有少数地方政府尝试给出购买公共服务的定价思路，但这些思路也往往不够具体和不太可能直接操作。例如，

---

① 王浦劬、〔英〕郝秋笛等：《政府向社会力量购买公共服务发展研究：基于中英经验的分析》，北京大学出版社 2016 年版，第 63 页。

江苏省盐城市财政局2014年出台的文件《盐城市市级政府购买公共服务实施细则（试行）》，正式提出了公共服务定价的三项原则：“发挥价格机制的作用，重在引导公共服务健康发展；结合当地的物价水平、生活水平、居民收入状况、财政支付能力等各项因素进行综合定价；适当维护公共服务供给者的利益，以损益平衡或微利为标准。”但这些原则主要停留在理念指导和方向指引层面，对实际定价工作难以发挥出类似“操作指南”的工具性价值。

当单个公共服务项目的预算金额偏高时，就可能会出现购买主体在下半年尤其是预算单位财政直接支付和财政授权支付截止日期（也就是常说的“关账”）前集中突击花钱的情况。这是因为，如果不把当年购买公共服务的预算经费花完，那么既可能被怀疑没有认真开展相关工作，又会导致当年剩余的经费在年底很快被收回，而且还可能造成下一个财政年度的预算金额被削减。这种鼓励把预算经费花完的激励机制不但难以激发出购买主体节约成本的内生动力，反而会无意中鼓励购买主体谋求更多的预算或至少避免预算经费的减少。当预算金额偏少时，购买主体为了完成已经设计好的公共服务项目，一个常用的变通策略就是通过适当降低公共服务质量来确保供给数量。

当单个公共服务项目的预算金额偏低时，就可能出现承接主体在完成公共服务生产任务过程中入不敷出的情况。这一点在基层尤为明显，因为在我国现有的财政体制下，越到基层，可支配的财力越捉襟见肘，因而基层政府给公共服务项目分配的资金时常仅够按最低限度来完成公共服务生产任务。有学者通过访谈发现，对社会组织来说，资金紧张是最头疼的问题。有学者对某个社会组织的负责人进行深度访谈时，该负责人就开门见山地指出：“遇到的困难主要是资金问题，所有政府项目化购买的社会组织钱都不多，可以说都是贴着温饱线，政府对资金的审批也有自己的制度。我们的经费其实很少，对于这么小的社会组织来说压力很大。”[①] 购买主体支付给承接主体的公共服务项目的购买费用有限，加之对这些费用有十分严格的使用规定，所以对很多即使能承接到政府购买的公共服务项目的社会组织而言，所获得的经费一方面非常难花掉，另一方面又至多只能解决本组织的生存问题，而根本不可能有充足的资金来促进组织成长壮大。

导致单个公共服务项目预算失当尤其是预算金额偏高的因素较为复杂多样，其中一个不容忽视的因素就是财政部门对购买公共服务的预算资金的精准测度重视不够。从我国政府向社会力量购买公共服务的结构性安排来看，各级财政部门在层级结构中通常处于顶层的位置，其拥有充分的权力来对公共服务购买主体关于拟购买的公共服务项目的资金预算进行审查和监管。财政部门作为资金预算的监管者，类似一个地位高于购买主体的权力机构，这种组织结构的一个重要优势就在于，财政部门（资金持有机构）与职能部门（资金使用机构）“合谋”的可能性较小，同时为财政部门比较超脱地监管资金预算提供了中立的、无利益关联性的身份。不过，也正是因为财政部门是一个不存在利益相关性的第三方，因而其有时也会对购买主体购买公共服务的资金预算重视不够。[②] 财政部门时常按照不出事和不违规的底线逻辑来进行资金预算的监管，其通常更多地聚焦于编报预算的程序之公正性、规则之完整性、内容之合规性等方面，而对预算本身是否出现了畸高畸低的情况则关注不多。

---

① 陈尧、马梦妤：《项目制政府购买的逻辑：诱致性社会组织的“内卷化”》，《上海交通大学学报（哲学社会科学版）》2019 年第 4 期，第 115 页。

② 王浦劬、〔英〕郝秋笛等：《政府向社会力量购买公共服务发展研究：基于中英经验的分析》，第 65 页。

（二）购买公共服务预算资金总额不足风险

就财政部门而言，根据预算管理的相关规定，政府购买公共服务需要花费的费用要纳入财政预算并进行通盘考虑，如果因公共服务购买数量和种类的增加而需要增加购买的费用，那么也需要在财政预算中列出。由此可知，政府购买公共服务所要花费的资金需明确列入各个职能部门（购买主体）的财政预算。

我们在调研中发现，诸如民政部门这样的职能部门，其财政预算是根据机构设置的名录编报的。通常情况下，民政部门会按照社会组织管理、社会救助、基层政权和社区治理、区划地名、社会事务、养老服务、儿童和残疾人福利等类别进行预算编报。不过，在这些类别的预算中，政府向社会力量购买公共服务的支出一般会反映在项目支出中，属于经常性项目或一次性项目。该种设置方式相当于为职能部门提供了一个预算总盘子。在总盘子一定的情况下，如果政府向社会力量购买公共服务的项目支出增多，那么工资福利支出等其他基本支出就会相应减少。这种预算设置模式时常会导致职能部门编报预算时偏向于采取相对保守的策略，并由此可能造成购买公共服务的预算资金总额不足。当然，也有的公共服务项目的购买支出没有成为常规性项目，需要职能部门每年申请一次，不申请则会自动取消，因而这类公共服务项目的资金预算具有明显的不稳定性，这也容易导致购买公共服务的资金相对不足。①

（三）预算编报程序规范性欠缺风险

财政预算程序究其本质，属于具体的公共财政政策的制定过程。

---

① 王浦劬、〔英〕郝秋笛等：《政府向社会力量购买公共服务发展研究：基于中英经验的分析》，第67页。

只有存在民主化规范化的预算编报程序，才能真正保证社会公众的合理需求获得有效满足。其中，预算编报作为预算程序中的重要一环，通常是指预算草案的编写和报送。在政府购买公共服务中，预算编报表现为根据拨款、人员投入、项目设计等设计收支计划并报送相关部门。然而，在现实状况中，政府购买公共服务的预算编报过程中尚存在一些不科学、不合理的情况，并由此引发了预算编报程序公开性欠佳、公众参与式预算程度不足、预算编报调整的随意性等一系列风险。

1. 预算编报程序公开性欠佳风险

信息公开和公众参与通常被看成是现代民主的两个构成要素。信息公开是公众参与的前提和基础。没有信息公开或公众缺少相应的知情权，就不可能有公众的有效参与。现代社会在知情权是公众的一项基本人权这一点上，已经达成了普遍性的共识。[①] 在政府向社会力量购买公共服务的具体运作过程中，公众通常扮演着消费主体的角色，政府等公共机构则承担着购买主体的角色，故此公众作为公共服务的消费主体，要以财政预算的公开透明为积极参与的基础。而预算编报程序的公开则是财政预算公开透明的题中应有之义。倘若预算编报程序不公开、不透明，那么广大公众就无法了解财政预算的真实意图，更遑论充分表达自己的公共服务诉求了。在公共服务购买实践中，预算编报程序不够公开透明的现象比较突出。有学者通过深入访谈发现，有的访谈对象对本单位用于购买公共服务的资金总额和购买的公共服务项目数量等基本问题都不太了解，而且被调研的单位较为普遍地存在缺乏公开渠道获知本单位购买公共服

① 谢鹏程：《公民的基本权利》，中国社会科学出版社 1999 年版，第 263 页。

务的资金预算的现象。[①]

导致政府购买公共服务预算编报程序公开性、透明度不高的因素颇为繁杂。其中最为重要的因素是在政府购买公共服务的预算编报中，经费支出额度时常缺乏可靠的测算依据。具言之，公共服务项目预算编报的主观色彩较为浓厚，包括各级政府在内的购买主体并没有根据相关成本进行购买公共服务经费支出额度的分解和细化，因而编报内容存在一定的盲目性。不仅如此，购买主体提交的预算草案也经常没有细化到具体的公共服务支出项目，因而在内容上比较笼统，在后续阶段也缺乏年中执行情况报告，最终提交的决算报告所反映的内容亦不甚全面。由此，公共服务项目预算编报程序不公开或公开性欠佳，使得预算制定缺乏可靠性和科学性，公众也无法行使监督权，无法保证公众利益的实现。

为了加强政府购买公共服务的预算管理，北京市财政局于2019年专门印发了《北京市政府购买服务预算管理办法》，对政府购买服务的内容范围、预算编制、绩效管理等内容作出了较为明确的规定，其中特别强调，财政部门和其他各部门关于政府购买服务的预算信息和决算信息都要及时向社会公布。该文件中相关规定的一个重要目的就是提升政府购买公共服务的公开透明程度，促进公共服务项目购买经费的合理高效使用。同年，北京市200个市级部门在“首都之窗”网站集中公开了2018年度的决算情况。值得注意的是，这次也首次公开了政府购买服务的决算情况，使社会公众可以更加有效地监督各部门对政府购买服务的项目资金之使用情况，进而督促各部门进一步转变政府职能和持续提升相关财政资金的使用效益。

2. 公众参与式预算程度不足风险

公共财政是政府购买公共服务的重要资金保障。公共财政的特

---

① 杨燕英：《政府购买公共服务嵌入式财政监督机制——基于风险管理导向的研究》，经济科学出版社2019年版，第58页。

点在于其公共性：一方面，公共资产最终属于人民；另一方面，公共资产必须秉持公开、公正、民主的分配原则。公众参与式预算在一定程度上能够保证政府的公共决策更加有效、更加合理和更为切实地反映公众的现实诉求。[①] 公众参与式预算包括公众参与预算编报、公众参与预算审查和公众参与决算等三个环节。只有公众在预算编报中参与、在预算审查和决算中监督，才能形成参与式预算的闭环。参与式预算作为预算民主的一种典型形式，能够在一定程度上改变政府购买公共服务的预算资金之分配方式，即从完全由政府相关部门及其工作人员决定预算资金分配的传统方式，逐步转变为由政府部门及其工作人员和公众协商决定预算资金分配的现代方式。[②]

公众参与式预算在当下的中国已经不是一个新生的事物，四川省白庙乡、北京市麦子店街道、海南省海口市美兰区、江西省南昌市、浙江省温岭市、云南省盐津县、河南省焦作市等众多地区都对公众参与式预算做了初步探索。例如，四川省白庙乡的“与民主议事会结合的参与式预算”、北京市麦子店街道的“分组协商与投票表决的参与式预算”、海南省海口市美兰区的“民众商议加投票表决”、江西省南昌市的“五个环节完整版参与式预算”等等。令人遗憾的是，由于我国当下在推动公众参与预算的过程中尚没有形成规范的渠道和行之有效的制度保障机制，使得公众真正的需求在政府购买公共服务的预算编报过程中仍然处于边缘的位置。一方面，政府鲜少为公众获取购买公共服务的预算信息，参与预算编报、预算审查、决算，以及提出建议和质询等提供渠道。其中，关于获取公共服务购买的预算信息的渠道，不少地方政府还没有建立起政府购买公共

① 吕侠：《中国预算公开制度研究》，湖南师范大学出版社 2015 年版，第 117 页。

② 马骏：《盐津县“群众参与预算”：国家治理现代化的基层探索》，《公共行政评论》2014 年第 5 期，第 30 页。

服务的预算信息公开平台；关于参与预算编报、审查和决算的渠道，多数地方政府都没有建立诸如听证会、座谈会、恳谈会之类的公众参与机制；关于公众提出建议和质询的渠道，多数地方政府也没有建立意见反馈机制，从而阻滞了公众参与的积极性和便利性。另一方面，公共服务购买的公众参与式预算之持续稳定发展缺少健全有效的制度体系作为支撑。公众参与式预算首先应当有较为完善的相关法律、法规和规章为公众参与提供有力保障，但我国直到2014年，才在新修正的《预算法》中规定政府预算公开，而与公众参与式预算相关的法律法规则尚处于探索阶段，还未正式出台。此外，从公共选择理论的视角来看，部分社会公众存在着较为典型的理性经济人的特质，即认为对政府购买公共服务预算编报等环节的深度参与需要耗费一定的时间、精力和金钱成本，而所得收益却具有不确定性，因而这些公众就会选择不参与，有的甚至希望别人能够参与，从而使自己有机会坐享其成。因为存在较为突出的搭便车心理，所以不少社会公众只有在真正体会到参与所带来的诸多好处之后，才会较为积极主动地参与进来。①

3. 预算编报调整的随意性风险

从政府购买公共服务的整个生命周期来看，预算编报可以看成是公共服务购买中较为关键的一环，其作用不仅在于通过授权的机制赋予购买主体在购买公共服务中拿钱和花钱的权力，还在于对“钱袋子”的权力（购买主体拿钱和花钱的权力）实施基本的财务规制，以此为购买主体的行为建立起基本的约束机制。

在我国的《宪法》和《预算法》中，关于预算编报只有一些原则性的规定，而对地方政府等购买主体开展预算编报工作的程序和方

---

① 王栋：《社会组织承接政府购买服务中参与式预算的实践困境与机制突破》，《现代经济探讨》2019年第9期，第44页。

法等缺乏标准的实际操作层面的规定，这就为公共服务的购买主体在编报预算过程中对预算进行随意调整提供了较大的操作空间。公共服务购买中的预算调整可以分为主动预算调整和被动预算调整两种类型。其中，主动预算调整一般是指在购买公共服务的预算执行过程中，主动做出支出的增加或减少的行为过程；被动预算调整通常是指由于政策的变动、经济环境的变化等因素而被迫对购买公共服务的预算做出一系列局部性调整的行为过程。提高政府购买公共服务的预算调整之规范化程度是做好政府购买公共服务的预算管理之关键所在。公共服务的购买主体因地制宜做出公共服务购买预算的相应调整无可厚非，但若购买主体在毫无征兆的情况下频繁地进行预算的随意调整，或者是因为之前编报的预算过于简单和粗糙（如没有细化到具体的购买目录、购买目录与预算科目不吻合等）[①]而增加了后期调整的频次，那么这些都有悖于财政预算尤其是公共服务购买的预算编报之规范性要求。在政府购买公共服务的预算编报实践中，所出现的各式各样的不规范不严肃的行为，既不利于公共服务的高效购买，又不利于打造廉价政府。

此外，政府购买公共服务预算编报的随意性会造成预算编报的信息不对称，预算编报参与人员则会因为自利思想出现机会主义行为：当预算编报的内容和目标不明确时，预算编报人员就可能为了谋取私利而故意调整项目或调整预算，抑或编报对自己有利的预算。预算编报的机会主义行为严重损害了预算契约的平等性，降低了政府购买公共服务的预算质量，增加了相关的预算成本。

（四）预算编报时间和内容不合理风险

究其本质，公共预算实际上体现为对公共资源的一种权威性配

---

① 杨燕英主编：《政府购买公共服务导论》，经济科学出版社2018年版，第155页。

置，即要将公共资金用于某些方面而不是另外一些方面。[①] 政府购买公共服务的预算编报是政府等购买主体为实现公共政策的目标，秉持高效廉价地实现公共服务有效供给的原则，合理配置公共财政资源的计划。因此，公共服务购买的预算编报应该做到条理足够清晰、内容足够规范翔实、数据足够透明清晰。否则，不仅会对购买公共服务的预算全面公开造成一定的困难，而且可能会给政府购买公共服务后续的组织购买、合同履行、绩效评价等环节带来意想不到的不良后果。综观政府购买公共服务的预算编报实践，可以发现时常存在预算编报时间短、预算编报内容不完整等风险。

1. 预算编报时间短风险

政府购买公共服务的预算编报时间过短会导致预算缺乏缜密规划的时间，且因没有时间采集公众的意见而只是做出粗略概算，从而缺乏科学性。我国政府编报预算有相对固定的时间，在规定的时间周期里，包括各级政府在内的公共服务的购买主体需要完成本级预算的编报、下一级预算的汇总、上报至上一级政府审查、听取多方意见、最后完成预算草案等多项任务。[②] 预算环节需要认真反复推敲、磋商，仅仅几个月的时间无法有效地让数据透明化、内容民主化和公开化。

由于地方政府编报预算的时间过短，各财政部门无法计算出政府在向社会力量购买公共服务时准确的预算收支资金，而多半是根据相关会议或者领导的要求和指示来确定预算的数据。这样一来，财政部门缺乏准确调研和细致考量、掌握资料较少，形成的数据只能在预算表中以数字呈现，无法细化到各个公共服务项目上。由于编报过程的初审时间较短，报送的材料也比较简单，在审议预算的

---

① 马骏、赵早早：《公共预算：比较研究》，中央编译出版社 2011 年版，第 24 页。

② 吕侠：《中国预算公开制度研究》，第 115 页。

阶段就会出现“看不懂”“看不清”的尴尬局面。不仅如此，审议预算的时间通常也比较短，加之这项工作时常会在新财政年度开始后开展，所以当人大审批预算的时候，购买主体购买公共服务的相关工作已经迫在眉睫或提前进行了，人大如果不批准预算，就会导致购买主体陷入非常被动的局面，这就客观上迫使人大不太合适对预算的审批过于严格。[①] 不仅如此，政府购买公共服务的预算在执行过程中也会被多次调整，反复追加或减少。政府等购买主体会因预算和后期采购、履行合同间的硬缺口太多而屡次报送追加预算的报告，财政部门则疲于应对调整预算的审查和批复工作。

2. 预算编报内容不完整风险

在公共服务购买的预算编报中，一个十分重要的因素就是预算编报内容的完整性。条理清晰、内容翔实、依据充分的预算编报可以大大提升预算的审查、批准以及对预算执行情况的监督管理之便利度和精确度。[②] 所谓预算编报内容的完整性，是指一切和政府相关的财政收支活动都应该纳入预算编报，不允许任何预算外的财政收支行为。预算编报内容的完整性不但应当包括预算编报信息的完整性，还应当包括预算编报程序的完整性。[③] 预算编报信息的完整性是指预算文件应该翔实地列举预算细分的各项目的数据和细节并予以公开（那些涉及国家机密和安全等事项的信息除外）。不过，政府购买公共服务的相关“预算数据时常会淹没于部门宏观预算数据之中”[④]，这无疑为后续的预算审批增加了难度。预算编报程序的完整

① 郑卫东：《政府购买服务的监管问题研究》，上海人民出版社 2019 年版，第 101 页。

② 马骏、赵早早：《公共预算：比较研究》，第 61 页。

③ 卞志村、毛泽盛、许立成：《宏观审慎视角下财政货币政策体制选择》，中国金融出版社 2015 年版，第 184 页。

④ 郑卫东：《政府购买服务的监管问题研究》，第 101 页。

性是指对任何公共财政收支行为的编报都应该设计好法定的程序，并在规定的时间内按照法定流程向相关部门报告，由相关部门进行审查和批准。

在政府购买公共服务的编报预算环节，影响预算内容完整性的阻滞因素颇为复杂。一方面，我国缺乏专门的预算管理部门。因为没有独立的预算部门，所以除财政部门外，还有不少部门拥有自收自支和分配预算的自主权限。不同层级的政府和不同的政府部门之间缺乏及时有效的沟通，信息不对称明显，这导致上级政府很难从宏观上对公共服务购买的预算进行统一的把握，进而影响了预算的管理水平。另一方面，编报预算的项目设置不太精确，项目论证也不够科学。就编报预算的项目设置而言，政府购买公共服务项目在编报预算的过程中，存在项目设置过于粗放、缺乏明确的细分记录的问题。由于编报预算的相关工作人员仅仅编报了一些大类费用，所以没有办法对口具体的项目内容和用途明细。这样粗放的预算项目设置会导致后期政府购买中的不明确和不规范。就编报预算的项目论证来说，在政府购买公共服务的预算编报中，问题主要表现为部门在编报预算时没有从全局观和大局观维度进行考量，鲜少吸取之前预算问题的教训，仅仅从微观层面上将各个预算项目的数额叠加，往往只顾眼前的编报任务，而忽略了后期执行和运营期间出现预算过多或预算吃紧的可能性，造成各环节的调整困难。由于预算编报的时间短，所以预算时常缺少智库学者等专家的考察与论证。由此，公共服务项目预算编报的过程中，既缺少“瞻前”思想，又缺乏“顾后”意识。

（五）预算编报方法和技术不科学风险

科学的预算编报方法会为预算的执行环节打下良好的基础。我国政府购买公共服务的预算编报方法还较为简单和粗放，以沿用传统的预算编报模式为主，故而存在编报方法不适切、缺乏中长期发展战略规划、相关技术手段落后等风险。

1. 编报方法不适切风险

我国政府购买公共服务所采用的预算编报方法还是以增量预算为主，即绝大多数购买主体都以上一年度的预算基数作为参考对象，并据此形成本年度的预算数据。这种公共服务购买的传统的增量预算方法至少存在以下两个方面的弊端：

一方面，在政府购买公共服务的预算编报过程中，各编报人员习惯依靠主观判断和历史经验做出预算调整，而未充分考虑部门的近期规划、工作计划、经济发展、政策变动等因素，既较少采集数据进行深入分析，又很少邀请专家进行可行性论证，由此造成编报计划与实际执行之间的脱节。

另一方面，这种预算编报方法以上一年度公共服务购买支出的基数为主要参考依据，但对于之前的支出基数是否合理却无人进行详细论证。换言之，该种预算编报方法隐含的一个预设就是上一年度的支出基数是完全合理的。长期习惯性地采用增量预算所带来的一个不良后果就是预算的支出指标与实际支出之间的差距越来越大。由此会进一步导致财政资金的供需缺口日渐增大，财政资金的分配格局日益固化，公共服务供给布局的调整愈发艰难。①

2. 缺乏中长期发展战略规划风险

从理论上说，公共服务项目的预算编报需要充分考虑公共服务供给的中长期发展战略规划。就政府购买公共服务的预算编报而言，制定中长期发展战略特别是适时展开中长期发展战略的分析论证，将有助于指导预算编报顺利完成。这是一种全局性的综合考量，也

① 陈秋华：《预算管理创新与财政支出改革》，中国财政经济出版社 2002 年版，第 173 页。

是预算编报的顶层谋划，更是预算编报活动的基石。

然而，长期以来，政府购买公共服务的传统的预算编报只是照旧确定政府购买公共服务的财政资金之收支安排，并没有结合预算编报的预测工作，系统地谋划公共服务供给的中长期发展战略规划。个别地方政府即使开展了公共服务中长期发展战略规划的制订工作，但因为前期没有做好重大项目的列举、数据的全面采集和相关规划论证工作，故而所制订的发展战略规划难以起到真正的指导作用。

3. 相关技术手段落后风险

技术手段作为政府购买公共服务预算编报的科学性和准确性的支撑力量，能够在预算的编撰、程序的公开、编报的审核等方面提供有力支持。例如，可以通过大数据技术构建共享的财务数据库，让预算管理系统拥有更多的信息资源。相关技术人员对这些数据进行汇总，并对汇总的信息进行分类，促使政府以此数据库作为预算基础库，进而提高预算管理的质量。再如，可以通过通信技术的广泛应用，将各级政府的预算信息全面展现在公众面前，促进民众的政治参与。又如，政府可以利用大数据技术对海量的信息数据进行挖掘、分析、利用，对比历史预算数据，按照变化规律对预算实际情况进行分析。不过，在政府购买公共服务的实践中，政府利用相关技术手段进行预算编报的步伐并不一致，故而无法形成预算管理的硬物质技术基础。

（六）预算上报审批管理薄弱风险

预算上报审批是指各部门将预算草案报送给各相关部门或单位审批。编报的预算应有文字说明，主要说明预算编制的依据、原则、方法、完成任务的主要措施以及尚存在的主要问题等。[①] 预算审批不

① 张兵、陈志献、高承凤等编：《科研财务会计实务》，航空工业出版社 1990 年版，第 55 页。

是孤立存在的，而是处于整个预算编报、执行、绩效评价的内循环之中，与其他环节相互影响，相辅相成。但是，当前我国政府购买公共服务的预算上报审批管理还比较薄弱，存在着预算审批不严格和预算审批流程长等风险。

1. 预算审批不严格风险

在政府购买公共服务的预算审批实践中，审批部门实际上扮演着“阀门”的重要角色。但由于政府对预算管理的认识有限，在审批中往往不够严格，甚至会流于形式。比如说，当审批部门针对收到的预算草案向专家学者征求意见或邀请专家学者进行分析和论证时，这些专家学者所在的单位与政府往往存在或疏或密的关系，而且有的专家本来就是隶属某个政府部门的实践专家，即专家所在的单位本身就是政府部门①，这就可能造成分析论证不客观、不公正甚至走过场。

因为预算审批不严格，所以追加预算的情况也经常会出现。然而，由于原有的预算追加体系不完备，因而经常会出现预算追加超过政府财力负荷的状况，甚至在年末出现财政赤字的状态。这不仅会给财政管理造成极大的压力，还易于出现诸多违法违规的灰色操作和腐败行为。

2. 预算审批流程长风险

政府购买公共服务的预算审批环节节点较多，从积极意义上来说，这有利于对审批环节进行全局性把控。不过，从消极意义上来说，较长的审批流程和较多的审批节点也可能会导致预算审批环节的效率低下和预算审批流程的复杂冗长。

预算审批的流程长和审批手段的复杂可能会导致购买公共服务项目在时间上的拖延。有些公共服务项目是因为经办部门过多而

---

① 郑卫东:《政府购买服务的监管问题研究》，第 101 页。

“被迫”拖延，但也有一些部门为了规避责任，相互推诿扯皮，使得公共服务项目被“主动”拖延。预算审批的拖延导致承接公共服务项目的组织或企业错失发展时机，浪费了大量的人力、物力、财力、时间和信息资源。

三、编报预算环节的风险防范

编报预算环节可能会发生的单个公共服务项目预算金额失当、预算资金总额不足、预算编报程序规范性欠缺、预算编报时间和内容不合理、预算编报方法和技术不科学以及预算上报审批管理薄弱等诸多风险，会直接影响到政府购买公共服务的组织购买、合同履行和绩效评价等后续环节的顺利开展。故此，有必要多措并举地推进该环节的风险防范工作。

（一）单个公共服务项目预算金额失当风险之防范策略

购买主体在编报预算时，为了较为科学地确定单个公共服务项目的预算金额，通常会在综合“参考历史数据、同类单位购买情况、成本核算情况、财政支付能力等”① 多个因素的基础上，对该公共服务项目的预算价格予以确定。虽然说在组织购买环节，受到潜在的承接主体的心理预期、购买主体与承接主体的议价能力、潜在的承接主体的策略性行为（如为了获得公共服务的承接权，不惜采取低价竞标的策略，从而出现价格畸低的情况）等多种因素的影响，可能会出现购买价格与预算价格之间存在较大出入的情况；在履行合同和绩效评价环节，受到承接主体的履约情况、购买主体的监管能

① 邓金霞：《如何确定政府购买公共服务的价格？——以上海为例》，《中国行政管理》2020 年第 11 期，第 99 页。

力、绩效评价的实际结果等主客观因素的影响，可能会出现验收价格与预算价格或购买价格不一致的情况。但购买主体并不能因此就忽视科学确定预算价格的重要性。这是因为，随着政府向社会力量购买公共服务越来越规范，在实际运作过程中，预算价格的价格刚性色彩日渐明显，即在很多时候，购买公共服务的预算价格就是实际购买价格和最终验收价格。有鉴于此，购买主体要掌握科学地确定公共服务项目预算价格的方法。

对于防范单个公共服务项目预算金额失当风险来说，预算价格的精准确定至关重要。而鉴于公共服务项目的成本是项目定价的重要依据，故而成本核算通常被看成是科学确定公共服务项目预算价格的关键所在。为了精确地核算公共服务项目的成本，需要对成本进行细分。在开展成本细分工作时，分类既要做到全面和没有遗漏，又要做到不交叉、不重叠。一般来说，政府向社会力量购买公共服务的成本包括承接主体总成本和购买主体总成本，每类总成本又需要进一步细分。就承接主体总成本而言，主要包括人力成本、设施设备成本、日常运行成本、签约成本、税收成本和间接费用等，具体见表 4-1。[①]

表 4-1　政府向社会力量购买公共服务的承接主体总成本细分表

成本类别	核算内容	细分项	成本参考区间及依据
人力成本	专职专业人员薪酬	高级、中级、助理和实习等	参考市场价格；参考政府指导价以及相关制度，如《统计年鉴》《人力资源市场工资指导价位》和物价局关于市场价格的相关规定
	兼职辅助人员薪酬	劳务、咨询	
	管理人员薪酬	财务管理人员	
		人事管理人员	
		办公室人员等	

① 邓金霞:《如何确定政府购买公共服务的价格？——以上海为例》,《中国行政管理》2020 年第 11 期，第 102—103 页，有修改。

（续表）

成本类别	核算内容	细分项	成本参考区间及依据
设施设备成本	一次性材料	耗材费	参考市场价格
	固定物资	借用费	参考市场价格，存在免费借用的情况
		折旧费等	不同的固定设施采用不同的计算方式
日常运行成本	直接的日常运行支出	交通费	参考市场价格实报实销；参照政府公职人员的差旅费标准
		伙食费	
		住宿费	
		保险费等	
	其他相关的日常费用（或计入间接费用）	资源损耗费	参考市场价格；参照政府、事业单位运行产生的相关费用；关于间接费用，目前实践中的做法是提取10%—30%；劳动成本的计算方式同劳动报酬；税费参考国家和地方有关规定
		房产租赁费	
		物业管理费	
		财务费用信息、手续费等	
签约成本	公共服务承接主体在签订合同过程中产生的成本	劳动成本	
		差旅费，投标、竞争性谈判、竞争性磋商等的工本费，等等	
税收成本	公共服务承接主体在实际运行中产生的税收支出	增值税	
		所得税等	
间接费用	在公共服务实际生产过程中产生的管理费用	临时突发情况支持	
		特殊情况支持	
		新项目研发	
		加“金”加工资	
		员工培训激励等	

在前述各种成本中，人力成本中的人力主要包括专职人员和兼职人员两大类。无论是专职人员还是兼职人员，其薪酬水平都可以参考相同或相似行业的社会平均工资[①]来进行估算。设施设备成本主

① 张荣馨、周湘林：《基于成本核算政府购买基础教育服务定价方法研究——以购买专业知识型服务为例》，《当代教育论坛》2016年第2期，第35页。

要包括一次性的设施设备（一次性材料）的成本和非一次性的设施设备（固定物资）的成本。非一次性的设施设备又分为借用的和购买的。借用的包括租赁的（需要支付一定的费用）和无偿的（不需要支付费用）。日常运行成本主要包括交通费、伙食费、住宿费、保险费等直接费用和资源损耗费、房产租赁费、物业管理费、财务费用信息、手续费等间接费用。签约成本主要包括承接主体在签订合同过程中产生的人力成本、财力成本、物力成本、时间成本等成本。税收成本主要是指承接主体在经营运转过程中缴纳的增值税、所得税等税费。间接费用主要是指在公共服务实际生产过程中产生的诸如临时突发情况支持、特殊情况支持、新项目研发、加“金”加工资、员工培训激励等方面的管理费用。可见，其中包含了某些承接主体获得的利润。承接主体如果是企业，其获得合理的利润无可厚非。承接主体如果是社会组织（非营利组织），同样应该获得一定的利润，因为社会组织虽然不以营利为目的，但也要为组织的生存和发展积累一定的资金。“实践中的做法一般将合理利润、服务相关日常费用和不可预见的费用一并计入间接费用，提取10%—30%不等。”①

购买主体总成本包括购买主体支付给承接主体的费用（该费用等于承接主体总成本）和购买主体在整个购买流程中付出的交易成本。后者主要包括购买主体为了找到合适的承接主体并与其签订合约所付出的人力、财力、物力、时间等签约成本，购买主体为了确保承接主体不折不扣地履行合约所付出的人力、财力、物力、时间等监督成本，购买主体为了对承接主体所生产的公共服务进行评价验收所付出的人力、财力、物力、时间等评价成本。如果涉及项目结束后的争议处理，那么这部分成本也要算到交易成本中。

单个公共服务项目预算金额的确定应该基本等同于承接主体总

① 邓金霞：《如何确定政府购买公共服务的价格？——以上海为例》，第103页。

成本和购买主体交易成本折算成货币后的费用。计算成本最为重要的方面是按照成本分解原则对各个成本项进行识别。具体来说，就是要根据工作周期、工作内容和工作目标对公共服务项目进行分解，核算其中每个任务的具体成本。在进行成本核算时，可以运用的工具和技术主要包括：专家判断法、类比核算法、参数核算法、自下而上核算法、三点（最可能、最乐观和最悲观）核算法、投标/询价分析法和群体决策技术等等。①

（二）购买公共服务预算资金总额不足风险之防范策略

制度作为约束和激励个体行为和组织行为的规则，往往构成了行为的外在环境。或者说，在不同的制度环境中，个体和组织会表现出不同的行为方式，从这一意义上说，可以认为个体和组织的"行为方式是制度的函数"②。鉴于编报预算环节的风险往往是由个体行为或组织行为造成的，因此，为了预防该环节可能出现的风险，就需要重点从制度层面入手，通过制度创新来着力降低风险。其中，全面预算绩效管理就是一项具有创新色彩的预算制度。通过推行全面预算绩效管理制度，有助于形成事前预算编报有既定目标、事中预算执行有监督、事后预算完成有考评的闭环管理模式，使钱都用在"刀刃上"，促进资源的合理分配，构建合理有效的预算绩效工作格局。例如，河北省霸州市通过全面预算绩效管理制度优化了每一笔资源的配置。霸州市于 2019 年出台的《霸州市事前绩效评估管理办法》对非政府投资项目和包括政府购买的公共服务项目在内的政府投资项目之必要性、可行性和合理性都进行了事前测评，规范了项目的审批立项和预算编报环节，加强了对政府项目的事前约束。

---

① 邓金霞：《如何确定政府购买公共服务的价格？——以上海为例》，第 103 页。

② 贺卫：《寻租经济学》，中国发展出版社 1999 年版，第 12 页。

对财政部门而言，虽然不直接参与向社会力量购买公共服务的组织购买和合同履行等活动，但其却管理着政府向社会力量购买公共服务的“钱袋子”。因此，财政部门应当将恪守财政纪律、科学设定资金预算作为其开展工作的一个重要原则。[①] 财政部门应对购买主体编报预算做出具体明确的指令性要求。比如说，财政部门需要根据“应买尽买”的基本原则来规定用于购买公共服务的经费在预算总金额中所占的最低比例，从而促使购买公共服务的经费预算实现“应编尽编”。[②] 财政部门在对编报的预算进行审查和批准时，既要进一步考察该公共服务项目是否适合采用政府购买的方式来推进，又要对公共服务项目预想的资金数量和资金来源等进行合规性审查。一般来说，应当在年度预算中就对政府向社会力量购买公共服务的资金事先加以统筹考虑。当然，就资金来源而言，政府向社会力量购买公共服务时常存在多元化的资金来源渠道，比如部门经费预算中的基本支出、公共服务项目支出、各部门切块管理的专项经费等等。[③] 鉴于设计项目环节是编报预算环节的紧前环节，所以财政部门需要明确要求购买主体根据设计项目环节所明确的服务对象、服务范围、服务内容、服务数量、服务期限、服务要求、绩效评价指标体系等内容对编报的预算进行精细化设计，以便于财政部门的审核和购买主体后续的预算执行。

（三）预算编报程序规范性欠缺风险之防范策略

程序正义是结果正义的前提和保障。对预算编报而言，亦如此。

---

① 王浦劬、〔英〕郝秋笛等：《政府向社会力量购买公共服务发展研究：基于中英经验的分析》，第 66 页。

② 姜文华、朱孔来：《政府购买服务中存在的问题及对策研究——基于对山东省政府购买服务状况的调研》，《理论学刊》2017 年第 4 期，第 114 页。

③ 王浦劬、〔英〕郝秋笛等：《政府向社会力量购买公共服务发展研究：基于中英经验的分析》，第 60 页。

为了推进预算编报程序的规范化，需要从健全程序公开机制、推动公众参与式预算的高质量发展、规范相关标准和调整幅度、构建预算资金激励相容机制等方面来努力。

1. 健全预算编报程序公开机制

政府在购买公共服务中具备一个完善的预算编报公开制度不仅能加强民众对预算编报合理性的认同，还能在一定程度上体现民主价值。若预算编报程序不公开，则民众不了解预算的目标、项目设计、资金计划等，很难对购买公共服务的编报计划提出自己的意见及建议。提高公共预算的公开透明程度是世界性的发展趋势，也是推进我国公共财政治理现代化的题中应有之义。根据学术界的相关研究，我国公共预算信息公开的历史进程大致如表 4-2 所示。

表 4-2　我国公共预算信息公开的历史进程

年份	改革进程
2008	《中华人民共和国政府信息公开条例》正式施行
2009	广州市率先公开多个政府部门预算；财政部对外公布中央财政“四张预算表”
2010	财政部公布中央财政“十二张预算表”
2011	98 个中央部门和北京、上海、广东、陕西等省市公开“三公经费”
2012	中央部门预算公开内容更具体、格式更统一
2013	推进地方政府财政预决算信息公开
2014	新修正的《预算法》设专条规定预算公开的原则、内容和方式
2015	新修正的《预算法》正式施行，预算公开细化到支出功能分类的项级科目
2016	财政部加强门户网站栏目内容建设，搭建了中央预决算公开平台
2017	首次公开重点项目及其绩效目标
2018	《预算法》第二次修正
2020	公布修订后的《中华人民共和国预算法实施条例》

资料来源：王银梅、黎昕、翟晓琳：《政府预算公开中的公众参与问题研究》，《地方财政研究》2018 年第 2 期，第 16 页。略作修改。

由表 4-2 可以看出，近年来，我国在不断推进公共预算信息公开，但截至目前，我国尚未形成较为完善的政府购买公共服务预算编报程序公开机制。就政府购买公共服务的预算编报程序公开机制建设而言，至少要从三个方面着手。首先，预算编报程序依法公开。政府购买公共服务的预算编报应当以“公开为常态，不公开为例外”为基本原则，依法依规公开预算。其次，预算编报程序规范公开。关于政府购买公共服务的预算编报公开哪些内容、如何公开、公开时间和公开到什么程度，都应该有明确的规则制约。最后，预算编报的程序全面公开。政府购买公共服务不能仅限于公开预算的决算结果，预算编报中的数据资料、形成的详细预算等都应该全面公开。政府等购买主体还可以综合运用大数据、云计算等现代信息技术手段，依托各个政府平台将预算信息和程序全面完整地展现在公众面前。

2. 推动公众参与式预算的高质量发展

民主政治内在地要求社会公众的有效参与，因为这种参与能够对政府行为与公众意愿之间的矛盾积极稳妥地加以调适。[①] 由于公共财政是“拿众人之钱，办众人之事”，其理应取之于民、用之于民，故民众既有权利又有责任积极主动地参与到对公共财政的收入和支出情况的监督中来。就政府向社会力量购买公共服务而言，公众参与式预算是社会公众参与政府购买公共服务预算编报的一个有效途径。面对民众层次化、差异化的表达，参与式预算可以有效地把公众的公共服务诉求尽可能统一起来，把钱真正用在公众的诉求上、真正用在“刀刃”上。在参与式预算的地方实践中，浙江省温岭市在全国较早地引入了部门预算民主恳谈、部门预算专家组预审、部门

---

① 本书编写组编著：《〈中共中央关于全面深化改革若干重大问题的决定〉辅导读本》，人民出版社 2013 年版，第 19 页。

预算代表联络站征询恳谈等方式，创新性地形成了“温岭模式”，成为各个地方政府的借鉴范本。

当然，在政府购买公共服务的预算编报环节，为了引入公众参与机制，不仅需要政府自上而下地积极推动，还需要公众自下而上地主动介入。为了充分调动公众参与政府购买公共服务预算编报的积极性：一方面，应该不断提升公众的参与意识和参与能力。可以通过宣传教育培养公众的公共精神，让公众意识到自己有权利参与政府购买公共服务的预算编报。同时，要让公众在参与政府购买公共服务预算编报的实践历练中，提升民主参与能力。另一方面，应该不断建立公众参与政府购买公共服务预算编报的保障机制，用制度建设来规范公众参与的方式和内容。同时，还可以通过参与方式的创新来拓宽公众参与政府购买公共服务预算编报的渠道。具言之，例如，公共服务购买的预算项目网络评议方式，即政府将预算中的公共服务项目概况、申报理由、实际方案、支出预算明细和说明、预期绩效等情况公开至政府网络平台，接受公众的广泛评议。公众可以在平台上通过一键“参与评审”的方式，对项目预算方案提出自己的意见和建议，相关政府部门及时采纳吸收有价值的参考意见。再如民主听证会方式，该方式的程序至少包括七个环节，即项目部门对拟购买的公共服务项目预算内容陈述理由、财政部门做出审查说明、公众陈述人发言、专家陈述人发言、听证人询问、各方辩论、听证结束。听证会结束后，各部门根据公众的意见对预算及时调整完善，同时形成听证结果报告并向公众公开。在政府购买公共服务的预算编报过程中，只有拓宽公众参与预算编报的渠道、提高公众参与预算编报的积极性，参与式预算所倡导的民主、透明、善治等基本原则才能得到充分体现。

3. 规范预算编报标准和调整幅度

从政府购买公共服务预算编报的实际来看，购买主体预算编报工作较为粗放，预算编报内容的随意性较大，调整预算经费的情况时有发生。针对政府购买公共服务中预算编报的不规范风险，应该着力规范政府购买公共服务预算的标准与行为。一方面，各级各类购买主体应主动建立规范的预算制度及标准，严格按照财政部门的相关要求和规定程序编报预算。首先，要做好预算编报前的准备工作，查明单位的资产资源情况，规划好需要购买的公共服务项目之范围和支出标准；其次，要做好申报公共服务项目的准备工作，切实提高项目的申报质量；最后，要认真编报政府购买公共服务项目的预算，并且将所有的预算外资金都纳入预算管理。另一方面，应该完善相应的法律法规，例如，要进一步完善《预算法》，要求各地方政府严格按照《预算法》编报、审核、执行预算，在预算管理的各个环节体现规范化和程序化的精神，强调《预算法》在政府购买公共服务预算编报中的权威性。对于违反预算的行为应加大处罚力度，不仅追究行政责任，还要增加刑事责任和经济性制裁方法。

针对政府购买公共服务中预算调整的随意性，应明确预算调整的幅度和标准。当前，《预算法》对预算调整问题尚无明确规定的程序和方法。针对这一缺憾，有两种常用的补救方式：一是总量控制的方式，即对政府购买公共服务的年度预算调整的比例或绝对额做出明确规定，允许购买主体在规定范围内调整，但必须逐年降低且每年只能调整一次；二是项目控制的方式，即明确单项调整的额度，只要安排追加的项目达到一定额度，就必须编报预算调整方案并报请相关部门审批。[①]

4. 构建预算资金激励相容机制

财政部门与公共服务的购买主体在相关信息上的非对称性和彼此目标函数上的差异性为后者在购买公共服务的预算编报中出现机

① 韩运镇：《规范程序 推进预算调整监督》，《人大研究》2005年第10期，第15页。

会主义行为提供了契机和动力。

为了有效防范财政机会主义风险，一个基本的思路就是，通过设计购买公共服务资金预算的激励相容机制，促使拟购买公共服务的部门在编报预算时将财政部门的目标函数也纳入视野并加以认真考虑，从而达到利益相容和结局共赢的效果。比如说，财政部门可以与拟购买公共服务的部门就预算本身订立绩效合同，在合同中明确购买主体必须达到的购买绩效。具言之，在财政部门将拟购买的公共服务项目的预算资金之使用权交给购买主体时，购买主体需要及时与财政部门签订一份公共服务购买的绩效合同，在合同中对这些预算资金所要达到的预期效果做出明确承诺，假如公共服务项目的购买主体在资金使用过程中没有达到其承诺的绩效标准，那么在下一财政年度将减少该购买主体的预算资金，直到其资金使用绩效满足财政部门的要求，才能在之后的年度中恢复原有的预算资金规模或根据公共服务项目的增加而适当扩大预算资金规模。[①]

（四）预算编报时间和内容不合理风险之防范策略

预算编报的内容是预算编报的主体，时间和内容的不合理直接决定了预算编报本身的低质量。为了有效防范此类风险，至少应当从调整预算编报时间、提高重视程度和精细化水平、深化全口径综合预算等方面寻求防范策略。

1. 科学调整预算编报时间

我国包括政府购买公共服务预算在内的政府预算的编报时间都较短，这显然不利于预算编报的精细化安排。从西方发达国家预算编报的时间安排来看，“日本自要求各职能部门从上年 4 月提出预算

① 冯振：《合约视角下的政府预算：理论分析与制度改进》，《现代管理科学》2014 年第 12 期，第 87 页。

请求到财政部在来年1月向议会提交预算议案，其间是9个月的时间；英国与日本一样，也是9个月（头年4月到来年1月）；美国更长，是10个月（头年4月到来年2月初）”①。而我国预算编报的时间仅为2—4个月，这就使得预算编报工作难以细致开展。预算编报的时间长短在很大程度上会影响到预算编报的质量，因此合理延长包括政府购买公共服务预算在内的预算编报的时间就显得很有必要。“根据世界各国的做法和预算编报的实际要求，建议将我国预算编报的时间由4个月延长到1年左右，使各部门有充分的时间编报部门预算，财政部门与各部门有充分磋商、协调的时间，人大也有确定的审核时间。”②

2. 提高对预算编报的重视程度和预算的精细化水平

若购买主体对预算编报的重视程度不够，认为预算编报只是财务部门负责的专业性工作，那么其在开展预算编报时就不会重视，购买主体的相关工作人员也就不可能积极主动地协同配合。由此，为了提高购买主体对政府购买公共服务的预算编报之重视程度，就应该从转变购买主体决策层的思想意识着手，主动对决策层在预算编报的重要性和应用方面进行宣传和意识强化，使购买主体的相关决策人员对预算编报有更加深入的了解，从而增进公共服务购买主体的决策层对预算编报重要性的准确认知。接着，通过不间断的宣传及自上而下的调动，提高公共服务购买主体的决策层之外的其他工作人员对预算编报的重视程度。也可以将预算编报的普及和执行情况纳入员工绩效的考核，以期让全体人员认识到预算编报是一项全局性、系统性的工程，是需要各个部门和所有人员共同参与和相互配合的合作性任务。

---

① 童道友主编：《地方财政制度创新》，湖北人民出版社2002年版，第69页。

② 同上。

为了提高政府购买公共服务预算编报的精细化水平：一方面，需要配备合理的岗位并吸纳综合素质高、专业素养好、沟通协调能力强的人才。当然也需要对政府购买公共服务的预算编报人员组织专业学习和定期培训，不断增强其学习的深度和广度，使其学会运用科学的方法和技术综合提高预算管理水平。另一方面，需要细化公共服务基本支出和项目支出的预算编报并进行科学论证。严格按照“二上二下”的编报程序，广泛征询智库和民众的意见进行可行性论证，致力于实现政府购买公共服务预算编报的精细化、精准化。

3. 深化全口径综合预算

现代公共预算要求政府购买公共服务的预算编报坚守全面性原则，即要将拟用于公共服务购买的所有公共资金都纳入预算。对于预算外资金的规范化管理而言，常见的管理方法和手段就是财政专户管理和“收支两条线”管理。这些方法和手段既能够利用专户间歇的资金进行短期有偿融通，支持政府购买公共服务的高质量发展，提高购买公共服务的公共资金之使用效益，又能够较好地遏制乱收乱支行为。[①]

除了财政专户管理和“收支两条线”管理外，加强对政府购买公共服务预算外资金的管理，还有如下一些较为重要的可行手段：重新界定预算外资金的范围和性质，将预算外资金纳入预算管理，严格控制行政事业性收费和政府性基金规模，健全预算外资金收支预决算制度，等等。[②]

---

① 广西壮族自治区地方志编纂委员会编：《广西通志 · 财政志》，广西人民出版社 1995 年版，第 216 页。

② 相悦丽、赵红梅、王姗姗主编：《财政与金融》，冶金工业出版社 2018 年版，第 42 页。

（五）预算编报方法和技术不科学风险之防范策略

正确的方法是取得成功的重要前提条件。对政府购买公共服务的预算编报而言，方法的不科学是导致编报预算的质量不高的一个重要原因。有鉴于此，有必要通过方法的优化、技术手段的拓展、与战略规划的融合等途径来提升预算编报方法的科学性。

1. 优化预算编报方法

科学合理的预算编报方法是控制公共服务的购买成本、提高财政资金配置效率和使用效益的关键性要素。政府购买公共服务中常见的预算编报方法是编报调整预算和编报零基预算。长期以来，编报调整预算因其方法简单、易于操作而被广泛应用，但其滞后性也十分明显。零基预算方法或零基预算与调整预算方式的结合则更具合理性和有效性，如今已成为不少企业和政府较为推崇的方式。

政府购买公共服务中的零基预算指的是购买主体不必考虑之前财政年度公共服务项目的预算额度，而是依据实际财政情况和本年度的公共服务项目需求来精细化地开展预算编报工作，从而避免了偷懒地套用和微调之前年度的公共服务项目预算而形成本年度公共服务项目预算的简单粗放型预算编报方式，并能够从根本上提高财政预算的管理质量和水平。

目前，我国不少地方政府也开始探寻政府购买公共服务的零基预算编报方法，但在一定程度上还存在流于形式的问题。究其原因，主要是包括各级政府在内的公共服务购买主体对零基预算的方法尚未形成充分的认识和广泛的认同，同时也很少围绕预算编报工作开展专业化的教育培训。基于前述情况：一方面，应加大相关方面的教育培训，促使包括各级政府在内的公共服务购买主体提高对零基预算编报的重视程度，掌握零基预算编报的方式方法。另一方面，应规范零基预算编报的基本程序。一般来说，零基预算编报的程序大致分为以下三个步骤：一是购买主体根据预算目标来确定公共服务项目的费用开支明细，明细中要对每项开支的性质、用途、必要性和具体数额做出详细说明；二是对明细中每个开支项的所得成本和所得效益进行分析，并据此确定每个费用开支项的重要程度和开支的先后顺序；三是将预算期实际可运用的资金按照每个费用开支项的先后顺序进行择优分配。[①]

2. 加强政府预算与中长期战略规划的结合

从2003年开始，我国从中央到地方都开始尝试进行中期财政规划管理，编制三年滚动财政计划，这充分表明我国的政府预算改革在逐步向纵深发展。[②] 中长期预算作为可持续性预算，强调的是公共资源的跨年度分配，以此弥补年度预算中可能出现的短视问题。

在政府购买公共服务的预算编报环节，包括地方政府在内的各级各类公共服务购买主体应当通过对上一年度预算执行情况和经济社会发展形势的深入分析，对本年度拟购买的公共服务项目、收支安排等做出规划，并注重对规划期内的重大公共服务项目开展逐年滚动式管理，以充分发挥预算编报的监督管理职能，并切实提升预算战略规划的硬性约束功效。

3. 拓展预算编报的技术手段

从政府购买公共服务的信息技术手段来看，大数据技术因为处理数据快、处理信息量大等特点而被广泛应用。政府购买公共服务的预算编报人员可以通过搭建大数据预算编报平台、建立预算编报数据库、运用互联网技术在政府相关平台上公开预算编报信息等手

---

① 赵涛、李金水主编：《财务管理制度与表格规范大全》，台海出版社2018年版，第108页。

② 张曾莲：《政府管理会计的构建与应用研究》，厦门大学出版社2011年版，第70页。

段来推进预算编报工作。

从政府购买公共服务的操作技术手段来看，可以运用计划项目预算体系的方法围绕拟购买的公共服务项目制订计划，结合购买主体的实际目标和需要，建立最优目标和次优目标，并确定公共服务的项目成本；也可以运用绩效预算法，在对购买主体的职能进行业绩分类的基础上，从最终的成本和目的维度来衡量和预测购买业绩，以精准确定预算。

（六）预算上报审批管理薄弱风险之防范策略

在政府购买公共服务的预算草案编写完成之后，随即进入预算上报审批阶段。预算上报审批作为预算草案转化为正式预算的法定程序，是一项政策性、技术性和法律性都非常强的工作。针对政府购买公共服务预算上报审批管理薄弱的风险：一方面，应适当延长预算审批时间。鉴于较短的上报审批时间不利于预算审批工作的精细化，由此可以借鉴西方发达国家的相关做法，适当延长预算审批的时间。当然，预算审批的时间既不能与预算编报的时间产生明显的冲突，又不能毫无限度地延长。[①] 另一方面，应当进一步完善预算审批流程，通过简化预算上报审批程序、做好审批重点节点的把控等方式，切实提升预算上报审批的效率，最大限度避免因预算审批流程过长而影响资金的使用。

与此同时，考虑到预算管理工作的特殊性和极端重要性，相关政府部门应当加强对预算上报审批过程的监督管理，设置专门的财务管理岗位，对预算编报资金使用计划和预算的总额度进行有效的管控。

---

① 赵永华、李其海、王青主编：《水利企事业单位财务管理实务》，九州出版社 2018 年版，第 161 页。

第五章 组织购买环节的风险及其防范

从政策过程的视角来看，如果说设计项目和编报预算属于政府购买公共服务的政策制定阶段，那么从组织购买环节开始，则正式进入了政策执行阶段。毋庸置疑，所制定的公共服务购买政策本身是否科学当然对购买目标至关重要，但制定得再完美的政策，如果不能得到有效执行，那么该政策的最终成效也会大打折扣，甚至演变成“一纸空文”。有鉴于此，对公共服务组织购买环节的风险进行深入挖掘，并着力构想风险防范的策略，就显得重要而迫切。当然，本着从概念到问题的分析进路，本章首先对何谓组织购买加以阐释，并分析组织购买的常见方式。在此基础上，对公共服务组织购买环节的风险识别与防范策略问题进行初步探讨。

一、组织购买的概念界定和方式选择

组织购买环节在政府购买公共服务的整个运作流程中作为政策执行阶段的第一个环节，其重要性自不待言。考虑到对基本概念的精准阐释和对购买方式的科学诠释是展开对该环节的风险识别与防范议题展开分析前要做的一项基础性工作，故而有必要对组织购买的概念和方式做一澄清。

（一）组织购买的概念界定

组织购买就是指购买主体亲自或委托代理机构依据法定的方式和程序来选择承接主体并与其签订公共服务购买合同（合同也被称为合约或契约）的过程。组织购买环节需要完成拟订购买合同、制订购买方案、采取购买行动、择定承接主体、签订购买合同等一系列工作。组织购买环节所形成的最终成果是购买主体与承接主体就公共服务的供给签订了相应的合同。就作为最主要的购买主体的各级政府而言，在英国，政府将各种类型的合同广泛运用到公共服务供给之中，正因为政府对合同高度依赖，所以合同俨然成为一种主要的政府治理工具。[①] 在我国，随着政府购买公共服务的范围和数量快速扩展和增长，合同在公共治理中的重要程度也迅速上升。

在组织购买环节，购买主体与承接主体之间的关系可以借用委托代理理论来加以界定。委托代理理论又称为代理理论。早在20世纪30年代，阿道夫·A. 伯利（Adolf A. Berle）和加德纳·C. 米恩斯（Gardiner C. Means）率先提出了“所有权与控制权分离”的观点，从而形成了委托代理理论的雏形。当然，该理论真正诞生的时间是在20世纪70年代，其主要标志是詹森和梅克林等于1976年发表的探究企业内部信息不对称问题和激励问题方面的著名文献。[②] 在委托代理关系中，能够主动设计合同条款的一方被称为委托人，其是信息的劣势方，而处于被动接受合同条款地位的一方被称为代理人，其是信息的优势方。[③] 概括地说，委托代理理论以经济学和金融学为学

---

① 〔英〕A. C. L. 戴维斯：《社会责任：合同治理的公法探析》，杨明译，中国人民大学出版社2015年版，第5页。

② M. C. Jensen and W. H. Meckling, “Theory of the Firm: Managerial Behavior, Agency Costs and Ownership Structure,” *Journal of Financial Economics*, Vol. 3, No. 4, 1976.

③ 秦艺芳：《机制设计理论及其应用研究》，武汉大学出版社2015年版，第42页。

科基础，遵循“理性经济人”的人性假设，认为在所有权和经营权分离的情况下，委托人授权代理人为其提供服务时虽然会根据服务绩效来向代理人支付一定的报酬，但是由于委托人和代理人的目标函数存在差异，故而利益冲突时有发生；由于委托人和代理人之间存在信息不对称，所以逆向选择和道德风险经常出现。从委托代理理论的视角来看，在组织购买环节，作为委托人的购买主体想做的事情就是，选择一个能将其所期望实现的公共服务供给目标最大化地实现的承接主体作为代理人来承担起公共服务的生产职能。鉴于选择的承接主体是否合适直接关乎合同履行环节能否圆满完成公共服务生产任务，因而组织购买工作应当引起购买主体的足够重视。

（二）组织购买的方式选择

就我国公共服务的政府购买实践而言，购买主体在完成了设计项目和编报预算两个环节之后，对于打算购买的公共服务之种类、数量、质量和资金额度已经有了初步的设定。到了组织购买环节，所要做的事情似乎并不复杂，首先就是要拟好合同，然后根据《政府采购法》等相关法律法规规章的规定，采用公开招标、邀请招标、竞争性谈判、单一来源采购、询价等方式选择一个能满足合同相关要求的承接主体，最后与选中的承接主体签订合同。

在公共服务的组织购买环节，所谓公开招标，通常是指公共服务的购买主体依照法定程序，发布招标公告，邀请非特定的潜在承接主体参加投标，根据招标文件规定的评标方法、标准和程序评选出中标的承接主体的一种公共服务组织购买的方式。所谓邀请招标，通常是指公共服务的购买主体通过发送投标邀请书来邀请特定的潜在承接主体参加投标，并按照招标文件规定的评标方法、标准和程序评选出中标的承接主体的一种公共服务组织购买的方式。所谓竞争性谈判，通常是指购买主体通过与两家以上（含两家）潜在的承接主体开展直接谈判，然后按照符合公共服务的购买需求和质量要求、同等服务的报价最低等原则评选出承接主体的一种公共服务组织购买的方式。所谓单一来源采购，通常是指公共服务的购买主体与单一的潜在的承接主体进行协商谈判，并与其签订购买合同的一种公共服务组织购买的方式。[①] 在公共服务的组织购买环节，不同的购买方式有相对不同的具体程序。所谓询价，通常是指公共服务的购买主体为相关潜在的承接主体提供询价文件，这些承接主体则根据询价文件来制作和提交报价文件，购买主体再通过对潜在的承接主体提供的报价文件进行比较分析来选出承接主体的一种公共服务组织购买方式。招标（包括公开招标和邀请招标）购买的程序主要包括：根据公共服务购买需求选择购买代理机构、发布招标公告和投标邀请书、对潜在的承接主体进行资格审查、组织开标和评标、确认中标的承接主体并发布中标通知书。竞争性谈判购买的程序主要包括：组建谈判小组、拟定谈判文件、确定参加谈判的承接主体名单、开展谈判工作、确定选中的承接主体。单一来源采购的购买程序主要包括：信息公示、专家论证、向潜在的承接主体发出单一来源采购文件、成立采购小组、递交响应文件、谈判、确定成交内容、签订合同、资料归档。当然，在《政府采购法》中，对单一来源采购的具体程序并没有作出详细的规定。询价的购买程序主要包括：成立询价小组，确定被询价的潜在的承接主体名单，进行询价，确定成交的承接主体。[②]

---

① 吴小明：《政府采购实务操作与案例分析（第二版）》，经济科学出版社2011年版，第3—6页。

② 关于每个步骤的详细分析，可参见吴小明：《政府采购实务操作与案例分析（第二版）》，第12—80、81—82、88—89、93页。

二、组织购买环节的主要风险

在政府向社会力量购买公共服务的组织购买环节，购买主体需要完成拟定公共服务购买合同、发布公共服务购买的相关信息、选择合适的承接主体、与选中的承接主体签订购买合同等一系列工作。简言之，组织购买环节本身也存在由购买准备（含拟订购买合同）、发布购买信息、选择承接主体、签订购买合同等环节组成的一个完整的流程。在这些工作的开展过程中，可能会存在合同不完全、信息发布形式化、逆向选择、竞争性短缺、寻租及“串标”“陪标”、高价购买等诸多风险。合同不完全风险和信息发布形式化风险存在于购买准备和发布信息这两个环节，并且主要是由购买主体造成的。逆向选择、竞争性短缺、寻租及“串标”“陪标”、高价购买等风险存在于选择承接主体和签订购买合同环节。其中，逆向选择风险和竞争性短缺风险是由购买主体和承接主体共同造成的；寻租及“串标”“陪标”风险主要是由承接主体造成的，但购买主体的作用也不容忽视；高价购买风险主要是由购买主体造成的，但承接主体的作用也不能小觑。当然，因为在组织购买的具体流程中，自信息发布之时起，承接主体选择环节和合同签订环节都会同时涉及购买主体和承接主体，所以逆向选择、竞争性短缺、寻租及“串标”“陪标”、高价购买等风险与两类主体都有一定的关系，只是两类主体在不同种类的风险中所处的位置有所不同而已。

（一）合同不完全风险

在组织购买环节，购买主体必须准备好购买合同。合同的完全性通常是指合同所涉及的各方主体都能够对合同有效期内可能出现的各式各样的情况做出精准全面的预判，并将遇到这些情况时各方的权利和义务都在合同中明确约定好；如果出现争议，就可以依据约定来协商解决或由法院等符合法律规定的第三方根据合同约定来进行强制执行。[①] 根据库珀的研究，在美国的公共管理实践运作中，公共政策的制定者时常会有这样的错误认知，即合同文本的细节并非自己需要重点研究的重大政策问题，而且合同文本的细节既复杂烦琐，又单调乏味，因而他们时常有意无意地回避掉此类问题。[②]

从我国政府向社会力量购买公共服务的实践操作情况来看，合同文本草案通常要经由单位的政策法规部门交由法务进行审核。法务通常会从交易目的性、主体合格性、内容合法性、条款完整性、合同严谨性、表述精确性等方面对合同进行较为全面的审查。交易目的性就是合同所要达到的目的。主体合格性通常涉及社会力量的营业执照情况、资质等级情况、从业资格情况、特定的生产或经营许可证，主体如为自然人，则涉及身份信息。内容合法性通常意味着要对以下内容是否符合宪法、法律、法规、规章以及其他相关制度的规定加以审查：合同可变更、撤销的情况，合同的免责条款，使合同无效的条款，合同约定是否违反法律法规，合同标的物是否违反法律法规，合同名称与合同的内容和属性是否一致，合同中用到的法律术语、技术术语是否规范。条款完整性就是拟定合同时要对诸如各方主体的基本信息、鉴于条款（一般是指合同开头的叙述性条款，包括交易背景和交易目的等）、术语的定义（若有必要）、主要交易内容（合同标的物相关情况）、合同金额及付款方式、权利义务、陈述及保证、不可抗力条款、违约责任条款、终止条款、法律适用及争议解决、合同生效条件、签字页及合同附件等做到没有

---

① 冯振：《合约视角下的政府预算：理论分析与制度改进》，《现代管理科学》2014年第12期，第85页。

② 〔美〕唐纳德·凯特尔："序言"，载〔美〕菲利普·库珀：《合同制治理——公共管理者面临的挑战与机遇》，竺乾威、卢毅、陈卓霞译，复旦大学出版社2007年版，第1页。

遗漏。合同严谨性主要包括：假设是否充足，禁止性规定与违约责任是否一致，术语或关键词是否统一，合同生效的时间是否控制得当，辅助条款是否利于合同履行或争议处理，合同各条款之间的逻辑性是否自洽。表述精确性主要涉及：标点符号是否规范，用词、用句是否专业，用词或词组的内涵、外延、指代是否精确，行为人、承受人以及句间关系是否明确、流畅，合同条款是否有严重语言歧义。此外，法务有时也会对排版规范性和其他注意事项（如合同份数、合同金额是否含税、如何开发票）等进行审查。从前述描述可以看出，法务对合同的审查是比较细致的，这在很大程度上提升了合同的科学化程度。不过，法务通常是法律方面的专家而非公共管理尤其是公共服务方面的专家，因而其对所购买的公共服务本身并不十分熟悉，这就意味着法务更多是从法律角度对合同的格式条款进行审查，而难以深入拟购买的公共服务之具体细节，因而其仍然难以确保合同的完备性。

立足委托代理理论的分析视角不难发现，政府向社会力量购买公共服务中的购买主体与社会力量之间是一种较为典型的委托代理关系（principal-agent relation）。而从桑福德·格罗斯曼（Sanford Grossman）、奥利弗·哈特、约翰·莫尔（John Moore）等创立的不完全合同理论的角度看，购买主体与承接主体之间又属于合同的订约双方，但购买主体中参与合同起草的相关工作人员既不是全知全能的上帝，也不是完全理性人，而是有限理性人。这不仅是因为他们所面对的是一个复杂的、不确定的外部世界，即他们所面临的经济、政治、社会、文化、生态等外在环境并非静止不动而是持续变化的，而且还表现为他们作为人类，其大脑的认知资源存在有限性特质，这是人类先天就存在的认知约束。[①] 具体来说，他们对信息加以感

① A. Bechara and A. R. Damásio, "The Somatic Marker Hypothesis: A Neural Theory of Economic Decision," *Games and Economic Behavior*, Vol. 52, No. 2, 2005.

知、记忆、处理和预测的能力都是相当有限的，即其所掌握的知识和信息、对公共服务本身的认知能力（不少公共服务如社会服务通常具有“非实物性、非生产性、不可储存性、不可贸易性、即时性、地域性等特征”，这无疑增加了人们的认知难度）[①]、对购买公共服务工作本身的理解能力、对购买公共服务行为所处的外在环境之研判能力都是有限的。

当我们对参与合同起草的相关工作人员坚持有限理性人而不是完全理性人这一更加符合实际的人性假设之后，我们就会更为客观地认识到，相关工作人员的有限理性决定了合同必然具有不完全性，特别是购买主体既不可能对未来可能出现的所有情况都准确预想和提前在合同中加以约定，也不可能对所有潜在的承接主体的信息都了如指掌。正如格罗斯曼和哈特在研究合同不完全的成因时所言，面对高度复杂和高度不可预测的外部世界，人们要想做到想得很远是非常困难的，而且人们通常也很难对未来可能发生的所有或然事件做出详细的计划。[②] 以政府购买环卫服务为例，虽然说该项服务貌似只是一项没有多少技术含量的劳动密集型的常规性工作，但当遇到诸如“创建全国文明城市”这样的特殊时段，环卫服务的工作要求就会相较于平时存在明显的不确定性，这种不确定性很难事先在购买合同中做出详细约定。[③] 当然，即使参与合同起草的相关工作人员通过自己的努力能够掌握所有的相关信息，但这样做并不是没有成本的，因为信息的搜寻本身是要付出一定的人力、物力、财力和时

---

① 陈小强：《我国政府购买社会工作服务初探》，《中国政府采购》2008年第6期，第66页。

② S. J. Grossman and O. D. Hart, “The Costs and Benefits of Ownership: A Theory of Vertical and Lateral Integration,” *The Journal of Political Economy*, Vol. 94, No. 4, 1986.

③ 黄锦荣、叶林：《公共服务“逆向合同承包”的制度选择逻辑——以广州市环卫服务改革为例》，《公共行政评论》2011年第5期，第107页。

间成本的，尤其是购买公共服务的行为是有明确的时间限定的，因而相对理性的选择就是按照“满意”原则获得相对充分的信息。从成本—收益分析的维度来说，信息搜寻者会对获得信息所带来的收益与为了获得信息所付出的成本进行权衡，并时常会在搜寻信息所付出的边际成本与所获得的边际收益相等的地方停止信息搜寻工作，而这时所获得的信息量一定会比完全信息量要少，但对当事人来说，这个信息量却是最佳信息量。[①]

此外，在撰写合同文本时，由于人类的语言具有显著的局限性，尤其是人们无法用这些语言将所有想表达的意思或想描述的情况和行为都毫厘不差地加以精准描绘，因此关于某些意思、情况或行为的具体表述或规定就无法在合同条款中清晰呈现。特别是“当状态足够复杂时，由语言所构成的合同或者难以详尽描述未来的复杂状况，或者必须为此付出高昂成本”[②]。基于前述原因，购买主体不可能拟定好一个完美无缺的合同来防止承接主体做出有损购买主体利益的行为。加之购买主体的时间、精力等方面的限制以及购买活动通常有时间上的硬性要求，因而购买主体通常也不会对合同本身进行耗时过长的设计。因此，组织购买环节所拟定的合同往往是不完全合同（incomplete contract），合同不完全风险亦由此产生。

（二）信息发布形式化风险

信息发布是在做好组织购买的相关准备工作之后紧接着要做的一件事。在分类推进事业单位改革和大力推进事业单位承接政府购买服务改革的宏观背景下，公益二类事业单位和生产经营类事业单位都可以成为政府向社会力量购买公共服务的重要承接主体。这两

① 贺卫：《寻租经济学》，中国发展出版社 1999 年版，第 39 页。

② 蒋士成、李靖、费方域：《内生不完全合同理论研究进展》，《经济学动态》2018 年第 5 期，第 108 页。

类事业单位通常与购买主体之间或多或少地存在一定的联系。在不同类型的社会组织中，有部分社会组织就是购买主体为了推行购买公共服务而培育出来的，有的社会组织的创办人本身就是在政府部门或行政管理类事业单位退休的人员。因此，不少社会组织与购买主体之间都会存在千丝万缕的联系。对于那些与购买主体存在较为密切联系的事业单位和社会组织等社会力量而言，购买主体在信息发布前可能提前向这些社会力量透露一些内幕信息，也可能是社会力量主动向购买主体寻求一些重要的内部信息。这样一来，获知内幕信息的潜在承接主体就能尽早采取应对措施，信息发布也一定程度上沦为走过场。

此外，有的购买主体发布的信息在一定程度上带有“量体裁衣”的色彩。需要特别注意的是，《中华人民共和国招标投标法》（2017年修正）（下文简称《招标投标法》）第十八条明确规定，“招标人不得以不合理的条件限制或者排斥潜在投标人，不得对潜在投标人实行歧视待遇”；第二十条着重强调，“招标文件不得要求或者标明特定的生产供应者以及含有倾向或者排斥潜在投标人的其他内容”。不过，在公共服务的组织购买环节，购买主体仍然可能会有意对照那些与自己关系密切的社会力量来设定对承接主体的资格要求，或者使这些社会力量在与其他潜在的承接主体竞争时先天地处于有利地位，或者在资格预审抑或资格后审①环节就将某些承接主体排除在外，以减少竞争对手。比如说，对参与竞争承接权的社会力量的资

---

① 资格预审是指购买主体在发布购买公共服务的相关信息之前，先发出资格预审公告或邀请，要求潜在的承接主体按规定提交证明材料，经资格审查合格，方可参与竞取公共服务承接权。资格后审是指购买主体在参与竞争的社会力量按要求提交了相关材料后或经过相应的选择程序已经挑选出承接主体后，再对参与竞争的社会力量或被选择的承接主体是否有能力履行合同义务进行审查。关于这两个概念的界定，系在参考吴小明的相关研究成果（吴小明：《政府采购实务操作与案例分析（第二版）》，第16—17页）的基础上适当修改而成。

质等级、经营业绩、能力要求等的规定有意偏向与自己联系紧密的社会力量。在实务操作中，当采用公开招标或邀请招标组织公共服务购买时，对参加投标的部分承接主体的限制或者排斥比较典型地体现在地域限制、商务要求或技术指标限制以及资格预审“黑箱化”等方面。就地域限制而言，常见的做法是规定参加投标的承接主体的注册地必须在本行政区域范围内，即不允许外地的承接主体参加投标，或者虽然允许外地的承接主体参加投标，但又人为设定本地承接主体拥有优先中标权利，从而让外地的承接主体受到不公平待遇。就商务要求或技术指标限制而言，经常出现的情况是，为了将其他潜在的承接主体排除在外，人为地提高拟购买公共服务项目的商务要求或技术指标要求，从而确保某个特定的潜在承接主体顺利中标。就资格预审“黑箱化”而言，主要体现为资格预审的程序、评判标准和实际操作过程不公开不透明，导致参与竞标的潜在承接主体公平竞争的权利无从保证。“量体裁衣”和“有意限制或排斥”所带来的一个结果就是信息发布在很大程度上存在形式主义的问题。

（三）逆向选择风险

逆向选择源自乔治·阿克洛夫（George Akerlof）关于旧车市场的研究。他在 1970 年发表了《柠檬市场：质量的不确定性和市场机制》的论文。在这篇信息经济学的重要文献中，作者分析了信息不对称所引发的逆向选择问题。具言之，在美国俚语中，“柠檬”（lemon）是“次品”的俗称。该文对“柠檬市场”进行分析发现，在旧车交易市场上，大部分买家对正在出售的旧车的质量优劣并不太了解，而卖家则对自己所卖的车的实际质量比较了解。此时，卖家在理性自利动机的驱使下，就会对质量好的旧车设定相对比较高的价格，或者采用以次充好的销售策略。买家虽然不太了解旧车市场上出售的旧车的实际质量，但其能大致判断出这些旧车的平均质量，并只愿意按平均质量来给出中等的价格。这样一来，那些质量高于平均质量的上等旧车就会因价格偏低而主动退出旧车市场，这就会导致市场上旧车的平均质量有所下降。由于质量上等的旧车退出了市场，因而买主根据平均质量所出的中等价格会更低，这又会导致次上等质量的旧车逐渐退出旧车市场，并引发旧车市场上出售的旧车的平均质量进一步下降。按照这样的逻辑演绎下去的结果是，最后旧车市场上的旧车质量越来越差，而且旧车的成交量会变少，甚至一辆旧车都没有成交。在这个事例中，质量差的旧车把质量好的旧车从旧车市场上驱逐出去的现象，就是所谓的逆向选择。[①] 逆向选择后来也成为保险行业中的一个词，强调的是由于投保人与保险公司之间存在信息非对称，即投保人对自己的身体状况等基本信息非常了解，而保险公司则要耗费很大的精力才能部分地挖掘到这些信息。由于通常是最容易遭受某种损失的人（如因健康状况不佳而容易患病的人）是最想要为自己购买某种保险（如疾病保险）的人，因此，保险公司时常处于不得不支付昂贵的保险赔付费用（如医疗费用）的风险之下。可见，逆向选择所指向的是签订合同前的信息不对称问题。[②] 逆向选择行为作为一种事前机会主义行为，主要体现为在合同达成之前，其中一方会利用信息优势来诱使其他订约方签订对后者不利的合同。[③]

在政府向社会力量购买公共服务的组织购买环节，购买主体受到降低购买费用动机的驱使，在采用竞争性方式对承接主体进行选择时，虽然说购买主体不会简单地采用“低价者得”这一原则，但在

---

① G. A. Akerlof, “The Market for ‘Lemons’: Quality Uncertainty and the Market Mechanism,” *The Quarterly Journal of Economics*, Vol. 84, No. 3, 1970, pp. 485-500.

② D. Bergermann and J. Valimaki, “Dynamic Common Agency,” *Journal of Economic Theory*, Vol. 111, No. 1, 2003, pp. 23-48.

③ 贺卫:《寻租经济学》，第 41—42 页。

其他条件相当的情况下，购买主体还是会希望所签订的合同能节省购买支出。例如，当以询价方式购买公共服务项目时，从理论上说，会要求不同的社会力量生产的公共服务的规格、标准等都保持统一。在这个前提下，通过对合格的报价文件进行评审，购买主体通常倾向于从中选择报价最低的社会力量作为承接主体。

在组织购买过程中，购买主体与潜在的承接主体之间存在显著的信息非对称，即潜在的承接主体往往对自身的公共服务生产能力、所具备的资质、日常运转的成本等信息了如指掌，而购买主体在前述方面则处于信息劣势。从理论上说，即使购买主体耗费了大量的时间、精力和金钱成本去开展信息搜寻工作，也很难保证会选到最好的承接主体，因为承接主体的某些缺陷可能只有在执行公共服务生产任务的过程中才会被购买主体发现。正是因为存在信息不对称，所以在组织购买环节，潜在的承接主体就会采取隐藏对自己不利的真实信息（即隐藏信息）的方式，甚至冒险采用提供虚假材料（即提供虚假信息）的方式来谋求公共服务项目承接权。从现实层面来看，购买主体往往缺少足够的能力和精力去评估潜在的承接主体过去的工作绩效，并借此来比较由哪个潜在的承接主体来承接公共服务项目更合适，因此，出价更低的潜在的承接主体往往在赢得合同方面具有显著的优势。有的项目采用的是“最低评标价法”，有潜在的承接主体为了顺利赢得承接权，故意将报价压得很低，甚至只有预算价格的十分之一；有的项目采用的是“综合评分法”，但价格分的占比甚至可以高达30%。[①] 这样一来，报价低的承接主体时常更加容易中标。过度关注最低价格的倾向在采用招投标的方式选择承接主体时尤为明显。在美国，管理和预算办公室建立了一个名为 SWAT 的

① 姜文华、朱孔来：《政府购买服务中存在的问题及对策研究——基于对山东省政府购买服务状况的调研》,《理论学刊》2017 年第 4 期，第 110 页。

研究委员会，该委员会建议取消传统的象征性的投标制度，个中缘由就是传统的投标制度“总是关注最低价格”[1]。

购买主体在选择承接主体时产生逆向选择风险也可能是因为购买主体的选择行为同时受到了“经济逻辑”和“政治逻辑”的驱使[2]，所以需要在这双重逻辑之间做出平衡。所谓经济逻辑，就是指购买主体要尽可能挑选出最优秀的承接主体来高质量低成本地生产公共服务。所谓政治逻辑，则是指购买主体要通过购买公共服务来培育社会力量尤其是社会组织。从我国政府向社会力量购买公共服务的实践来看，社会组织是主要的承接主体，以至于不少研究者甚至将政府购买公共服务简单地理解为政府向社会组织购买公共服务。不少地方政府在购买公共服务时，明确提出了培育社会组织这一目标。也就是说，购买公共服务的目的不仅是要获得相应的公共服务，还要促进社会组织的发育成长。例如，我们在对E市民政局相关工作人员进行访谈时，对方明确表示：

> 我们要把服务项目给社会组织，让它们有生意可做，这样它们才能有收入继续营业；我们还通过给社会组织提供建设补贴和运营补贴等政策措施来引导建立社会组织和帮助其发展。(访谈编号：E20170713)

另有学者对上海市某区残联进行调研时发现，该区购买的助残服务项目所选择的承接主体大部分是本地的助残社会组织，这样做的目的就是为本地助残社会组织的成长提供平台。[3] 而在现实中，不

---

① 〔美〕菲利普·库珀：《合同制治理——公共管理者面临的挑战与机遇》，第106—107页。

② 郑卫东：《政府购买服务的监管问题研究》，上海人民出版社2019年版，第107页。

③ 吕纳：《公共服务购买中的政府与社会组织互动关系研究》，上海交通大学出版社2017年版，第80页。

少社会组织基本依靠地方政府购买公共服务尤其是购买社会服务来生存，其对地方政府的依赖程度很高。当其无法承接到政府的购买项目时，就会出现生存危机，处于名存实亡的状态甚至被迫注销。而地方政府为了实现培育社会组织的目标，又不能放任所有社会组织自生自灭，因而不得不将购买的服务项目优先让渡给社会组织来承接，由此也变相地加大了地方政府的负担，甚至导致地方政府在一定程度上被社会组织所“绑架”。如果我们将购买目标的总量设定为1或100%，那么对于购买主体而言，当培育社会力量在购买目标定位中的占比上升的时候，经济逻辑的占比就必然会下降。正因为如此，所以有的购买主体并没有简单地从经济逻辑出发来选择最优的承接主体，而是选择了当地与购买主体关系较为密切的、购买主体有意扶持的承接主体，即便后者在可供选择的承接主体中并不是最优秀的，这也就造成了逆向选择现象的出现。

（四）竞争性短缺风险

竞争存在诸多好处，这一点在经济学中已经达成了基本的共识。虽然说完全竞争市场通常只是一种可遇不可求的理想状态，但我们应该更多关注的不是某个特定场合的竞争是否完全，而是该场合下竞争是否存在……竞争作为意见形成的过程，能够通过信息的传播来增进经济体系的统一性和连贯性……竞争让人们对于什么是最好的和最便宜的形成了自己的看法，而且正是由于存在竞争，人们了解的可能性和机会才会像现在了解的那样多。[①] 竞争不仅有利于市场的建构和知识的增进，还有利于促进机会公平和制度优化。正如世界银行在2002年的《世界发展报告》中所指出的那样，市场竞争不

---

① 参见〔奥〕冯·哈耶克：《个人主义与经济秩序》，贾湛等译，北京经济学院出版社1989年版，第98—99页。

仅有助于提供公平的机会，而且有利于增进制度的变迁和经济的发展。竞争的压力促使市场不得不呼唤更加有效的制度设计，竞争在有些时候甚至可以代替复杂的监管体系。[①] 竞争亦有利于提高经营质量。里根政府执政期间的管理和预算办公室出具的一份报告中就曾指出：竞争为私营部门提高经营质量提供了驱动力。私营部门的经理们假如不能采用最有效的方式经营，就可能被竞争对手淘汰出局。[②] 就公共服务购买而言，如果承接主体不能生产出质量过硬的公共服务，那么，就可能会被有能力生产出更高质量的公共服务的竞争对手所取代，因而对于购买主体或消费主体而言，市场竞争有利于用合适的价格来获得高质量的公共服务。[③] 竞争还有利于降低服务成本。正如凯特尔所言，竞争为那些愿意提供更低价位的商品或所提供的商品优于市场现有商品的供应商提供了更多的机会，因而这种竞争会增进市场的公平和限制价格的上涨。[④] 例如，有研究发现，在美国的社区中，无论电力服务的直接供给主体是政府还是私营部门，有竞争的社区与没有竞争的社区相比，电力服务的成本都会降低11%左右。[⑤] 因此，问题的关键并不是应该由购买主体直接供给公共服务还是通过承接主体来间接供给公共服务，而是公共服务供给中是否存在竞争。鉴于竞争的诸多优势，其应当引起购买主体的高度重视。反之，如果缺少竞争，就容易导致创新动力的缺乏、成本的提高、质量的下降和公平的减少。

---

① 《世界发展报告》编写组：《2002年世界发展报告：建立市场体制》，本报告翻译组译，中国财政经济出版社2002年版，第135—151页。

② 〔美〕唐纳德·凯特尔：《权力共享：公共治理与私人市场》，孙迎春译，北京大学出版社2009年版，第3页。

③ 〔美〕菲利普·库珀：《合同制治理——公共管理者面临的挑战与机遇》，第83页。

④ 〔美〕唐纳德·凯特尔：《权力共享：公共治理与私人市场》，第12页。

⑤ Walter J. Primeaux, "An Assessment of X-Efficiency Gained Through Competition," *The Review of Economics and Statistics*, Vol. 59, No. 1, 1977, p. 105.

由前述分析可见，虽然说我们不能简单地把竞争理解为包治百病的灵丹妙药，但是可以相对确定的是，为了使政府向社会力量购买公共服务达到增进效率、提高质量和降低成本的目的，一个基本前提就是在选择承接主体时存在竞争，即要有多个潜在的承接主体为了获得公共服务的生产机会而展开角逐。换言之，政府向社会力量购买公共服务能够有效实施需要具备的一个具体条件就是要有竞争关系存在。虽然说我国政府向社会力量购买公共服务的竞争性购买早在20世纪90年代末即开始了，例如深圳市绿化管理处从1998年起就引导部分公园养护工人成立园林绿化公司，引入竞争性方法招标购买服务。深圳市的园林绿化服务购买工作也几乎没有争议地成为我国通过招标方式由政府向社会力量购买公共服务的早期典型案例。[①] 然而，在实践中，经常出现承接主体垄断和形式性购买等问题，市场竞争不足似乎成为一种常态。比如说，在我国公共服务购买的组织购买环节，根据相关规定，购买金额达到一定数量就要通过竞争性招投标等公开竞争的方式来选择承接主体，但实际操作通常是，购买主体会提前与潜在的承接主体接触，如果对某个潜在的承接主体比较满意，那么就会让其找其他主体来“陪标”。虽然说这一做法对购买主体而言有利于减少信息不对称，避免在履行合同和绩效评价等后续环节出现更大的风险，但“伪竞争”却由此出现。[②] 有的购买主体为了回避竞争性招投标所带来的时间、精力、金钱等成本的耗费和对承接主体的选择的不确定性，将金额较大的公共服务项目拆解成若干金额相对较小（比如10万元以下）的公共服务项

① 王浦劬、〔美〕莱斯特·M. 萨拉蒙等：《政府向社会组织购买公共服务研究：中国与全球经验分析》，北京大学出版社2010年版，第25页。

② 陈天祥、郑佳斯：《把政府带回来：政府购买服务的新趋向》，《理论探索》2019年第6期，第14页。

目，从而可以采用定向委托或协议的方式进行购买。换言之，公共服务市场中的完全竞争市场更多的是一种美好的想象，而不完全竞争市场才是不得不直面的现实。之所以出现这样的局面，其背后的原因主要体现在以下三个方面。

其一，潜在的承接主体数量有限。从1994年深圳市罗湖区借鉴香港的相关做法购买环卫服务以来，内地政府向社会力量购买公共服务的实践也只有二十多年的时间，而中央层面的顶层设计则更晚，大约在2013年前后。由此可知，我国政府购买公共服务的起步相对较晚，还存在公共服务市场不太完善问题抑或说是弱市场的问题。在我国的公共服务供给领域，作为市场主体的社会力量还不够成熟，特别是作为社会力量重要组成部分的社会组织的发育程度远远没有达到竞争性购买公共服务所提出的基本要求。不少公共服务项目在打算用购买的方式提供时，购买主体会遭遇符合资质的潜在的承接主体太少或根本没有符合资质的承接主体这一窘境，因而就出现了无从选择的被动局面。换言之，由于社会力量发育不成熟，可供购买主体选择的符合条件的承接主体偏少。在我国政府向社会力量购买公共服务的实践运作中，通常会要求参与竞争公共服务承接权的潜在承接主体不能少于两家，但有时由于能够承接某项公共服务的潜在的承接主体数量不足，而该公共服务项目的金额却达到了要进行公开招标的要求，此时购买主体不得不采用邀请的方式或安排其他承接主体来象征性地参与招标过程。[①] 购买主体尤其是地方政府有时因为承接主体数量有限，为了避免因无法组织招投标而导致购买工作难以顺利开展下去，也会采取提高招标限额标准这一变通的办法。例如，山东省采购招标限额标准从20万元提高到40万元，后

① 王浦劬、〔美〕莱斯特·M. 萨拉蒙等:《政府向社会组织购买公共服务研究：中国与全球经验分析》，第25页。

来又提高到了100万元。[①] 而在这少量的承接主体中，有时还会存在一个或少数几个相对其他承接主体而言要强大很多的承接主体，甚至出现“只此一家，别无分店”的情况，这些相对成熟的承接主体的垄断局面由此形成。此时，政府向社会力量购买公共服务就可能出现购买主体和承接主体双边垄断的被动局面。在这种局面中，购买主体与承接主体之间的关系容易变成一种依赖关系，尤其体现为购买主体不得不依赖承接主体，而承接主体“甚至可以影响政府评估标准的制定”[②]。

在社区层面的公共服务购买实践中，无法竞争性地选择承接主体的情况尤为突出。例如，我们在对地处长三角地区的J省S市X区三个社区进行调查后发现，这些社区的草根社会组织数量较少，购买主体在购买服务时往往没有选择的余地，更谈不上在多个潜在的承接主体之间竞争性地选择最终的承接主体。而被选中来承接相关服务的草根社会组织在提供服务时，大多存在通知和宣传不到位（由此造成大部分居民因无从知晓而没有享受到相应的服务）、服务内容不科学、服务方式不专业、服务项目低水平重复、服务过程中的营利目的过于明显等弊病。再如，Z市S区民政局在2017年6月开展购买社会工作服务项目的相关工作时，竟然找不到一家属于该区的专业社工机构。

在公共服务的购买过程中，还会存在一种较为极端但并不少见的现象，即如果不是因为政府在推行购买公共服务，某些公共服务根本不会存在市场。从理论上说，一个真实存在的市场应该有买卖

---

① 姜文华、朱孔来：《政府购买服务中存在的问题及对策研究——基于对山东省政府购买服务状况的调研》，第110页。

② Jocelyn M. Johnston and Barbara S. Romzek, “Contracting and Accountability in State Medicaid Reform: Rhetoric, Theories, and Reality,” *Public Administration Review*, Vol. 59, No. 5, 1999, p. 387.

双方围绕相对同质的商品进行交易，而买卖双方尤其是卖方的数量越多，意味着市场的竞争程度越高。然而，有的公共服务如果不是政府要采用购买的方式来提供，根本不会有社会力量来生产这些公共服务，所以事先并不存在这样的市场，更遑论存在一个竞争性的市场了。进言之，关于这些公共服务项目，政府等购买主体是唯一的买方，而在这个买方出现之前，市场上根本没有卖方。有时甚至会出现即使政府等购买主体明确发布了购买需求信息，但仍然很难找到合适的承接主体来承接公共服务生产任务的情况。例如，诸如行政执法类的服务就很难让私人供应商来承接。

其二，关系型购买行为时有发生。在通过购买的方式供给公共服务时，购买主体与承接主体之间就自然而然地形成了委托代理关系。因为委托代理过程中存在着显著的信息非对称，委托主体不得不承担公共服务购买的信任成本。而为了降低这种成本，理性的选择就是将公共服务的生产权让渡给自己熟悉且关系较为密切的社会力量，比如自己培育的社会组织等，从而形成了体制内非竞争性购买的局面。[①] 由于政社分开不到位，有的社会组织与购买主体之间存在亲密而复杂的密切关系，甚至属于典型的“诱致型社会组织”或“体制催生型社会组织”，这类社会组织不同程度地带有官方色彩，围绕政府拟购买的公共服务项目而活动。[②] 例如，有学者对上海市X区和谐家庭服务中心负责人进行访谈时，该负责人很坦诚地指出：

> 我们这个组织是因为接了这个项目（“阳光居家养残”项目）才成立的，我们是7月跟区残联签下这个项目，然后成立的社会组织，主管单位是区妇联……我们组织的名称“和谐家

---

① 郑亚瑜：《政府购买公共服务的风险及其防范——基于购买过程的视角》，《改革与开放》2015年第7期，第2页。

② 陈尧、马梦好：《项目制政府购买的逻辑：诱致性社会组织的“内卷化”》，《上海交通大学学报（哲学社会科学版）》2019年第4期，第110页。

庭服务中心"是市民政局的刘处长和X区家庭行业协会的会长共同取的……组织在区残联和妇联的关心下，不断发展壮大。[①]

换言之，这类社会组织本身就是为了"迎合"政府等购买主体通过项目制方式购买服务而成立和存在的，因而其一方面高度依赖从购买主体尤其是政府手中获得相应的服务项目以维持自身的生存，另一方面又会为了从购买主体那里赢得更多的服务项目而千方百计地与购买主体维持好良性互动关系。这样一来，那些根据标的额可以不采用竞争方式购买的公共服务项目就会经常被采用单一来源或询价的形式来购买，而与购买主体关系密切的社会组织则自然而然地成为购买主体的首选对象。这一情况在客观上对那些与购买主体关系不紧密的潜在的承接主体造成了隐性进入壁垒[②]，并由此弱化了公共服务购买的竞争程度。不过，由于诱致型社会组织对购买主体的服务项目购买高度依赖，故而，这类社会组织虽然能够成为服务项目购买的直接受益者，但是通常难以确保自身功能的充分实现，从而陷入了一种有增长无发展的"内卷化"困局。对于标的额达到公开招投标要求而必须采用竞争性购买方式的公共服务项目，在最终选择承接主体时，购买主体有时也会"量身定做"承接主体的选择标准，从而确保与其关系密切的竞标者从潜在的承接主体变成实际的承接主体。由于这类承接主体有更多的机会获得订单，因而能够更好地发展壮大，其他不少承接主体则因丧失了合同机会而发育不良甚至走向解体，这就在客观上进一步限制了竞争性公共服务市场的发展和完善。

其三，对竞争的不适当运用造成的竞争不足。在大部分潜在的

---

① 吕纳：《公共服务购买中的政府与社会组织互动关系研究》，第90页。

② 邓金霞：《公共服务外包之隐性进入壁垒研究：以上海市为例》，上海人民出版社2015年版，第5页。

承接主体还比较弱小，只有少数潜在的承接主体实力比较雄厚的情况下，如果急于推行公共服务的竞争性购买，那么容易出现的一个不良后果是，实力雄厚的潜在的承接主体通常成为竞争中的胜出者。这一方面会带来人们常说的马太效应“强者愈强，弱者愈弱”，并由此导致比较弱小的潜在的承接主体的生存境遇更加艰难甚至不得不退出公共服务市场，进而造成公共服务承接主体选择过程中的竞争变得越来越弱。另一方面，实力雄厚的潜在的承接主体也变得越来越强大，购买主体对这类承接主体的依赖程度日益增强，这就导致购买主体从这类承接主体那里购买的公共服务的价格并不便宜，甚至比市场价格要贵。

当然，从理论上说，政府向社会力量购买公共服务的组织购买环节并非竞争的激烈程度越高越好。这是因为，促进竞争不是没有成本的，为了提高竞争程度，购买主体花费在准备招标文件、发布招标信息、组织具体招标等方面的成本都会显著地增加。而这些增加的成本如果超过了通过竞争而节省的成本，那么这种促进竞争的行为就是得不偿失的。不过，如果不局限于成本收益维度的考量，那么就会发现，促进竞争可能会带来的另一个好处就是降低了私下交易的腐败风险。

（五）寻租及“串标”“陪标”风险

“寻租”即“寻求租金”的简称。关于“租金”（简称租），最早专指地租，后来泛指各类生产要素的租金。到了现代，才专指依靠权力所带来的超额利润。“寻租”这一术语最早于20世纪70年代出现于应用经济学理论中。安妮·克鲁格（Anne Krueger）在1974年较早地探讨了国际贸易中保护主义政策的成因，并由此正式使用了寻租（rent-seeking）这个术语。她还将寻租初步界定为依靠政治过程得到一定的特权，并由此导致给别人造成的损失大于租金获得者的收益的那类行为。当然，也有学者认为，关于寻租的思想最早萌发于图洛克在 1967 年发表的经典论文《关税、垄断和偷窃的福利成本》中。[①] 图洛克在该文中认为，偷窃除了造成财富的转移外，还会导致人们为了反偷窃而投入一定的人力、物力、资源等社会成本。[②] 关于何谓“寻租”，图洛克并没有下过严格的定义，而是举了一个例子。假设一家处于困境之中的钢铁企业为了摆脱困境，采取的做法是花费巨资游说政府，使政府禁止从韩国进口钢铁，结果钢铁的价格就会上涨。在他看来，这种做法就属于寻租。而如果该钢铁企业通过引入一些提高效率的新的机器设备来获取更多的利润，则不属于寻租。[③] 由此可见，寻租行为与正常的寻求生产性利润的行为并不是一回事。寻租理论的另一位代表人物贾格迪什·巴格瓦蒂（Jagdish Bhagwati）则将依靠与有权力的人打交道而获得更多收益的行为称为 DUP（directly unproductive profit-seeking），即直接非生产性寻利。在他看来，“直接”体现在这些利润是直接由权力带来的，而不是依靠生产活动获得的；“非生产性”在于这些活动虽然有一定的金钱收益，但并不生产产品和劳务，也不生产投入这些产品和劳务生产的投入品。[④] 如果说寻租活动中的利润通常需要依靠拥有权力的“看得见的手”进行干预才能获得，那么寻利活动中的利润则是依靠投入人力、物力、财力、时间、信息等资源，降低生产经营成本，创新相关技术，完善制度安排等方式来获得的，其背后是“看不见的手”在起作用，因而寻租和寻利之间存在本质的区别。

---

① 贺卫：《寻租经济学》，第 2 页。

② 王永钦、丁菊红：《悖论图洛克》，载〔美〕戈登·图洛克：《特权和寻租的经济学》，王永钦、丁菊红译，上海人民出版社 2017 年版，第 5—6 页。

③ 同上书，第 56 页。

④ 〔美〕巴格瓦蒂：《直接非生产性寻利活动》，《政治经济学杂志》（美）1982 年第 5 期。转引自贺卫：《寻租经济学》，第 101 页。

有必要补充强调的是，在部分学者的研究成果和实务部门的工作材料中，经常出现“权力寻租”这个词，严格来说这种称谓是不准确的。由于寻租是别的主体通过游说和贿赂等方式试图从手中掌握着权力的人那里获得惠顾，从而赢得垄断性的利润，因此我们可以用“权力设租”（设计租金）、“权力创租”（创造租金）、“权力抽租”（让已经获得租金的主体丧失继续获得租金的机会）这样的表述，但不宜用“权力寻租”这个词。更进一步地看，之所以会出现“权力寻租”这个用法，实际上是没有真正理解寻租的含义，并且简单地将寻租等同于腐败，因而使用“权力寻租”这个词的人实际上是在说“权力腐败”。

就政府向社会力量购买公共服务而言，在组织购买环节，潜在的承接主体为了赢得购买合同，就可能会将精力和才能更多地花费在如何对购买主体中有相关影响力的工作人员进行贿赂以获得这些工作人员的惠顾，从而使自己从潜在的承接主体变成现实的承接主体。当购买主体中的相关工作人员面对潜在的承接主体所提供的利益诱惑时，个人的私心杂念可能会战胜对公共利益的关心，这样就可能会带来一个结果：购买主体将购买合同给了一个未必是最合适的承接主体，而且对该承接主体生产的公共服务并不要求做得多么好。

购买主体为了让自己心仪的潜在的承接主体能够顺利赢得承接权，一个常见的策略就是“权力嵌入市场”。所谓“权力嵌入市场”，就是指拥有公权力的购买主体以市场化（如公开招投标）为名，却将公权力渗透到公共服务组织购买环节的具体运作过程之中，并以此来支配承接主体选择的最终结果。比如说，购买主体对组织购买进行精美的形式化包装，但实际上已经人为设置了准入门槛或量身定做了参与竞争的条件或评分标准，从而保证给过自己利益的参与竞争的承接主体能顺利成为现实的承接主体。[①] 对于通过行贿等非公平竞争的手段获得公共服务承接权的承接主体来说，其假如不通过此种手段，就可能没有机会承接该公共服务项目的生产工作，也就不可能获得相应的利润。这一点在西方发达国家的公共服务购买实践中时有发生。例如，英国腐败行为中很大一部分来源于购买公共服务中的寻租行为。据英国警方统计，1996 年在英国公共部门发生的 130 起严重违法案件中，大部分案件都与承接主体为了获得公共服务生产权而给购买主体中的相关人员提供回扣有关。[②] 在我国政府购买公共服务的实践中，寻租风险同样存在。有研究发现，在与政府有关的腐败案件中，政府采购、服务项目外包类案件占比高达 1/4，位居第一位，[③] 其中不乏寻租类的腐败。例如，有的潜在的承接主体为了赢得公共服务购买合同，也会通过给回扣等寻租手段来达到目的。有记者在北京、河北、江苏等地走访调研时，有业内人士向记者反映：因为政府购买公共服务中有时存在"暗箱操作"，所以一些政府部门在将公共服务项目发包给社会组织时，会要求其给回扣，回扣额度占项目资金的 20%—40% 不等，虽然不少民间组织对此感到失望，但为了能够获得项目只能顺从。[④] 由此可见，寻租也会造成"劣币驱逐良币"的逆向选择结果，即资质相对较差的承接主体反而战胜了资质相对较好的承接主体，获得了垄断性地生产某项公共服务的机会。对于通过寻租方式来获得成功的承接主体而言，其后续得

① 郑卫东：《政府购买服务的监管问题研究》，第 43 页。

② David Hall, "Privatization, Multinationals, and Corruption," *Development in Practice*, Vol. 9, No. 5, 1999, p. 541.

③ 公婷、吴木銮：《我国 2000—2009 年腐败案例研究报告——基于 2800 余个报道案例的分析》，《社会学研究》2012 年第 4 期，第 210 页。

④ 王昆、潘晔：《政府购买服务恐成腐败新灾区》，《经济参考报》2014 年 7 月 3 日，第 7 版。

到的收益要远高于行贿付出的代价。

当在承接主体不是很充分的情况下采用竞争性招投标方式来选择承接主体时，由于潜在的承接主体自身能力不足或政府不善于正确遵循和运用竞争理念，投标时会出现“串标”“陪标”等不良现象。“串标”主要表现为，当采用公开招标的方式选择公共服务承接主体时，购买主体、潜在的承接主体、代理机构等不同主体之间暗中勾结以确保特定的承接主体能够顺利中标。从相互勾结的主体之类型来看，“串标”主要可以分为五种类型：购买主体与特定的承接主体之间相互串通，购买主体与代理机构之间相互串通，承接主体与代理机构之间相互串通，购买主体、承接主体、代理机构三者之间相互串通，承接主体与承接主体之间相互串通(例如，多个参与竞标的潜在的承接主体在价格上形成攻守同盟就属于承接主体与承接主体之间的相互串通)。①

当然，从市场竞争和“串标”目的这两个维度来看，购买主体与特定的承接主体之间相互串通这种“串标”类型又可以分为“主动—谋事型”串标、“主动—谋利型”串标、“被动—谋事型”串标和“被动—谋利型”串标四种类型。(见表 5-1)“主动—谋事型”串标意指虽然具备市场竞争条件，但购买主体出于把工作做好的需要而与特定承接主体串通以谋求后者顺利中标的行为。“主动—谋利型”串标意指虽然具备市场竞争条件，但购买主体出于谋求不正当利益的需要而与特定承接主体串通以谋求后者顺利中标的行为。“被动—谋事型”串标意指在不具备市场竞争条件的情况下，购买主体出于工作需要特别是要满足招标要求而与特定承接主体串通以谋求后者顺利中标的行为。“被动—谋利型”串标意指在不具备市场竞争条件的情

① 胡守勇：《政府购买公共文化服务的风险识别、致险成因与防范路径》，《图书馆》2019 年第 5 期，第 42 页。

况下，购买主体出于谋求不正当利益的需要和满足招标要求而与特定承接主体串通以谋求后者顺利中标的行为。[①]

表 5-1 公开招标购买公共服务中购买主体与特定承接主体之间相互串通的类型

市场竞争	串标目的	
	工作需要	不当得利
具备市场竞争条件	“主动—谋事型”串标	“主动—谋利型”串标
不具备市场竞争条件	“被动—谋事型”串标	“被动—谋利型”串标

资料来源：郑卫东：《政府购买服务的监管问题研究》，上海人民出版社2019年版，第51页。

在承接主体与承接主体之间的串通中，常见的一种串通方式就是“陪标”，即某一个或某几个参与竞标的潜在的承接主体并不是为了中标，而是为了让招投标能符合基本条件（如不少于三家机构来应标才不会流标）和让特定的承接主体能顺利中标（如陪标的机构故意表现得比该承接主体要差一些）。关于“串标”“陪标”行为，《政府采购法》及其配套的《政府采购法实施条例》都作出了明确的禁止性规定。不过，此类行为在政府购买公共服务的实践中仍然会经常出现，甚至有一种观点认为，在政府购买公共服务的实际操作过程中，“串标与陪标现象是制度与现实冲突背景下采购人与供应商的不得已之举，其存在具有合理性”[②]。因为存在“串标”“陪标”和攻守同盟，加上购买主体与承接主体之间存在信息非对称，就会造成“高价购买、低效服务的窘境”[③]，由此导致政府购买公共服务的预期目标无法有效实现。

---

① 郑卫东：《政府购买服务的监管问题研究》，第52页。

② 同上书，第51页。

③ 孙荣、季恒：《政府购买公共服务流程的价值链分析》，《行政论坛》2017年第1期，第52—57页。

（六）高价购买风险

衡量政府向社会力量购买公共服务是否成功的一个常见的标准就是看与政府等购买主体直接供给公共服务相比，通过购买的方式来间接供给公共服务是否降低了公共服务供给的总费用。不过，如果假定政府向社会力量购买公共服务必然能够降低成本，那么这种想法未免过于天真。西方学者傅以斌（Bent Flyvbjerg）等对20个国家258个大型交通基础设施项目的政府购买情况进行研究后发现，在这些项目中，有90%的项目被低估了成本。从真实成本与预期成本比较的结果来看，铁路项目的真实成本比预期成本平均要高45%，隧道项目和桥梁项目的真实成本比预期成本平均要高34%，公路项目的真实成本比预期成本平均要高20%。表5-2是对傅以斌等的研究结果的概括。由此可见，实际成本超过预计成本的成本超支现象在大型交通基础设施项目的政府购买中颇为常见。无独有偶，英国财政部曾经委托莫特·麦克唐纳（Mott MacDonald）公司调查了英国包括医院、公路、铁路、隧道、信息技术设施等在内的50个大型公共购买项目。调查结果表明，这些项目的实际成本比预期成本平均要高47%。①

表5-2　大型交通基础设施项目实际成本与预期成本之间的差异

项目类型	所有地区		欧洲地区		北美地区	
	项目总数	平均成本增长（%）[1]	项目总数	平均成本增长（%）[1]	项目总数	平均成本增长（%）[1]
铁路	58	44.7（38.4）	23	34.2（25.1）	19	40.8（36.8）
固定连接工程[2]	33	33.8（62.4）	15	43.4（52.0）	18	25.7（70.5）

① 〔英〕达霖·格里姆赛、〔澳〕莫文·K. 刘易斯：《公私合作伙伴关系：基础设施供给和项目融资的全球革命》，济邦咨询公司译，中国人民大学出版社2008年版，第73—74页。

（续表）

项目类型	所有地区		欧洲地区		北美地区	
	项目总数	平均成本增长（%）[1]	项目总数	平均成本增长（%）[1]	项目总数	平均成本增长（%）[1]
公路	167	20.4（29.9）	143	22.4（24.9）	24	8.4（49.4）
所有项目	258	27.6（38.8）	181	25.7（28.7）	61	23.6（54.2）

注：1. 括号中的数字是成本误差的标准差。

2. 固定连接工程由隧道和桥梁组成。

资料来源：根据〔英〕达霖·格里姆赛、〔澳〕莫文·K. 刘易斯：《公私合作伙伴关系：基础设施供给和项目融资的全球革命》，第74页内容绘制而成。

就我国公共服务购买而言，太原市在开展公共自行车服务的购买工作时，将公共自行车项目细分为四个组成部分，即公共自行车项目的网络运营商、公共自行车车辆、公共自行车亭棚以及公共自行车信息管理系统，每个部分均采用招标的方式进行购买。不过，公共自行车车辆购置和信息管理系统两个部分都形成了较高的购买价格，从而引起了社会的广泛质疑，被戏称为史上最贵的公共自行车。①

我们对E市G区Y街道工作人员进行访谈后得知，该街道有两家机构负责提供老人的助餐服务，一个是街道自己经营的机构，一个是社会组织。该工作人员直言不讳地强调：

> 社会组织肯定是要赚钱的，有不少社会组织实际上就是以公益的名义在赚钱，而且我们自己经营的成本比向社会组织购买的成本要低一些。（访谈编号：G20170724）

世界银行在《非政府组织法的立法原则》中也十分中肯地指出，非营利组织的贪污和舞弊行为时有发生。萨拉蒙也强调，关于非营

① 刘晓俊：《政府购买公共服务管理研究》，天津商业大学硕士学位论文，2014年，第21页。

利组织必然是德行完美和具有志愿精神的看法是把非营利组织“神话”了。[1] 有学者对广东省广州市A区政府购买环卫服务的实践进行研究后也发现，该区政府下属的J街道在经历了两轮的购买实践之后，选择了“逆市场化”的策略，即由街道办对环卫保洁进行直接管理，不再向社会力量购买。之所以会做出这样的决策，一个重要原因就是由街道的环监所直接开展环卫工作每年节省的成本在20%左右。[2] 根据前述分析可知，政府购买公共服务并不必然带来成本的降低，购买价格居高不下及由此导致的通过购买的方式供给公共服务的总成本高于购买主体亲自供给的总成本的情况也不少见。

三、组织购买环节的风险防范

组织购买环节存在的合同不完全、信息发布形式化、逆向选择、竞争性短缺、寻租及“串标”“陪标”、高价购买等风险直接关系到在政府购买公共服务的实践中能否有效防止履行后续合同时的隐患、能否真正挑选出合适的承接主体、能否保证公共服务购买是一个“物有所值”的好交易。正是因为如此，我们有必要针对前述风险逐一找到相应的防范策略。

（一）合同不完全风险之防范策略

虽然说由于人的认识能力的有限性、环境的复杂性、未来的不确定性、信息的不完备性、语言表达功能的有限性等原因，合同的不完全性往往无法彻底消除，但是努力降低合同的不完全程度却是一个有可能实现的相对务实的目标，也是一个“称职的购买主体”应

① 郑卫东：《政府购买服务的监管问题研究》，第109页。

② 黄锦荣、叶林：《公共服务“逆向合同承包”的制度选择逻辑——以广州市环卫服务改革为例》，第104页。

当承担起的重要职责。格罗斯曼和哈特以及哈特和莫尔关于合同不完全性的经典研究[1]相对忽视了合同不完全程度，而这恰恰是我们在探求如何防范合同不完全风险时应当重点关注的议题。

为了提高合同的完全程度，负责合同设计的相关部门及其工作人员应当努力追求“可行的完全性”（feasible completeness），即如果某一个合同对交易本身和交易的实现途径都能更加精准地做出界定，那么它与其他合同相比，就会少一些不完全性，而如果一个合同能够针对可以想象得出的每种情境下应该如何进行交易都做出清晰的设计，那么这个合同就变得相对完全，并且能够被实现。[2] 例如，为了避免承接主体在履行合同环节要求追加经费投入，应当在所设计的合同文本中对公共服务的生产成本做出精准的核算。同时，要将物价上涨、工资标准提高等因素造成的成本增加等状况考虑进去，至少在合同文本中要提及这一点，比如如果遇到类似情况，应该签订补充协议来协商解决。值得一提的是，广东省广州市A区政府下属的J街道吸取了之前购买环卫服务的合同履行过程中，承接主体即某清洁公司要求追加经费的教训，在第二次决定购买环卫服务之后，该街道在招标之前就对环卫服务的成本做了十分细致的计算，从而给出了一个较为合理的购买价格。同时，由于环卫工人的最低工资标准从860元提高到了1 000元，该街道又与承接主体签订了一份补充协议，将因工资标准提高而增加的成本补充到之前核定的成

① S. J. Grossman and O. D. Hart, “The Costs and Benefits of Ownership: A Theory of Vertical and Lateral Integration,” *The Journal of Political Economy*, Vol. 94, No. 4, 1986; O. Hart and J. Moore, “Property Rights and the Nature of the Firm,” *The Journal of Political Economy*, Vol. 98, No. 6, 1990.

② Stephane Saussier, “When Incomplete Contract Theory Meets Transaction Cost Economics: A Test,” in Claude Menard, eds., *Institutions, Contracts, and Organizations: Perspectives from New Institutional Economics*, Cheltenham: Edward Elgar, 2000, p. 107.

本之中，并给承接主体将这部分经费补足了。[1] 再如，假如在合同条款中，对承接主体生产某项公共服务时需要完成哪些任务、如何完成这些任务都做出全面深入细致的规定，对公共服务生产过程中的每个环节都设计出量化的指标和标准，对每个环节的成本、时间和应支付的费用都进行精准的计算，对完成的公共服务之具体数量和质量等标准、服务人员的资格要求和专业素质、服务人员与服务对象的比例等都做出具体明确的要求，[2] 那么这个合同的不完全性就会大幅降低。

为了提高合同的完全程度，除了追求可行的完全性之外，考虑到承接主体在赢得合同之后，可能会通过降低服务质量来节约成本，还可以采用绩效合同的形式。绩效合同又被称为激励合同，该类合同更多关注的是实际结果，即所谓结果导向。绩效合同对承接主体公共服务生产任务完成得如何的关心程度要远高于对承接主体如何去完成任务的关心。在我国公共服务的购买实践中，不少购买主体虽然没有采用严格意义上的绩效合同，但其对结果的关注胜过对过程的关注却是常见的现实样态。例如，我们在对 E 市民政局相关工作人员进行半结构式访谈时，对方明确强调：

> 每年会聘请第三方对承接居家养老服务的社会组织的工作进行监督管理，并由第三方提交一个考核报告。此外，还会非常关注老人通过拨打 12345 政府公共服务热线进行的投诉，老人投诉少了，服务满意就行。（访谈编号：E20170713）

不仅如此，绩效合同中还应当设定明确的绩效评价标准和相应

---

① 黄锦荣、叶林：《公共服务“逆向合同承包”的制度选择逻辑——以广州市环卫服务改革为例》，第 103 页。

② 徐月宾：《西方福利国家社会服务发展趋势政府购买服务》，《民政论坛》1999 年第 6 期，第 46 页。

的奖励及惩罚条款。这样既可以让承接主体在如何完成任务上有更大的灵活性和自主选择权，又可以让购买主体集中精力对承接主体的任务完成情况进行精准化监督，从而提升监督效能。关于绩效合同，有一个较为典型的案例，是南加州诺斯里奇的一个道路修复案例。该地区在1994年1月17日凌晨4点30分发生了一场里氏6.6级地震。这场地震造成了至少60人死亡，而且高速公路等基础设施因遭受巨大破坏而瘫痪。为了第一时间恢复交通，加州交通局以史无前例的速度进行招标，要求在6月24日前完成道路的修复工作。合同中明确约定，如果提前完工，那么每提前一天，承包商就可以多拿到20万美元，但如果超过最后期限，每超期一天同样要罚款20万美元。令人意想不到的是，承接这一工程的C. C. 迈耶斯建筑公司竟然在4月12日就使高速公路再次开通了。该公司因此至少能够获得1 400万美元的奖励，而合同最初竞标的价格实际上只有1 500万美元多一点。①

为了提高合同的完全程度，还应当努力健全合同备案制度。《政府采购法》第四十七条明确要求："政府采购项目的采购合同自签订之日起七个工作日内，采购人应当将合同副本报同级政府采购监督管理部门和有关部门备案。"鉴于该法律对政府购买公共服务同样适用，因而购买主体在与选中的承接主体签订了购买合同之后，也应当在规定的时间内将合同文本报有关部门备案。有关部门在收到合同文本后，要第一时间对文本进行认真核查，一旦发现存在问题，就应责成合同当事人及时予以纠正。

（二）信息发布形式化风险之防范策略

为了防止有的社会力量因提前获知相关信息而有机会提前做好

---

① 〔美〕菲利普·库珀：《合同制治理——公共管理者面临的挑战与机遇》，第111—112页。

准备：一方面，可以考虑缩短信息发布材料的准备与信息正式发布之间的时间差，这样就可以压缩某些社会力量提前知道的时间。另一方面，要合理设置从信息发布到正式开始选择承接主体的时间间隔。如果是采用竞争招标或邀请招标的方式进行公共服务购买，那么这个时间间隔在实践中通常被称为等标期。所谓等标期，通常是指这样的整个时间段，即自招标文件开始发出之日算起，到招标文件规定的投标人提交投标文件的截止之日为止。① 为了让所有拟参与竞争公共服务项目承接权的社会力量都有充分的时间做好相关准备工作，这个时间间隔就不能太短，要尽量在规定的最短时间的基础上适当延长（如果公共服务项目的时间要求非常紧迫，可以掐着规定的最短时间来操作）。对于采用公开招标或邀请招标方式组织购买的公共服务项目，要严格遵循《招标投标法》第二十四条和《政府采购法》第三十五条关于“自招标文件开始发出之日起至投标人提交投标文件截止之日止，（最短）不得少于二十日”的相关规定。基于前述措施，可以在很大程度上减少不同的社会力量在信息获取和材料准备时间上的不公平。当然，等标期的时间间隔也并不是越长越好。这是因为，如果时间太长，会损害购买主体和消费主体的利益。对购买主体而言，公共服务的供给通常是有时间要求的，时间间隔太长，会造成公共服务生产的时间被挤占，从而影响公共服务的供给质量，进而有损购买主体的工作绩效和声誉。对消费主体而言，时间间隔过长会导致其难以及时享受到相应的公共服务，从而会损害消费主体的利益。

为了防止购买主体“量体裁衣”式地设定相关条件特别是承接主体资格要求，纪检监察机关、购买主体中的党委（党组）、购买主体中的纪检监察派驻机构等相关部门应加大对组织购买的相关文件之

---

① 吴小明：《政府采购实务操作与案例分析（第二版）》，第 58 页。

监督力度，如发现在资质等级、经营业绩、能力要求等方面有“对号入座”式地设定相关条件的现象，抑或发现有利用地域限制、商务要求或技术指标、资格预审来限制或者排斥等问题，要及时督促相关人员对文件进行更正和对相关限制进行消除，同时要依法依纪采取相应的执纪问责和调查处置措施，从而通过纠偏和震慑来降低相关违纪违法行为再次发生的概率。同时，还可以考虑通过提供电子邮箱、电话、官方网站、微信公众号、意见箱等手段，鼓励社会各界尤其是参与竞争公共服务承接权的潜在承接主体对所发布的信息进行积极监督，从而进一步壮大监督力量和提升监督效能。需要补充说明的是，那些明显感受到被有意歧视对待的承接主体，它们与那些获得购买主体“另眼相看”和“特殊对待”的潜在的承接主体之间存在显著的竞争关系，故而更有动力主动地进行监督，所以如何为它们提供更加通畅、更加安全、更加有效的监督渠道，并切实保护好监督举报的那些承接主体的利益，防止它们日后遭遇打击报复，就是一个需要进一步深入研究的问题。

（三）逆向选择风险之防范策略

为了降低逆向选择风险，应当努力遵循“物有所值”原则。在政府向社会力量购买公共服务过程中，能否在确保所购买的公共服务高质量的前提下，做到“物有所值”，与购买主体能否选择出相对优秀的承接主体有直接的关系。所谓“物有所值”并不是说购买某个公共服务项目时的价格最低，而是强调在该公共服务项目的整个购买周期中将花费的总成本与最终获得的公共服务数量和质量进行比较，获得了最好的性价比。[①] 购买主体在选择承接主体时，要适当降低报

---

① 吕芳、王冬芳等：《政府购买公共服务研究：中国实践与国际经验》，国家行政学院出版社 2017 年版，第 18 页。

价的重要性，要明确地认识到，选择合适的承接主体不能等同于选择一个开价最低的承接主体。更进一步地说，选择承接主体时，所应强调的是获得最高价值而不是寻求最低价格。[①] 关于这一点，英国的做法值得学习。作为全球范围内较早推行政府购买公共服务的国家，英国将购买公共服务的第一原则从“强制性竞标”（compulsory competitive tendering，CCT）转变为“物有所值”（value for money），甚至是“最佳物有所值”（best value for money）。物有所值既体现为相较于社会上的同类服务而言，所购买的公共服务并没有买贵了，又体现为公共服务的质量与价格是能够匹配的，还体现为购买到的公共服务是符合服务对象之需求的。之所以将强制性竞标从第一原则中剔除，是英国政府在购买公共服务的实践运作中发现，强制性竞标的好处是可以获得最低的购买价格，操作起来也不难，但所购买的公共服务却时常难以实现预期目标，从而在一定程度上浪费了政府资源。[②] 面对强制性竞标所带来的困境，英国政府转而推行“最佳价值”的政策，从而提升了购买公共服务的效率和效益。[③]

研究发现，从效率角度看，支出的节省意味着在衡量效率的公式中，分母在变小，因而在其他情况相同的前提下，效率在提高。当然，正如德怀特·沃尔多早在1948年就指出的那样，“效率”是一个非常有吸引力的词，不过正是因为其太有吸引力，所以我们反而要多加小心地使用该字眼。在公共管理与公共政策领域，不应将效率看成唯一的决定性标准，这一点是毋庸置疑的。[④] 就公共服务的购

---

① 〔美〕菲利普·库珀：《合同制治理——公共管理者面临的挑战与机遇》，第5页。

② 朱毅然：《我国政府购买公共体育服务的潜在风险与防控》，《上海体育学院学报》2019年第3期，第63页。

③ 谢叶寿、阿英嘎：《英国政府购买公共体育服务的实践与启示》，《体育与科学》2016年第2期，第67页。

④ Dwight Waldo, *The Administrative State: A Study of the Political Theory of American Public Administration*, New York: Ronald Press, 1948, chap. 10.

买而言，服务生产的高效率并不等同于服务生产的高质量和更有效。对承接主体来说，其赢得合同之后，通常有两个基本的目标：一是通过该合同获取相应的利润，二是顺利通过最后的验收以确保合同履行完毕。在这两个目标中，对不少承接主体来说，第一个目标通常居于首要的位置，抑或说至少与第二个目标居于同等重要的位置。因此，这类承接主体在中标后，为了获得更多的利润，一个基本的策略就是利用相对于购买主体的信息优势和监管的非充分性，在提供公共服务时“偷工减料”，如降低服务质量、变相缩短服务时间、雇佣更廉价的劳动力、减少人员薪酬等等。这些做法是降低成本和提高利润的最简单便捷的方式。正如菲利普·库珀的研究所发现的那样，承包商为了从纳税人那里占到便宜，就常常会不认真履行他们关于服务质量和层次所做出的承诺。[①] 因此，购买价格固然是一个需要考虑的重要因素，但其不应成为唯一的因素。如果我们过分地关注价格，就容易在一定程度上忽视服务质量、履约能力、责任意识、有效性、回应性等同样应当被放置于重要位置的因素。比如说，如果购买主体简单地接受最低报价，那么就可能与并不能按合同约定保质保量地生产公共服务的社会力量签约，或者可能出现所选择的社会力量虽然报价最低，但其所能生产的公共服务实际上物非所值。公共服务的购买主体应当认识到，选择承接主体并与其签订购买合同只是手段而非目的本身，目的是确保消费主体及时地获得“物有所值”的公共服务。从这一目的来看，公共服务应该被作为第一位的目标，而降低成本则应作为附属性的目标。

为了降低逆向选择风险，应当采取一些策略来提高信息的对称程度，借此减少参与组织购买的工作人员尤其是直接负责评审的专家相对于潜在的承接主体的信息不对称问题。常见的方法有开展合

① 〔美〕菲利普·库珀：《合同制治理——公共管理者面临的挑战与机遇》，第26页。

同履行能力调查、构建承接主体数据库、发放参与购买意向调查表等。合同履行能力调查就是要全面搜集拟参与竞取公共服务承接权的潜在承接主体的相关信息，如基本资质条件、相关工作经验、实际工作能力、过去的社会声誉等等。构建承接主体数据库就是要在平日就收集相关承接主体的信息，并将这些信息录入数据库，同时要及时更新信息，从而形成一个备选的承接主体的信息库，以防止陷入在准备组织购买时才临时性地匆忙收集相关信息的被动局面。发放参与购买意向调查表就是在正式开展组织购买工作之前，先让潜在的承接主体填写该表格，并将他们组织起来对组织购买工作进行自由的公开讨论。由于参会的潜在承接主体都希望自己能被购买主体青睐，故而在表格填写和自由讨论时都会提供对己方有利而对他方不利的信息，此时购买主体就能获得不少真实、全面、有用的信息。[①]

为了减少逆向选择风险，还应当推进优化组织购买的具体程序，确保该环节的各个步骤都尽可能客观、科学和公正。例如，在工作人员的选择程序上，需要清楚明白地设计出严格的参与组织购买的工作人员尤其是评审专家的准入条件，通过对相关工作人员的严格挑选，着力选出专业能力突出（让专业的人做专业的事）和职业道德素养较高（让高尚的人做专业的事）的工作人员来从事该项工作。再如，在潜在的承接主体的参与程序上，要引入参与公共服务购买的保证金制度。比如说，倘若是招投标购买，那么就要建立投标保证金制度，从而增强潜在的承接主体的风险意识、遵纪守法意识。又如，在承接主体的选定程序上，可以施行评定分离和抽签定标制度。专家评审和最终结果的确定相分离有助于防止评审专家拥有绝对的

---

① 周义程、蔡英辉：《公共服务合同制购买的运作风险及其防范策略》，《行政论坛》2016年第1期，第50页。

权力，并使这些专家只能发挥初步挑选和抽签排位功能，而抽签定标则有利于防止人为确定评审结果。[1] 深圳市南山区就采用了这样的做法，即首先由评审专家按照“N+2”的原则运用综合评分法挑选出入围的承接主体，然后再通过抽签摇号来确定最终被选中的承接主体。[2] 还如，在评审工作的程序设定上，既要确保评审专家不受干扰地独立工作，又要给出较为充足的时间让评审专家能够认真阅读潜在的承接主体提供的相关材料和做出详细的评审结论，还要通过对评审专家的监督管理来保证专家的专业性和公正性。对评审专家的监督管理，至少应从四个方面努力：一是建立健全评审专家数据库，对拟进库专家要仔细甄别和挑选，以确保专家德才兼备；二是注重对评审专家开展相关法律法规规章和专业知识的培训，提高专家的法治意识和评审能力；三是加强对评审专家使用环节的管理，例如对评审专家委员会进行合法性审查、核查选取的评审专家是否为在规定时间内随机抽取、是否严格执行了回避规定等；四是完善评审专家进入和退出机制，加强对评审专家的考核评价和责任追究，彻底改变评审专家无须对评选出的承接主体生产的公共服务之质量好坏负责的状况。[3]

为了减少逆向选择风险，还应当考虑如何更加有效地发挥潜在的承接主体的监督作用。鉴于政府购买公共服务的承接主体选择是否公平公正、合法合规，直接关系到参与竞取公共服务承接权的那些承接主体的切身利益，故而这些承接主体通常有监督的内在动力。而如果要让潜在的承接主体有效地发挥监督作用，需要采取多种措施推进政府购买公共服务的公开透明，可以通过官方网站、微信公众号、微信群、QQ 群、报纸杂志等多种线上线下传播媒介来发布政

---

① 吕芳、王冬芳等:《政府购买公共服务研究：中国实践与国际经验》，第 18 页。

② 同上书，第 115 页。

③ 郑卫东:《政府购买服务的监管问题研究》，第 159 页。

府购买公共服务尤其是组织购买环节的相关信息，让所有潜在的承接主体都能及时知晓此类信息。对潜在的承接主体提出的质疑或投诉事项，购买主体和政府购买公共服务的监管机构应高度重视并及时公正地采取相应的措施，而不得置之不理甚至采取阻碍性措施。[①] 当然，潜在的承接主体反映情况必须实事求是，而不能捏造事实和恶意诽谤。考虑到这一点，应当建立澄清正名与错告诬告同步公开机制。对提出的质疑和投诉事项中的确属于被错误地举报或被恶意陷害的承接主体及其工作人员，要严格按照规定程序形成认定结论，并通过书面反馈、会议通报、网络公开等形式公开为其澄清证明和消除不良影响。同时，要同步公开对错告者（应匿名）的信息反馈情况和对诬告陷害、恶意中伤者（应公开其姓名）的处理情况。为此，应尽快出台“政府购买公共服务承接主体错告诬告行为处置办法”。

（四）竞争性短缺风险之防范策略

针对竞争性短缺风险，一个总的应对思路就是努力运用竞争维护策略。为了提高公共服务组织购买过程中的竞争程度，可供选择的一个基础性策略就是要着力培育公共服务的承接主体。这是因为，存在一定数量的可供选择之公共服务承接主体是提高政府向社会力量购买公共服务的竞争性程度，尤其是在组织购买环节促进不同潜在承接主体之间充分竞争的重要前提之一。关于什么样的竞争是充分竞争，学术界尚未形成共识。不过，从国内外政府购买公共服务的实践经验来看，一般来说，至少要有三家潜在的承接主体实质性地参与竞争，才能认为竞争具有充分性。从西方国家政府购买公共服务的实际做法来看，着力培育承接主体尤其是种类齐备、结构合

① 郑卫东：《政府购买服务的监管问题研究》，第160页。

理、素质良好的非营利组织[①]，是将政府向社会力量购买公共服务向纵深推进的一种常规选择。因此，培育公共服务承接主体是防范竞争性短缺风险时不容忽视的一个重要策略。在政策导向上，应当注重加大对公共服务承接主体的扶持力度，特别是对那些有发展潜力和良好信誉的公共服务承接主体要优先予以经济支持。[②] 在立法规范上，要对公共服务承接主体的成立条件、审批程序、主管单位等做出科学明确的规定，尤其是要按照“放管服”改革的基本思路来推进简政放权、加强事中事后监管和优化服务，即要适当放宽准入条件、优化审批流程、加强规范化监督管理和出台相关优惠政策。

当与某个或某些公共服务项目相关的是不完善的尤其是竞争机制欠缺的市场时，可供选择的一个重要策略是公共服务项目分解策略。具言之，为了提高公共服务购买的竞争程度，购买主体可以对公共服务项目的内容进行适当细分，然后将不同的部分授予不同的承接主体。这样做既可以较好地防止出现某个承接主体“赢者通吃”的局面，又有助于通过将合同价格压得更低一些来降低成本，还有利于在后续的合同履行环节，让不同的承接主体之间形成一种相互比较和竞争的压力，即为了以后有机会从购买主体那里赢得更多的合同，要尽可能表现得比别的承接主体更加优秀。关于这一点，美国国防部的做法值得借鉴。假如市场上只有两个供应商可以为政府制造核潜艇，那么政府此时只有两种选择：一是只与其中报价较低的供应商签订购买合同，这可能会带来另一个供应商被市场淘汰的结果，并由此造成与政府签订合同的供应商独家垄断核潜艇制造市场的局面；二是把合同分为两份，将其中较少的份额外包给报价较

---

① 许芸：《从政府包办到政府购买——中国社会福利服务供给的新路径》，《南京社会科学》2009 年第 7 期，第 105 页。

② 詹国彬：《政府购买公共服务的风险及其防范对策》，《宁波大学学报（人文科学版）》2014 年第 6 期，第 77 页。

高的供应商。相对于第一种选择而言，第二种选择会让两家供应商都存活下来，但会导致政府支付的购买费用有所上升。美国国防部相关工作人员担心如果选择第一种方案，会出现因一家供应商垄断市场而导致政府无从选择和成本上升，所以美国的五角大楼最终选择了第二套方案。[①] 由此可见，如果将公共服务项目的生产任务全部交由一个承接主体来完成，虽然短期来看可能该承接主体是最适合的，而且这样做似乎更合算，不过，从长远来看，可能会得不偿失。这是因为，此时政府的购买行为虽然避免了政府垄断公共服务供给的情况，但因为这种购买行为造成了承接主体垄断公共服务生产的局面，所以就可能会进一步导致购买主体因别无选择而对该承接主体形成依赖关系。而一旦产生依赖关系，那么就可能因为“只此一家，别无分店”，让承接主体有机会通过提高价格或降低服务质量等手段来获取更多的利润。

为了提高公共服务组织购买的竞争程度，还可以运用准市场的方式来选择承接主体。准市场又被称为内部市场，其是相对于自由经济市场而言的。通俗地说，准市场的基本目标是通过引入竞争机制来改善公共服务质量，这就需要公共服务市场中存在一定数量有竞争关系的生产者，这些生产者为了在市场中获得更多的顾客而展开竞争。在格兰德看来，凭单是准市场中的一种典型方式，即这些顾客并不需要自己支付公共服务的费用，而只需要利用手中的凭单来选择由哪个生产者来为其服务。生产者则在收到顾客的凭单之后，到政府那里兑换现金。[②] 可见，在准市场方式中，公共服务的费用是由政府来支付的，而选择权却在很大程度上交给了顾客，即顾客掌

---

① 〔美〕唐纳德·凯特尔：《权力共享：公共治理与私人市场》，第 26 页。

② 〔英〕朱利安·勒·格兰德：《另一只无形的手：通过选择与竞争提升公共服务》，韩波译，新华出版社 2010 年版，第 35 页。

握了核心选择权。换言之，运用凭单这一准市场方式来选择承接主体的实质就是在组织购买环节，购买主体至少要选择两家承接主体，然后采用凭单方式让消费主体自主选择某一个承接主体生产的公共服务。需要加以驳斥的是，有一种观点认为，公共服务的消费主体并不想要进行选择，而是想要高质量的公共服务。这种观点实际上是误置了问题，即把有选择的机会和没有选择但可以获得高质量的公共服务放在一起进行比对。正如格兰德所言，“问题不应该是‘你重视质量甚于选择吗’，相反，而应该是‘你认为，让你有选择的系统最能提供高质量的服务，还是让你毫无选择的系统’”①。

在政府向社会力量购买公共服务过程中，所谓凭单，即由政府等购买主体向有资格享受特定公共服务的消费主体发放服务券，这些消费主体利用手中的这些服务券来自主挑选能够提供相应公共服务的承接主体，这些承接主体则把收到的服务券拿到购买主体那里或政府有关部门去兑换现金。服务券作为购买主体发放给消费主体的代金券，其作用与现金等同，即持有服务券的消费主体可以用券来享受相应的服务。

在政府向社会力量购买公共服务的组织购买环节引入凭单有着显著的实践意义。一方面，有利于体现人民至上和以人民为中心的理念。毫无疑问，政府向社会力量购买公共服务中的消费主体是人民的有机组成部分，凭单方式将自主选择的权利交给消费主体，体现了对消费主体权利的充分尊重和有效保障。消费主体由此可以有机会和能力避免由自己不喜欢的承接主体来给自己提供服务。反之，如果缺少这种机会和能力，消费主体可能就会处于被迫忍受的状态并因此而感到痛苦。鉴于这一情况，我们不难发现，拥有“选择可

---

① 〔英〕朱利安·勒·格兰德：《另一只无形的手：通过选择与竞争提升公共服务》，第 42 页。

选方案的能力十分令人向往”[①]。从更高的政治层面来看，采用凭单方式也是对习近平总书记在党的十八届五中会上提出的“以人民为中心的发展思想”之努力践行，是对习近平总书记在党的十九大报告中明确强调的“为中国人民谋幸福，为中华民族谋复兴”这一“中国共产党人的初心和使命”之自觉坚守。另一方面，有利于对公共服务的承接主体产生激励作用。当公共服务的消费主体有自主选择的权利来让自己更为满意的承接主体为自己提供相关服务时，就会对承接主体形成一定的压力，并由此产生提升公共服务质量、提高公共服务效率和增强公共服务回应性之内生动力。这是因为，承接主体所服务的消费主体的数量将直接与自身的收入联系在一起，如果不能有效地吸引到一定数量的消费主体，那么承接主体将面临亏损甚至破产的危险。而那些能够被更多的消费主体选中的承接主体则会受到正向激励而有意愿做得更好。总之，通过凭单赋予消费主体“用脚投票”的自主选择权，无论对于那些服务不佳的承接主体还是对于那些服务良好的承接主体来说，都能够较好地提供激励因素。无论对于利己主义色彩更为明显还是利他主义取向更为显著抑或二者兼有的承接主体而言，凭单所形成的激励结构都会发挥出良好的效果。此外，还有利于增进公共服务的公平。由于中等及以上阶层无论在公共服务需求表达方面，还是在利用自己的人脉来获得更多更好的公共服务方面，都比中下阶层有更显著的优势，因而就会存在公共服务资源获取的不公平性问题。而凭单则为不同阶层提供了相对均等的自主选择机会，从而弱化了这种不公平性。相关的调查研究也表明，弱者比强者更希望有选择的机会，即“在权力较小或者财富较少的群体中，想要选择的人数更多……说穷人不想要选择，

---

① 〔英〕朱利安·勒·格兰德：《另一只无形的手：通过选择与竞争提升公共服务》，第37页。

这并不符合事实……总的来说，恰恰是穷人、无依无靠的人以及弱势群体想要选择，他们比声称的狂热痴迷选择的中产阶级更需要选择"[1]。

从我国当下以凭单方式购买公共服务的实践来看，主要在基础教育、就业培训、医疗卫生、养老服务供给等方面存在为数不多的初步尝试。在教育领域，浙江省长兴县在全国首推"教育券"改革，即使用财政事业经费和社会捐款向就读于民办或公办职业学校的学生、贫困家庭学生发放面值不等的"教育券"，鼓励社会力量办学以及支持困难学生。在就业领域，凭单的应用始于失业返乡进城务工人员的再就业培训。四川省和陕西省等地向返乡进城务工人员发放"培训券"，由他们自行选择培训机构和培训项目，这一举措得到了进城务工人员的欢迎与认可，并逐渐面向更多有就业需求的人。在医疗卫生领域，重庆市黔江区、浙江省淳安县以及江西省等地向城乡妇女与儿童、老年人、残疾人及低保人士等服务对象发放"公共卫生服务券"，为特殊群体的基本医疗卫生需求的满足提供了支持与保障。在养老服务领域，比较具有代表性的是北京市朝阳区的养老服务券制度。该区在对辖区范围内的老年人开展需求调查的基础上，明确了他们的养老服务需求，并根据老年人的这些需求向符合条件的老年人发放养老服务券。通过该项制度的实施，养老服务的供给质量大幅提升，老年人对服务的认可度也显著提高。[2]

当然，凭单方式在为数不多的实践运用过程中也暴露出了诸如"撇脂"、贪腐、信息缺失、使用范围小、限制比较多等需要高度重视的问题。为了进一步推进以凭单方式来选择公共服务承接主体：

---

① 〔英〕朱利安·勒·格兰德：《另一只无形的手：通过选择与竞争提升公共服务》，第45—47页。

② 周义程、胡巧云：《探索以凭单方式购买居家养老服务》，《群众》2019年第8期，第30页。

一方面，需要对承接主体加强监管。购买主体或政府相关部门可以围绕服务券的面值和内容、服务券拥有者的资质条件、关于歧视消费主体的禁止性规定、投诉建议制度和问责制度等方面出台相关规定，从而尽可能减少“撇脂”和腐败行为，并提高服务券设计的科学性。另一方面，需要建立承接主体的信息披露制度。为了让服务券的作用得到充分发挥，需要使持有服务券的消费主体“以足投票”的权利真正落到实处。当然，选择的权利得以真正实现的一个基本前提就是选择者拥有进行比较和做出选择所需的较为充分的信息。而由于信息公开制度不健全、服务对象不愿花费精力进行信息搜寻或只能通过非正式途径获取有限的信息等原因，不少服务对象对承接主体的情况往往不是很了解，时常难以区分承接主体的好与坏，从而可能出现随便选择一家的情况，这就背离了以选择来促进竞争和减少腐败的初衷。有鉴于此，需要考虑尽快搭建公共服务信息的正式公布平台或信息系统，让持有服务券的消费主体在做出选择时不再感到信息不够充分。不仅如此，持有服务券的消费主体之间在选择公共服务上存在信息差，这也会导致他们选择的服务性价比存在一定差异。例如，瑞典的一份调查报告指出，受教育程度更高的人群相对于受教育程度相对较低的人群而言，前者往往拥有更多的做出选择所需的信息。① 考虑到这一情况，在政府向社会力量购买公共服务过程中，购买主体可考虑主动搜集并向服务对象尤其是处于社会下层或受教育程度较低的群体及时推送承接主体的从业资质、从业经验、业界声誉等方面的信息，从而使服务对象能够做出更加理性的选择。

提高公共服务组织购买环节的竞争程度的另一个可以运用的策

---

① 〔英〕朱利安·勒·格兰德：《另一只无形的手：通过选择与竞争提升公共服务》，第 75 页。

略是积极探索公共服务供给的公私混合（mixed public/private delivery）模式。所谓供给的公私混合模式，通俗地说，就是由包括政府在内的公共部门与民营企业等社会力量共同生产公共服务。比如说，在我国当下的养老服务供给实践中，既有公办的具有养老服务等功能的机构，如苏州市社会福利总院，也有民营的养老机构，如苏州市怡养老年公寓。米兰达和勒纳较早关注到了公私混合模式的价值。在这两位美国学者看来，公私混合模式从表面上看，会有重复和浪费的嫌疑，但是该模式也为公共部门参与公共服务的竞争性供给提供了机会，并让社会力量因感受到竞争压力而自觉提高公共服务生产质量。①

在美国，公共服务的公私混合模式呈现日渐上升的发展趋势。比如，1992 年，仅有 18%的公共服务是采用公私混合模式供给的，而 2002 年则上升到了 24%。美国纽约市在购买公共服务尤其是诸如儿童福利这样的社会服务之实践运作中逐渐发现，过去在组织购买环节，只与一个承接主体签订购买合同，会导致合同签订之日就是竞争终结之时这一不良后果。鉴于这一情况，纽约市组建了直接向市长负责的儿童服务管理局（ACS）。该管理局在纽约市的各个区都设定了两个（含）以上服务生产者，并让服务对象可以在不同的服务生产者之间做出选择，从而较好地解决了承接主体垄断问题。不仅如此，纽约市还保留了一套公共系统，这就能够保证当没有合适的社会力量可供选择时，可以由公共系统来负责公共服务供给，从而让政府时刻掌握主动权。②

在我国政府购买公共服务的组织购买环节，可以考虑借鉴纽约

---

① R. Miranda and A. Lerner, "Bureaucracy, Organizational Redundancy, and the Privatization of Public Services," *Public Administration Review*, Vol. 55, No. 2, 1995, p. 199.

② Janna J. Hansen, "Limits of Competition: Accountability in Government Contracting," *The Yale Law Journal*, Vol. 112, No. 8, 2003, p. 2476.

市的相关做法，对同一项公共服务，与两个甚至更多的承接主体签订合同，然后让服务对象自主选择满意的承接主体，借此确保在合同履行环节仍然存在承接主体间的竞争。同时，也可以考虑保留或新组建公有的公共服务供给组织，这样做的好处是这类组织既能够与社会力量形成竞争关系，又能够确保在没有合适的社会力量来承接公共服务生产时，购买主体可以亲自组织公共服务生产，而不至于陷入“矮子当中拔将军”的尴尬境地。关于这一点，深圳市罗湖区在环卫工作方面就采用了类似的做法，即并没有把环卫服务全部外包出去，而是保留了“机扫所”和“机运队”。罗湖区城管局的某位领导在接受访谈时颇有远见地指出：

> 没有自己的部队万一有什么事情就被动了。我们整个机运队和机扫所的作用一样，万一有什么事可以应急。是不是要全部推向市场，我还是有点保留意见。因为全部推向市场以后，有些企业经营不善，造成瘫痪，瘫痪以后，到时候我们会措手不及。虽说是有应急预案……但是100多万平方米怎么办？卫生搞不好，领导肯定会找城管局的领导，我们领导又找我主管的科室……所以我们应该保留一支队伍，现在某个企业不行了……这样我们就很难，但我们有一支队伍——机扫所，我们就可以让他们来加班，加班费政府该给就给，这个我应付得来。[①]

深圳市罗湖区的环卫工作由此形成了以外包方式购买为主、政府自身保留的队伍为辅的“尽可能市场，必要时政府”的务实而管用的公私混合模式。

---

① 杨欣：《公共服务合同外包中的政府责任研究》，光明日报出版社2012年版，第77页。

(五)寻租及“串标”“陪标”风险之防范策略

为了防范政府购买公共服务的组织购买环节之寻租及“串标”“陪标”风险，需要通过“精准惩治”来形成持续强大的震慑力量。对于寻租及“串标”“陪标”行为的惩治而言，其震慑力的大小可以用一个公式表示：震慑力=寻租及“串标”“陪标”成本×寻租及“串标”“陪标”行为危险系数。在其他条件不变的情况下，震慑力与寻租及“串标”“陪标”成本成正比，与寻租及“串标”“陪标”行为危险系数成反比。寻租及“串标”“陪标”成本是指参与寻租及“串标”“陪标”的相关组织和人员被查处后所付出的代价，其主要包括前途成本（前途的丧失）、经济成本（合法收入的丧失和非法所得的没收）、名誉成本（身败名裂）、人身成本（身陷囹圄甚至丧失性命）、健康成本（心力交瘁）、家庭成本（给家人带来痛苦）、情感成本（亲情友情消散）。寻租及“串标”“陪标”行为危险系数是指参与寻租及“串标”“陪标”的相关组织和人员被查处的概率。这些组织和人员被查处后所面临的成本虽然很高，但是如果危险系数很低，那么惩治寻租及“串标”“陪标”行为所形成的震慑力仍然会比较小，此时参与寻租及“串标”“陪标”的相关组织和人员面对参与寻租及“串标”“陪标”能够带来的巨大收益，仍然容易出于侥幸心理而铤而走险。

为了提高政府购买公共服务的组织购买环节的寻租及“串标”“陪标”行为的危险系数，应当努力做到精准惩治。所谓精准惩治，是指非常精确地发现问题线索和办理案件。为此，一方面，要健全问题线索规范管理高效处置机制。例如，湖北省针对政府购买公共服务等领域的寻租及“串标”“陪标”等腐败行为探索出的“归口管理、集体合议、科学授权、全程跟踪、闭环运行”的问题线索管理模式就能较好地适应现实要求。归口管理就是把通过服务对象来信来访、上级组织交办、其他组织移交以及案件办理等途径找到的问题线索统一交给案件监督管理部门管理，案件监督管理部门指定线索专管员，由其统一负责问题线索的受理登记、编号录入、处置分流、交办督办、反馈归档等工作，做到“多头移交、一口统管”。这样就能够有效预防因多头管理而出现底数不清、易于流失、处置混乱、泄露线索、抹案销案等问题。集体合议就是通过分层次召开小范围的专题会对线索分流和线索办理中的具体问题、是否立案和是否采取留置措施等进行会商和作出决定。科学授权就是根据问题线索的不同性质（如一般性违纪或“四风”问题，涉嫌严重违纪、严重职务违法和职务犯罪问题）进行科学分流，对问题线索一次一授权，对重复件、一人多件、同时反映一个单位或地区多人问题的进行合并处置。全程跟踪就是对问题线索建立台账、全程跟踪、定期督办，防止久办不结、失管失控。闭环运行就是要形成“三个闭环”：在流程上，建立问题线索了结审核机制，形成问题线索从产生到了结的闭环；在成果上，注重将处置结果应用于廉政把关、警示教育，形成问题线索从处置到应用的闭环；在价值上，以问题线索为依托，建立审查调查大数据库，使办理的问题线索成为反腐败“大数据”，形成问题线索从个案到档案的闭环。为了健全问题线索规范管理高效处置机制，应参照湖北省的做法，尽快出台“寻租及‘串标’‘陪标’等腐败案件问题线索受理和处置办法”，对问题线索的受理、处置和结果运用做出科学规定。

另一方面，要完善查处结果公开曝光机制。只有对查处的政府购买公共服务组织购买环节的寻租及“串标”“陪标”等案件采取多种方式进行公开曝光，真正做到“查处一起、通报一起”，才能让参与寻租及“串标”“陪标”的组织和个人“身败名裂”，并对其他组织和个人形成强大的震慑。例如，浙江省宁波市探索性地建立了“一起一报”的案件查办制度，通过典型案例通报会、微信公众号、网站等多个渠道对包括政府购买公共服务中的寻租及“串标”“陪标”在内的各类腐败案件分层分类进行公开曝光，以斗争精神推动腐败案件的“频报”和“快报”，从而真正发挥了“惩治一个、威慑一片”的功效。为此，应尽快出台“寻租及‘串标’‘陪标’等腐败案件查处结果公开曝光实施办法”。

为了防范政府购买公共服务的组织购买环节之寻租及“串标”“陪标”风险，还需要通过以“以案促制”来持续完善相关制度体系。对于政府购买公共服务组织购买环节的寻租及“串标”“陪标”行为而言，“以案促制”意指在高压惩治腐败不松劲的同时，通过对典型案件的深度剖析来查找制度漏洞和推进制度完善，从而扎牢织密制度笼子。一般来说，寻租及“串标”“陪标”案件往往能更加具体地将政府购买公共服务组织购买环节中短缺的制度、不合理的制度和过时的制度暴露出来。有鉴于此，应当坚决杜绝重视“精准惩治”、轻视“以案促制”的畸轻畸重现象，始终坚持问题导向，切实推进“以案促制”工作，着力加强制度建设，尽快修补制度短板。从各地各部门的实践探索看，通过“以案促制”来加强制度建设大致分为两种类型：一种是以案发单位为主要对象，即相关党政部门敦促案发单位围绕本单位发现的问题完善规章制度；一种是以案发领域和行业为对象，即相关党政部门根据典型案例中发现的某些领域和行业的制度空隙来推动相关制度的健全。“以案促制”无论是以案发单位为主要对象，还是以案发领域和行业为主要对象，其共同的目的都是要构建无缝隙的制度。为此，至少应当做好两个方面的工作：其一，逐步健全政府购买公共服务廉洁风险防控机制。为此，理应对照案件查办中发现的问题，进行深入总结和查找政府购买公共服务组织购买等环节的廉洁风险点，科学精准地设计出防范风险的具体制度安排。为此，可考虑出台“政府购买公共服务廉洁风险点排查与防控实施方案”，限时敦促公共服务购买主体着力推进廉洁风险防控机制构建，以制度化的方式让制度笼子更为严丝合缝。其二，扎实推进“以案促制”工作制度化。为了将“以案促制”工作向纵深推进，理应用制度化的方式将其固定下来。“以案促制”作为一项系统工程，不宜只靠纪委监委等党政部门唱“独角戏”，而应当压足和压实党委的主体责任。为此，有必要出台“推进政府购买公共服务领域‘以案促制’工作制度化常态化实施办法”，将加强“以案促制”纳入各级党委（党组）的主体责任清单，让“以案促制”工作走向制度化常态化。

为了防范政府购买公共服务的组织购买环节之寻租及“串标”“陪标”风险，也需要通过“以案示警”来持续增强自觉意识。对于政府购买公共服务组织购买环节的寻租及“串标”“陪标”行为而言，“以案示警”是指利用查办的典型案例开展警示教育，从而增进不寻租和不“串标”“陪标”的自觉。古罗马哲学家西塞罗曾言：“我们无论如何要让人们相信，除非治愈灵魂，否则邪恶就没有终结。”[①]《黄帝内经·素问·刺法论》有云：“正气存内，邪不可干。”因此，防范政府购买公共服务的组织购买环节之寻租及“串标”“陪标”风险，不仅要注重发挥相关案件的“以案促制”功能，还要努力彰显这些案件的“治愈灵魂”功能。为此，应当防止出现重视案件查处、轻视“以案示警”的一重一轻现象，努力利用查处出的相关案件开展警示教育，通过“以案示警”来增进不想腐的自觉。一是要创新“以案示警”的方式方法。在利用典型案例进行警示教育时，要注重方式方法的创新，可以综合采取庭审现场旁听、庭审电视直播、廉洁宣誓、观看警示教育影片等多种形式，切实提高警示教育内容的丰富性、形式的多样性，从而更好地发挥其警醒效果。二是要提高“以案示

① 〔古罗马〕西塞罗：《理性、美德和灵魂的声音》，王晓朝译，长江文艺出版社2015年版，第127页。

警”的针对性。“以案示警”要避免无的放矢、大水漫灌，应根据具体情况对不同范围的购买主体和承接主体相关工作人员有针对性地开展工作。三是推进“以案示警”的建章立制。为了让“以案示警”走向规范化程序化制度化，有必要出台“推进政府购买公共服务领域‘以案示警’规范化程序化制度化的实施办法”，对“以案示警”的形式、内容、程序等做出具体明确的规定，严格防止“以案示警”工作浮于表面化、流于形式化、走向非常态化。

为了防范政府购买公共服务的组织购买环节之寻租及“串标”“陪标”风险，亦可以将促进消费主体参与作为一个基本的策略。从“国家的一切权力属于人民”这一被明确写入《中华人民共和国宪法》的条款来看，购买主体虽然是公共服务购买活动的直接组织者，但其本质上是代表人民来组织公共服务购买活动的。换言之，人民尤其是公共服务项目的消费主体才是公共服务的终极购买主体。从这一意义上说，让消费主体参与到公共服务的购买活动之中，就是顺理成章之事。公共服务组织购买环节的消费主体参与不仅是为了更好地体现消费者主权和权力属于人民，而且是为了经由消费主体的参与来对购买主体的公共权力形成监督和制约，从而降低承接主体寻租及“串标”“陪标”等不良行为发生的概率。

为了减少政府购买公共服务的组织购买环节可能出现的寻租及“串标”“陪标”等腐败风险，还可以考虑采用凭单方式。在前文的分析中已经提及，凭单方式有助于构造准市场，从而化解竞争性短缺风险。其实，引入凭单也能够在一定程度上减少承接主体选择中腐败行为发生的概率。[1] 这是因为，在组织购买环节，无论是寻租还是“串标”“陪标”，其目的都是获得公共服务的承接权，而且拥有这种承接权之后，通常就具有了排他性，即只有该承接主体有资格

① 周义程、胡巧云：《探索以凭单方式购买居家养老服务》，第30页。

生产该项公共服务。如果运用凭单方式，究竟哪个承接主体有机会生产公共服务已经不再由购买主体所决定，而是由消费主体自主选择，此时潜在的承接主体就没有必要通过寻租或与其他潜在的承接主体相互串通来争取拿下承接权。当然，在我国政府向社会力量购买公共服务中引入凭单不可避免地会导致相关部门对公共资金的控制权被严重削弱，这些部门设租、创租和抽租的机会因此大大减少，凭单可能不易推行。有鉴于此，应当采取先试点后推广的渐进式改革策略，即选择部分地区进行凭单的实践试点，以获得更加科学的改革方案。

（六）高价购买风险之防范策略

为了防范政府购买公共服务的组织购买环节出现高价购买风险，应当重视预算价格刚性。我们在分析编报预算环节的风险防范时已经指出，在组织购买环节，因为受到潜在的承接主体之心理预期、购买主体与承接主体的议价能力、潜在的承接主体的策略性行为（如为了获得公共服务的承接权，不惜采取先低价赢得竞标成功，然后再要求追加费用的情况）等多种因素的影响，可能会存在购买价格与预算价格之间存在较大出入的情况。不过，购买主体需要尽最大努力坚持预算价格的刚性约束，即不能轻易因前述因素的影响就通过一定的程序将购买价格调整得比预算价格高。

为了防范政府购买公共服务的组织购买环节出现高价购买风险，可以推行市场测试。政府通过向社会力量购买而非直接生产的方式来提供公共服务有一个基本的前提条件，那就是通过购买的方式比直接生产能够节省一定的成本。为了准确地核定这个前提是否真实存在，进行市场测试就成为一个值得考虑的选项。例如，美国政府在考虑是否要购买公共服务时，所做的第一件事就是开展市场测试。通过市场测试，一方面想了解拟购买的公共服务项目是否存在一个真实的市场，另一方面想体察政府购买与政府直接生产之间的优劣。在市场测试完成之后，如果发现存在真实的市场且政府购买比政府直接生产更具优势（尤其在节约成本方面），那么还要根据拟购买的公共服务项目之基本属性来进一步判断是否适宜进行政府购买。[①]

为了防范政府购买公共服务的组织购买环节出现高价购买风险，还应健全执业资格制度。在政府购买公共服务过程中，包括但不限于高价购买在内的很多风险都或多或少地与购买主体中参与购买公共服务的相关工作人员，尤其是直接负责购买工作的那些工作人员的专业素质和职业伦理素养存在联系。在我国当下政府购买公共服务的实践运作中，因为政府购买公共服务的不少工作人员专业化水平有限，相关知识储备不够，职业伦理素养不高，所以在组织购买环节，违纪违规违法行为时有发生。鉴于这一情况，可以考虑建立健全政府购买公共服务从业人员执业资格制度，只有经过专业化的培训和严格的考试取得政府购买公共服务从业人员资格证书的那些工作人员，才能真正从事政府购买公共服务相关工作。对已经从事政府购买公共服务的工作人员应加强教育培训，以提高他们的专业能力和职业素养。[②] 对不主动积极地参加相关教育培训、考核不达标、没有及时取得从业资格证书的工作人员，要及时将其从原工作岗位上调离，并及时安排合适的人来接替被调离人员的相关工作。

为了防范政府购买公共服务的组织购买环节出现高价购买风险，购买主体要努力“成为一个精明的买主”[③]。如果采用公开招标或邀请招标的方式选择公共服务项目的承接主体，常用的评标方法有最低评标价法和综合评分法（从理论上说，还有一种方法叫作性价比

---

① 敬乂嘉：《美国政府对民营化的管理》，载顾丽梅主编：《公共政策与政府治理（第2辑）》，上海人民出版社2006年版，第197页。

② 郑卫东：《政府购买服务的监管问题研究》，第169页。

③ 〔美〕唐纳德·凯特尔：《权力共享：公共治理与私人市场》，第14页。

法，但在实践中使用得很少）。最低评标价法是将价格作为主要因素，以全部满足招标文件实质性要求作为基本前提，然后根据统一设定的价格要素来评定最低报价，以报价最低的投标人作为中标候选承接主体或者中标承接主体的一种评标方法。这种评标方法在实践中之所以采用较少，主要是购买主体认为这种方法可能会造成报价低者中标。实际上，因为是依据统一的价格要素来评定最低报价，这里的价格要素应包括商务要素和技术要素等，并要将这些要素折算成价格分，而不是简单地只看报价，所以不能将最低评标价法等同于报价最低的社会力量必然中标或中标的概率最大。综合评分法同样需要以全部满足招标文件的实质性要求为前提。该方法根据招标文件规定的各项要素对参与投标的社会力量进行综合评审，然后以评标总得分最高的投标人作为中标候选承接主体或者中标承接主体。综合评分主要考虑报价、技术水平、信誉、过去的业绩、服务、财务情况、对招标文件的响应程度，以及相应的比重或权值等要素。[①] 综合评分法在实务中应用得较为普遍。使用该种评标方法时，要对各个因素的分值在总分值中所占的比例进行仔细推敲和合理设置，尽可能减少高价中标的现象。严格遵循财政部在《财政部关于加强政府采购货物和服务项目价格评审管理的通知》中所要求的“坚持低价优先、价廉物美的原则”，认真落实关于“服务项目的价格分值占总分值的比重（权重）不得低于10%，不得高于30%”的价格分值设置要求，并自觉按照规定进行价格分的计算，即将满足招标文件要求且投标价格最低的投标报价作为评标基准价，其价格分为满分，而其他投标人的价格分则按照“投标报价得分=（评标基准价/投标报价）×价格权值×100”这个公式来进行计算。作为一个精明的购买主体，无论是采用最低评标价法还是综合评分法，如果“发现投标

① 吴小明：《政府采购实务操作与案例分析（第二版）》，第61—62页。

人的报价高于市场平均价格或明显低于其他投标报价，应当要求该投标人做出书面说明并提供相应的证明材料。投标人不能合理说明或者不能提供相应证明材料的……认定该投标人报价高于市场平均价或低于成本价，将其投标作拒标处理”[1]。如果采用竞争性谈判的方式选择承接主体，那么谈判文件中需要对谈判程序、谈判内容、参加谈判的社会力量的资质、确定所选择的承接主体的标准、合同草案等做出细致明确的规定。如果采用询价方式选择承接主体，那么，要确保不同社会力量能够提供相同规格和标准的公共服务。

---

① 吴小明:《政府采购实务操作与案例分析（第二版）》，第48、51页。

第六章　履行合同环节的风险及其防范

政府向社会力量购买公共服务并不意味着购买主体尤其是政府的职能范围之缩减[①]，也没有减少购买主体作为公共服务提供者所承担的最终受托责任，而只是购买主体公共服务职能实现方式和责任表现形态的转变，即在职能实现方式上从亲自生产向对外购买转变，在责任表现形态上从直接的生产者责任向提供者责任、监督者和评价验收者责任转变。在履行合同环节，公共服务承接主体正式开始公共服务生产活动，但购买主体理应认识到履行合同环节风险防范的必要性以及多方主体（主要包括购买主体、承接主体、消费主体）各自可能带来或面临的主要风险，并懂得如何采取合适的风险防范策略。

一、履行合同的概念约定与风险防范之必要性

在政府向社会力量购买公共服务的运作流程中，履行合同环节作为组织购买环节的紧后环节，主要表现为承接主体对合同的履行和购买主体为了确保承接主体认真履行合同所采取的行动。为了对

① 敬乂嘉：《中国公共服务外部购买的实证分析——一个治理转型的角度》，《管理世界》2007 年第 2 期，第 38 页。

该环节的风险及其防范策略做出较为精准的分析和设计，同样需要对履行合同的概念做出约定。而鉴于购买主体往往对该环节的风险重视不够，所以也需要对该环节的风险防范之必要性加以解析。

（一）履行合同的概念约定

所谓履行合同，通俗地说，就是指在购买主体与承接主体签订了购买合同之后，承接主体依据合同约定进行公共服务生产的过程。在这个过程中，购买主体需要亲自或委托第三方机构对承接主体履行合同的情况进行监督管理。随着政府向社会力量购买公共服务的蓬勃发展，原本由政府等购买主体直接供给的公共服务越来越多地移交给社会力量来承担，故而购买主体直接从事公共服务生产在逐渐变少，但是如何确保从事公共服务生产工作的社会力量能够严格遵从合同约定来保质保量地完成生产任务，则是购买主体应当深入思考和认真对待的问题。

随着社会组织的发育成长、事业单位改革的深度推进以及公共服务市场的逐渐成熟，参与承接公共服务项目的社会力量日趋多元化，依法成立的企业、依法成立的社会组织（不含由财政拨款保障的群团组织）、公益二类和从事生产经营活动的事业单位、农村集体经济组织、基层群众性自治组织、具备条件的个人等都有可能从潜在的承接主体转化为实际的承接主体。在购买主体与承接主体签订了公共服务购买合同之后，承接主体为了履行合同所进行的公共服务生产才正式开始，而购买主体对承接主体的监督职能在这个环节则理应体现得相当突出。

（二）履行合同环节风险防范之必要性

在政府向社会力量购买公共服务的实际运作过程中，即使在组织购买环节即承接主体选择环节有公平且较为充分的竞争，也不能过度乐观地认为，选出的承接主体必然会不折不扣地完成生产任务，因为在赢得了生产合同之后，在履行合同环节，承接主体已经不再处于竞争的环境，此时通常就进入了承接主体垄断性地从事公共服务生产的环节。由此可见，无论购买主体选择了哪个承接主体，亦无论购买主体是否在若干潜在的承接主体中选择了最为合适的承接主体，接下来的问题都是如何让合同有效地履行，而这直接关系到承接主体能否按合同约定不折不扣地高质量完成公共服务的生产任务。正如库珀所言，无论签订合同的各方主体多么巧妙地建立了正式的合同关系，但购买公共服务需要经受的真正考验却是从合同关系的实际运作阶段才正式开始的，此时存在的优势和遭遇的挑战会一并显现。[①] 更进一步地说，在履行合同环节，虽然说承接主体应该严格按照合同约定来从事公共服务的生产工作，但作为代理人的承接主体与作为委托人的购买主体之间的利益目标函数之差异性决定了前者时常会出现逃避按合同严格履责的情况，特别是承接主体除了购买主体所设定的目标之外还有自己的其他目标，这就意味着承接主体可能并不会像购买主体所期望的那样尽心尽力地完成约定的生产任务，而购买主体却时常难以准确地了解承接主体正在执行的到底是哪个目标。由于购买主体相对于消费主体而言，也只是代理人，因而其也可能出于自利性的考虑而甘于被承接主体俘获。前述分析都意味着履行合同环节可能会出现诸多风险。

虽然说，我们在理解购买主体与承接主体之间的关系时，不能过度悲观地将其想象成类似于警察和小偷之间的那种对抗性关系，但我们同样不能过分乐观地把二者之间的关系想象成类似兄弟姐妹之间的那种信任关系，而应理解成介于二者之间的不完全信任关系。

---

① 〔美〕菲利普·库珀:《合同制治理——公共管理者面临的挑战与机遇》，竺乾威、卢毅、陈卓霞译，复旦大学出版社 2007 年版，第 99 页。

凯特尔就曾指出:“因为政府常常要主动构建起一个公共服务市场,所以购买主体与承接主体之间通常不会太过生疏……实际上,购买主体与承接主体……并非仅仅是在市场上偶然相遇的独立双方,因而二者之间的关系通常表现为合作关系而非竞争关系。”① 换言之,应该理性地将二者之间的关系理解成基于正式合同的契约关系,“市场契约和相关法律规则成为其间的联系纽带”②。购买主体本想通过与承接主体签订公共服务购买合同来避免自己亲力亲为地生产公共服务,但合同履行过程蕴含的多重风险应当引起购买主体的足够重视并设法加以防范,否则向社会力量购买公共服务所带来的益处可能会逐渐丧失殆尽。遗憾的是,虽然说在政府向社会力量购买公共服务的生命周期中,大部分时间都集中于履行合同环节,但该环节可能存在的风险在实践中和在学术界并没有引起足够的重视。合同管理方面的一些重要研究成果表明,很多机构在履行合同环节并不太强调要加强合同管理,这些机构使用的工具往往不能充分保证承接主体在履行合同环节表现得和组织购买环节一样好。③ 值得指出的是,我国中央政府相关部门已经意识到,在地方政府购买公共服务的履行合同环节,相关的监督管理和风险防控工作相对薄弱。例如,财政部发布的《关于做好 2022 年政府购买服务改革重点工作的通知》中就明确要求,“购买主体要加强政府购买服务合同履约管理,及时跟踪购买服务合同履约情况,确保严格按合同约定执行,切实改变一些地方和部门存在的‘重购买、轻管理’现象。各地区、各部

---

① 〔美〕唐纳德·凯特尔:《权力共享:公共治理与私人市场》,孙迎春译,北京大学出版社 2009 年版,第 13 页。

② 王浦劬、〔英〕郝秋笛等:《政府向社会力量购买公共服务发展研究:基于中英经验的分析》,北京大学出版社 2016 年版,第 19 页。

③ 〔美〕菲利普·库珀:《合同制治理——公共管理者面临的挑战与机遇》,竺乾威、卢毅、陈卓霞译,复旦大学出版社 2007 年版,第 135 页。

门可结合不同领域特点，研究养老、就业、教育、卫生健康等特定服务项目合同履行中的权利义务、风险防控等事项”。

二、 履行合同环节的主要风险

在完成了组织购买环节的相关工作之后，公共服务的承接主体就被挑选了出来，并开始进入根据合同约定从事公共服务生产工作这个新阶段。公共服务能否被高质量、低成本和高效率地供给，不仅取决于在组织购买环节是否选出了一个合适的承接主体，还取决于所选出的承接主体能否认真地履行合同。换言之，即使挑选出了最佳的承接主体，但如果该承接主体并没有完全尽到公共服务的生产责任，那么也难以保证公共服务供给的质量、效率和效益，而这一点，却时常会在合同履行的实践中一再成为现实，其直接表现为履行合同环节的一系列风险。其中，公共服务生产质量降低风险主要是由承接主体引发的，与购买主体监管不力也有很大关系，并与消费主体无力监管亦有一定关系；公共服务生产能力和监管能力下降风险、资金拨付迟滞风险主要是由购买主体造成的；购买主体监管失灵风险、俘获风险主要是由购买主体和承接主体共同引发的，与消费主体无从监督也有部分关联。当然，因为履行合同环节同时涉及购买主体和承接主体，所以每个风险都与二者存在一定的勾连性，只是二者在其中发挥的作用会有所差别。

（一）公共服务生产质量降低风险

《中华人民共和国民法典》第七条明确将“诚信原则”设定为“民事主体从事民事活动”的一条重要原则。根据该原则，承接主体应当根据合同的约定来认真负责地履行公共服务生产义务。一般来说，社会力量在承接到政府购买的公共服务项目之后，其严格按照合同约定来完成生产任务，也会有一定的利润空间。不过，承接主体中有的相关人员尤其是有的负责人的欲望却是无限的，或者说，他们的贪婪心理导致其并不满足于获得合同约定的适当利润。因此，在签订合同之后的履行合同环节，由于购买主体与承接主体之间存在显著的信息不对称和利益不一致，有的承接主体就可能会在自私自利地追逐高额利润的不良动机驱使下，利用自身的信息优势来通过“隐藏行动”等方式谋求己方利益的最大化，[①] 从而或多或少地出现事后的机会主义行为，即所谓的“道德风险”（moral hazard；又被称为“败德行为”或“道德公害”）。换言之，道德风险体现为在合同签订之后，作为代理人的承接主体采取作为委托人的购买主体难以及时发现并有效监督的隐藏行动，从而使购买主体的利益受损或自身的利益增加。

承接主体可能出现的一种事后机会主义行为就是不自觉地采取“选择性生产”的行为逻辑，从而出现“撇脂”行为。该种行为在私人市场中比较常见。例如，保险公司更愿意选择健康状况良好的人来参保，而不愿意选择健康状况欠佳者。在政府向社会力量购买公共服务中的所谓“撇脂”，通常是指公共服务的承接主体在生产公共服务时所采取的挑选“最好的或唾手可得的顾客”[②] 这一行为模式。当承接主体采用“撇脂”策略时，其就可能会优先选择为一些服务对象服务，而拒绝为另一些服务对象提供服务。比如说，在湖南省长沙市政府购买游泳场馆服务的实践中，就出现部分游泳场馆以满员为借口，拒绝接待中小学生的情况（因为中小学生是可以免费游泳的），但实际上游泳馆里面的人根本不多。长沙市政府后来明

---

① 王大平、孔昭昆、王苏生编著：《中国医改的政策选择——基于激励机制设计理论的视角》，清华大学出版社 2015 年版，第 67 页。

② 陈振明：《公共管理学原理（修订版）》，中国人民大学出版社 2017 年版，第 190 页。

确规定 15:00—19:00 要向中小学生免费开放，但游泳场馆又找了这个时间段与开展游泳教学的时间冲突这一新的借口，拒不执行该规定，长沙市政府相关部门多次督查无果，最终结果还是不了了之。[①] 无独有偶，湖北省武汉市政府购买游泳场馆服务的实践中，同样出现了游泳场馆寻找各种借口不让中小学生入内和在免费开放时间段内向社会人员开放并收费的情况。[②] 再比如说，某社会组织在承接某个县的教育局购买的校园足球培训服务时，只对足球技能好的学生进行培训，而故意忽视那些足球技能不好的学生。[③] 四川省成都市购买了体育场馆服务，场馆向社会公众免费(低收费) 开放，27 家体育场馆都面向社会公众公布了免费开放的时间表，但其中不少体育场馆免费时段只限于上班时间的某些时段，如周一下午两点至六点、周二和周五上午九点至十二点，周末则恢复收费。有市民吐槽说："锻炼的时候不免费，免费的时段在上班。"这是较为典型的承接主体的体育场馆服务生产与消费主体的需求严重错位的情况。[④] 这些"撇脂"型的公共服务生产行为直接造成了公共服务生产质量的显著下降。

承接主体可能采用的另一个事后机会主义行为策略就是千方百计降低成本，从而为自己赢得更多的利润。承接主体为了节约成本，一个常见的做法就是雇佣兼职的而非全职的工作人员，甚至要求这些工作人员一个人身兼数职。例如，早在 1987 年，英国政府购买体

---

① 胡科、虞重干:《政府购买体育服务的个案考察与思考——以长沙市政府购买游泳服务为个案》,《武汉体育学院学报》2012 年第 1 期，第 47 页。

② 李震、陈元欣、刘倩:《政府购买公共体育服务研究——以武汉市政府购买游泳服务为个案》,《武汉体育学院学报》2014 年第 7 期，第 39 页。

③ 王志文、张瑞林、沈克印:《激励约束：政府购买公共体育服务中体育社会组织道德风险的应对》,《沈阳体育学院学报》2021 年第 3 期，第 60 页。

④ 罗之飏:《购买体育场馆服务莫与市民需求错位》,《四川日报》2014 年 8 月 15 日，第 5 版。

质监测服务过程中，就出现过克罗伊登科洛马修道院女校在进行体质监测时，聘用假冒的专职人员的情况。[1] 然而，承接主体给这些兼职的工作人员支付的报酬却总体上偏低，不仅工资可能会低于规定的最低工资标准，而且给工作人员提供的养老保险、医疗保险、失业保险、工伤保险、生育保险以及住房公积金等福利待遇也可能会比较低，甚至因为是兼职人员而没有享受到福利方面的待遇。这就可能造成所雇佣的人员不够专业（因为工作人员很难对多个职位上的工作都很精通），而且工作的态度不够端正（因为是临时工，所以没有归属感；因为工资和福利待遇低，所以没有动力全力以赴去工作）。对于那些服务产出相对无形、服务生产目标难以清晰厘定或监管相对宽松的公共服务项目而言，承接主体拥有较大的自由裁量空间，其也更有机会降低公共服务生产质量而不被发现。例如，2021年7月以来，南京禄口国际机场之所以会发生新冠疫情，一个重要原因就是南京禄口机场保洁服务存在购买（外包）的情况，而由于机场方日常监管不够严格，导致外包公司有较大的空间来灵活地降低成本。江苏省委在2021年7月21日召开的相关会议上也提到东部机场集团运营管理不专业问题，特别是把原本分开运营的国际航班和国内航班改为统一混合运营，导致境外疫情流入并传播。2021年7月28日，中央纪委国家监委网站上也发文指出："南京禄口机场保洁公司系项目外包。在工作程序、流程上，机场没有将负责境外和境内的保洁人员区分开，日常监管严重缺位。"[2] 概言之，通过购买的方式由社会力量来承接公共服务的生产任务可能会为购买主体带来费用的节省，但如果这种节省以社会力量提供了低质量的公共服

---

① 赫立夫：《部分发达国家政府购买公共体育服务供给风险识别及防范研究》，《成都体育学院学报》2021年第3期，第31页。

② 陈丽：《防疫漏洞尽快补》，2021年7月28日，中央纪委国家监委网站，https://www.ccdi.gov.cn/pl/202107/t20210728_247081.html，2023年5月3日访问。

务为代价，那么从公共服务项目的“性价比”角度和更好满足服务对象的公共服务需求维度来看，这种节省无疑不是一种理想的选择。

承接主体还可能使用的一个事后机会主义行为策略就是千方百计应付或迎合购买主体的需要。从理论上说，承接主体在公共服务生产过程中，应该秉持专业主义原则和服务对象至上的理念，但包括社会组织在内的不少承接主体在实际操作过程中却策略性地背离了这个原则和理念。例如，作为一家为残障人士提供服务的社会组织，HB 文化服务中心对外宣传的理念是“个案介入，深度融合”，但其在实际服务时，却很少搞分小组的情感互助工作，而是开展集体郊游之类的集体娱乐活动。该社会组织之所以这样做，不仅仅有通过规模效应来节省成本的考虑，更是希望通过这样的方式拍出更好看的照片和满足服务人次的要求，从而确保顺利通过最终的考核。不过，这样做实际上导致深度社会融入和个案帮扶的目标根本无法达成[①]，公共服务生产质量的下降也就在所难免。不仅如此，这种做法还导致服务对象被放置于被动配合承接主体进行“表演”的“群众演员”的边缘位置，严重背离了购买公共服务的初衷。

（二）公共服务生产能力和监管能力下降风险

从具体管理的维度来看，随着政府向社会力量购买公共服务的购买范围迅速扩大和购买数量不断增长，购买主体日益习惯于通过社会力量来完成公共服务的生产工作。当购买主体越来越依赖社会力量来生产公共服务时，也就意味着购买主体直接生产公共服务的经验和专业知识越来越缺乏，对相关工作也变得越来越生疏，其所导致的直接后果就是购买主体公共服务的生产能力逐渐下降。在我

① 张汝立、刘帅顺、包娈：《社会组织参与政府购买公共服务的困境与优化——基于制度场域框架的分析》，《中国行政管理》2020 年第 2 期，第 96 页。

国的公共服务购买实践中，由于公共服务供给的历史基础相对薄弱，所以购买的公共服务中有相当一部分是增量公共服务而非存量公共服务。[①] 购买主体对增量公共服务的供给本身就缺乏充足的经验，当采用购买的方式由承接主体来生产增量公共服务时，必然让购买主体失去了积累增量公共服务供给经验的机会，从而导致购买主体生产此类公共服务的能力根本无从提升。

如果说公共服务购买意味着生产能力在由购买主体应当具备的一系列能力所组成的能力群中的相对重要性有所降低，那么在政府购买公共服务的履行合同环节，购买主体对合同履行的监管能力的重要性却在显著上升。在购买公共服务的过程中，购买主体在所有制方面和监管方面的角色都发生了变化，购买主体既是购买合同的签订者，又是合同履行情况的监管者。如何同时扮演好这两个看似矛盾的角色将对购买活动是否能够成功产生举足轻重的影响。[②] 然而，让人深感忧虑的是，因为对公共服务的生产工作越来越外行，所以购买主体逐渐变得不太擅长判断这些服务究竟做得怎么样，由此造成购买主体对这些服务生产情况的监管能力也出现逐渐下降的趋势。

随着购买主体服务生产能力和监管能力的下降，其会越来越依赖社会力量来生产公共服务，由此带来了购买主体尤其是政府空心化的危险。例如，在美国，那些在购买公共服务上花费巨大的州政府和地方政府通常已经不再具备生产服务的能力，而且几乎完全依赖合同承包人。[③] 美国能源部的高级官员发现，他们“曾经拥有的专

① 郑卫东：《政府购买服务的监管问题研究》，第 50 页。

② Jan-Erik Lane, *New Public Management*, London: Routledge, 2000, pp. 160-178.

③ 〔美〕菲利普·库珀：《合同制治理——公共管理者面临的挑战与机遇》，前言，第 1 页。

业知识和制度逐渐流向承包商”[1]，承包商反而成了能源部的智囊。换言之，美国的这些政府越来越依靠通过签订合同来将公共服务生产委托给社会力量。有学者不无担忧地指出，在市场神话浪潮的冲击下，政府这艘巨舰好像变成了一条小船，既遭受着外部狂风巨浪的袭击，又面临着内部“空心化”的风险。[2] 当购买主体可以选择的承接主体非常有限时，其对这些承接主体的依赖就会更加突出。此时，购买主体和承接主体之间已经不是单纯的合同关系，而更类似于联盟关系。在该联盟中，购买主体和承接主体相互需要对方。这无疑是比较危险的一件事，其中需要防范的风险相对较多。例如，承接主体可能会在履行合同期间要求购买主体追加经费投入和降低公共服务标准。具体来说，有的承接主体为了获得公共服务生产合同，在组织购买环节故意提供不合理的低价格；而在履行合同环节，该承接主体则会要求追加经费投入或降低服务标准。购买主体因为没有其他承接主体可供选择，加之购买主体自身不具备相应的公共服务生产能力，因而就时常不得不接受这样的不合理要求。当然，也有一种可能就是，承接主体之前对公共服务生产成本的估计不足，等到了真正开始投入公共服务生产时，才发现成本远比事先预想的要高。无论承接主体是不是有意的，都会让购买主体陷入比较被动的局面。例如，某个小镇将两座桥的修理工作通过招投标的方式委托给了一个承包商。该承包商中标的价格大约为46 000美元。承包商在开展桥梁修理工作后没多久，就将购买主体的相关管理人员请到了工地上，并且告诉他实际需要的开支将是最初估计的两倍。此时，由于在当地没有其他合适的投标者，所以购买主体只能选择继

---

① 〔美〕唐纳德·凯特尔：《权力共享：公共治理与私人市场》，第123页。

② Amita Singh, “Questioning the New Public Management,” *Public Administration Review*, Vol. 63, No. 1, 2003.

续和该承包商合作。[①] 再如，广东省广州市A区政府下属的J街道用一个月16万多元的价格购买某清洁公司的环卫服务。在履行合同期间，尤其是"创卫"阶段，该清洁公司经常以需要增加人手、需要加班等名义要求街道额外支付一些经费。[②] J街道为了顺利完成"创卫"等任务，不得不满足清洁公司的要求。

（三）购买主体监管失灵风险

政府向社会力量购买公共服务意味着购买主体从公共服务的直接生产者向公共服务的间接生产者转变，但是，这种转变并没有改变购买主体作为公共服务提供者的角色。换言之，公共服务的承接主体可以是多元的，但是公共服务供应的终极责任主体只能是一元的，那就是购买主体。公共服务的政府购买并没有减轻购买主体的管理责任，当选好了公共服务的承接主体并由其按合同约定来生产公共服务之后，购买主体必须切实加强对承接主体合同履行情况的监管。何谓"监管"？根据史普博的理解，监管应界定为"政府制定一系列的规则来直接干预或间接改变市场主体供需决策的行为"[③]。参照这一界定，可以认为，所谓购买主体的监管，通常是指购买主体通过制定和执行相应的规则来直接干预或间接改变承接主体的公共服务生产行为。购买主体监管的目的是确保承接主体按照合同约定保质保量地按时完成公共服务生产任务。

虽然说，政府向社会力量购买公共服务常隐含的一个前提假设

---

① 〔美〕菲利普·库珀：《合同制治理——公共管理者面临的挑战与机遇》，第121—122页。

② 黄锦荣、叶林：《公共服务"逆向合同承包"的制度选择逻辑——以广州市环卫服务改革为例》，《公共行政评论》2011年第5期，第103页。

③ 〔美〕丹尼尔·F. 史普博：《管制与市场》，余晖等译，格致出版社2008年版，第168页。

就是社会组织等社会力量比诸如政府这样的购买主体更缺少自利性，抑或说对社会力量更多地持有性善论的假设，而对政府则持有性恶论的假设，甚至将政府视为“必要的恶”。不过，这一假设通常是经不起推敲和不能成立的。这是因为，实践一再证明，社会组织也会因专业能力有限、丧失服务伦理和背离专业准则等而出现失灵。更宽泛地说，无论承接主体是社会组织还是私营部门，抑或是事业单位等其他社会力量，它们都不是大公无私的天使，其所掌握的公共服务生产权只要不受监督和制约，就容易出现谋求自身利益最大化的现象。例如，在较早推行政府购买公共服务的美国，承接主体的贪得无厌、腐败堕落、违法犯罪行为时有发生，并由此造成了诸如浪费、弄虚作假、渎职等不良现象。遗憾的是，因为当时政府的无能，没能及时发现这些问题，更谈不上有效解决这些问题了。[①] 承接主体想方设法获得购买合同，而在赢得合同之后，其对如何按照合同条款约定不折不扣地履行合同则重视不够。例如，2021 年 11 月 23 日，河南省新乡市封丘县赵岗镇戚城中学有 30 多名学生在吃了配餐公司配送的午餐后，发生呕吐、拉肚子现象。据学生反映，“豆腐有点馊，烩菜有点腥”。涉事中学的校长无奈地表示，因为配餐公司是教育局招标的，所以自己无权更换。[②] 里根政府时期的管理和预算办公室在美国的合同外包推行了 10 年之后坦言：民间机构通常只重点关注承包合同的归属问题，而不太关注如何按照合同约定的各项条款或规章制度来认真履行合同，也就是说，他们基本没有充分关

---

① Paul Staff, “The Limits of Privatization,” in Steve H. Hanke, ed., *Prospects for Privatization*, New York: Academy of Political Science, 1987, pp. 60-73.

② 《学生餐后集体呕吐腹泻 河南封丘：配餐公司停止供餐》，2021 年 11 月 26 日，中国新闻网，http://www.chinanews.com.cn/sh/2021/11-26/9616531.shtml，2023 年 6 月 2 日访问。

注过合同管理。[①]

从委托代理关系的角度看，作为委托人的购买主体和作为代理人的承接主体在目标追求上并非天然具有一致性。一般来说，购买主体的直接目标是要获得质量和数量都符合合同约定的要求的公共服务。承接主体的直接目标则是获得合同约定的由购买主体向自己支付的购买费用。目标的不一致性使承接主体有欺骗购买主体和损害购买主体利益的内生动力。而从信息对称程度看，购买主体对承接主体在公共服务生产过程中的专业技能水平和真实的人力、物力、财力、时间、信息等资源投入情况通常不如承接主体自己清楚，即承接主体在这些方面拥有充足的信息和显著的信息优势，而购买主体对这些信息则难以充分掌握和处于信息劣势。不仅如此，从政府向社会力量购买公共服务的复杂程度来看，这一活动“横跨‘行政’与‘市场’，除了要注重完善行政监管手段之外，还要懂得对市场机制的运用，因此……充满了挑战”[②]。而随着公共服务购买范围的扩大，所购买的公共服务的种类变得越来越多，购买主体不可能对每一类具体的公共服务项目都非常熟悉。而与从事某一具体的公共服务生产工作的承接主体相比，购买主体对承接主体正在从事的公共服务生产工作通常也不如承接主体专业，正所谓“隔行如隔山”。购买主体与承接主体之间固有的这种信息的非对称性造成购买主体很难完全准确地掌握承接主体的供给函数、服务投入程度和服务质量等基本信息，这就为理性的承接主体欺骗购买主体和损害购买主体的利益提供了现实可能。

对于政府向社会力量购买公共服务而言，其有效实施的一个必要条件就是购买主体能够及时精准地监测承接主体的工作绩效。当

---

① 〔美〕唐纳德·凯特尔:《权力共享：公共治理与私人市场》，第4页。

② 吴小明:《政府采购实务操作与案例分析（第二版）》，经济科学出版社2011年版，第321页。

具备这个条件时，就能够确保合同文本中规定的关于公共服务生产的具体要求被不折不扣地落实。[1] 从政府向社会力量购买公共服务的实践看，购买主体在用签订购买合同的方式将公共服务的生产责任转移给承接主体后，其需要切实承担起作为公共服务提供者的监管责任。从实践层面看，购买主体通常对组织购买环节如何选择出合适的承接主体较为重视，而在选好了相应的承接主体之后，对于如何监督承接主体按约履行合同和如何处理合同履行过程中遇到的争议性问题则不太重视。对购买主体而言，其并不是所购买的公共服务的消费主体，也不拥有所谓的资产的剩余索取权（residual claim）[2]，这就造成其对承接主体履行合同情况的监管动力不足。毋庸讳言，购买主体对承接主体的履行合同行为进行监管是需要付出时间、精力和金钱成本的，部分购买主体因为时间、精力或费用的有限性，特别是有的购买主体中一个工作人员要身兼数职，其只能挤出一小部分精力用于监督承接主体履行合同的情况，而且其通常更为重视编报预算和组织购买等环节的工作，而对履行合同环节的监督则重视不够，甚至放任不管，抑或有的购买主体因为受到“庸、懒、散”的不良工作作风之影响，也或因为购买主体只是将购买公共服务作为上级下达的任务[3]而非降低成本和提高服务质量的手段，所以在转

---

① 陈振明主编：《政策科学——公共政策分析导论（第二版）》，中国人民大学出版社 2003 年版，第 181 页。

② 剩余索取权作为财产权中的一项权力，是对资本剩余的索取权力，也就是索取剩余的权力。这里的剩余是指总收益减去按照合同约定支付的报酬之后剩下的那部分收益。与剩余索取权不同，剩余控制权是指在不违背合同约定和法律规定的前提下，根据自己的意愿来决定资产用途的权力。剩余索取权和剩余控制权共同构成了剩余权。

③ 例如，有学者通过访谈发现，当政府购买公共服务成为上级政府注意力分配的重点和关心的标志性成果时，下级政府就会有动力去推进该项工作，否则不少下级政府就可能采取维持现状的应对策略。参见黄锦荣、叶林：《公共服务“逆向合同承包”的制度选择逻辑——以广州市环卫服务改革为例》，第 113 页。

移了生产责任后，部分购买主体会产生如释重负的感觉，而对合同履行的监管责任却容易掉以轻心，从而导致对承接主体的工作绩效和服务成本支出的监管不够。例如，我们在对E市G区Y街道工作人员进行访谈时，该工作人员表示：

> 将老人的助餐服务外包给社会组织更好，因为社会组织时间更充足，也更专业一点。（访谈编号：G20170724）

该工作人员的这个观点恰好印证了一个观点，那就是购买主体在推行购买公共服务的时候，时常会想当然地认为社会力量“比自己知道得多，而且可能比自己做得更好”①。关于购买服务的费用支付问题，该工作人员指出：

> 社会组织会提供一个申请补贴的清单，比如每个月水电开支是多少钱、给烧饭的阿姨多少钱、管理多少钱，然后我们进行综合评定后给他们补贴……也会对他们提供的清单进行审查，比如用一个人多少钱，一个小时需要多少钱，水电开支也是有明细的。（访谈编号：G20170724）

关于如何对社会组织提供助餐服务进行监督，该工作人员强调：

> 主要还是靠作为服务对象的老人的反馈，老人要是有意见跟我们反映，我们会有记录，因为购买主体的相关工作人员也没有足够的时间和精力每天到那边去监督。（访谈编号：G20170724）

再如，深圳市D区为每个社区配备了两名工作人员，具体负责对公共服务经费使用、服务质量和服务真实性进行监管。这些工作人员主要通过对服务机构和服务消费主体进行电话回访或上门回访、

---

① 〔美〕唐纳德·凯特尔：《权力共享：公共治理与私人市场》，第22页。

查阅服务记录本等有关证明材料进行核查和了解情况。[①] 由于人手少、任务重、专业能力有限，购买主体的监管在很大程度上停留于表面化、形式化层面。又如，有学者通过对常州、泰州、常熟等城市开展调查发现，在购买公共体育服务的实践运作过程中，因为人力、财力、物力有限等，购买主体履行监管职责存在投入不大、力度不够甚至履职缺失等问题，从而呈现出“卸包袱”式购买的实际样态。[②]

其实，不仅我国不少购买主体对承接主体的监管存在缺位问题，在美国的州政府和地方政府购买公共服务的实践运作中，在监控承接主体的工作绩效方面投入的人力、财力、物力资源也很少。比如说，威斯康星州某个县政府负责监督 143 个承包商的工作人员只有 11 名，而这 143 个承包商管理着总金额高达 6 000 万美元的 360 个不同的合同。这 11 名工作人员平时还有各种公文要处理，根本没有多少时间来监督承包商的绩效。监督的方式往往变成了听承包商自我汇报或看承包商的汇报材料。[③] 从前述实例中可以看出，购买主体对社会组织经费使用、服务质量和服务真实性的监管是相对薄弱的。从这一点来说，购买主体与承接主体在合同履行方面的过度宽松更像是前者在资助后者，而不是前者花钱购买后者生产的公共服务。

对于承接主体而言，其往往也更加注重如何赢得合同，而在与购买主体签订了服务合同后，对如何高质量地履行合同条款则重视不够。当承接主体明显地察觉到购买主体不会对其工作绩效进行认真监管时，他们有可能更加不重视保质保量地认真完成公共服务的

---

① 雷雨若、王娟：《地方政府购买居家养老服务中的监管失灵及其矫正——基于南京、宁波、广州、合肥和深圳的分析》，《济南大学学报（社会科学版）》2020 年第 1 期，第 149 页。

② 谢叶寿、陈钧：《政府购买公共体育服务的风险及防范措施》，《首都体育学院学报》2018 年第 3 期，第 237 页。

③ 〔美〕唐纳德·凯特尔：《权力共享：公共治理与私人市场》，第 140 页。

生产任务，并采取一些诸如降低服务质量、减少用工成本、缩短服务时间等隐藏行动的机会主义行为。虽然并非所有的购买主体都轻视对承接主体履行合同的监管，但是一个不容忽视的事实是，“政府对其承包商的监管能力正逐渐受到明显的侵蚀。政府成了不能判断物品质量的买主”[①]。例如，在实践运作中，有部分县、乡干部因为对不少项目都不懂，也不知道如何监管，因而到最后通常就会到现场走马观花式地参观一次。此外，有的公共服务尤其是那些无形的“软”公共服务经常难以精确地给出评判其质量的具体标准，也难以精准地测量其生产成本，这就导致有时难以准确判断一项低成本公共服务的成本之所以比较低，是公共服务效率真的比较高还是有意降低了公共服务质量。因此，对这类公共服务的有效监管往往存在较大的难度。

（四）俘获风险

从购买主体与承接主体之间的关系来看，我们既要关注政府等购买主体对社会组织等承接主体的影响，也应当关注承接主体对购买主体的影响尤其是负面影响。虽然说符合条件的服务对象是承接主体生产的公共服务的消费主体，但是从公共服务的委托代理关系来看，承接主体通常是从购买主体而不是从服务对象那里获得合同的，即购买主体是委托人，承接主体是代理人（受托人）。因此，承接主体往往首先将购买主体作为自己要认真对待的服务对象，而不是把消费主体放在第一位。而承接主体在履行合同过程中，并非都具有尽心尽力地根据合同约定来生产公共服务的动机。也就是说，对承接主体的公共服务生产行为不能理想化地套用公共服务的信任模式，即不能简单地假设承接主体的“所有工作人员都是利他主义的

---

① 〔美〕唐纳德·凯特尔：《权力共享：公共治理与私人市场》，第16页。

‘骑士’(knights)[1]，而非自私自利的‘无赖’(knaves)[2]。他们唯一的追求是满足服务用户的需要和需求，以及更广泛的社会需要和需求；他们唯一的兴趣是促进社会的福利”[3]。

当承接主体中的工作人员并不是高尚的骑士[4]时，就可能出现下述情况：受到自利动机的驱使，为了能够既通过降低服务质量来减少投入，又不会被购买主体中的相关监管人员追责，即让其做到睁一只眼闭一只眼，一个基本的策略就是通过行贿等手段来收买相关人员。购买主体中有的相关工作人员也存在追求一己私利最大化的行为偏好，因而经不起金钱或美色的诱惑，并由此被承接主体成功收买，购买主体被俘获的现象由此出现。由此可知，俘获购买主体通常是指承接主体中的有关人员通过向购买主体中的某些工作人员提供一定的好处来使后者做出对前者有利的行为。此时，购买主体类似于被承接主体俘虏了，所以这种现象被形象地称为俘获购买主体。有的承接主体主动向购买主体相关工作人员尤其是有决定权的领导者行贿的一个重要目的，就是希望在本次合同履行完毕后，还有机会继续从购买主体手中承接公共服务的生产任务。换言之，承接主体担心未来可能会出现新的可供购买主体选择的潜在的竞争者，因而为了维持好与购买主体的长期协作关系，就可能出现向购买主

① “骑士”(knights)一词在这里是指那些受利他动机的驱使而主动去关心别人福利的人。

② “无赖”(knaves)一词源于18世纪的英国哲学家大卫·休谟，意指只关心一己私利的人。他提出了著名的“无赖假设”。他指出：“许多政论家已将下述主张定为一条格言：在设计任何政府体制和确定该体制中的若干制约、监控机构时，必须把每个成员都设想为无赖之徒，并设想他的一切作为都是为了谋求私利，别无其他目标。”参见〔英〕休谟：《休谟政治论文选》，张若衡译，商务印书馆2017年版，第27页。

③ 〔英〕朱利安·勒·格兰德：《另一只无形的手：通过选择与竞争提升公共服务》，韩波译，新华出版社2010年版，第12页。

④ 在现实中，更常见的是承接主体中的工作人员既不是尽善尽美的骑士，也不是彻彻底底的无赖，而是二者的结合体。

体相关工作人员行贿等腐败行为。

从现实层面来看，无论实践中抑或学术界，对公共服务购买尤其是采用竞争性招投标方式购买中腐败问题的关注重点往往集中在合同获得阶段，即组织购买环节。该环节的腐败问题也是造成逆向选择的重要原因之一。然而，履行合同环节的腐败问题同样需要引起高度重视，因为这不仅关系到公共服务购买的预期目标能否圆满达成，而且西方国家尤其是美国的公共服务购买实践一再表明，公共服务购买合同中出现的最大的难题大多发生在合同履行阶段。[1] 履行合同环节的腐败问题也为道德风险这一事后的机会主义行为提供了空间。此外，当购买主体被承接主体俘获之后，还可能出现消费主体的投诉被轻视甚至无视的情况。比如说，购买主体可能对消费主体反映的承接主体在公共服务生产中服务态度不太好、服务质量比较低、服务时长不达标等问题采取从轻处理甚至听之任之的态度，这就会造成消费主体所享受的服务的品质与合同约定的相比，存在明显的差距。此时，购买主体对承接主体履行合同的情况所进行的监管就形同虚设，甚至会出现有监管和没有监管几乎没有明显差别的情况。

（五）资金拨付迟滞风险

购买主体按照合同约定及时拨付资金是承接主体的公共服务生产工作顺利进行下去的重要保障。令人感到遗憾的是，购买主体资金拨付迟滞却经常出现。所谓购买主体资金拨付迟滞风险，主要是指购买主体可能会出现超过了规定的资金拨付时间才拨付购买资金的情况。时常出现的情况是，在公共服务购买合同上明确设定了购

---

① U. S. Office of Management and Budget, Summary Report of the SWAT Team on Civilian Agency Contracting, December 3, 1992.

买资金的到账日期，比如在签订合同后14个工作日内拨付第一笔资金，通过中期检查后20个工作日内拨付第二笔资金，通过评价验收后15个工作日内拨付第三笔资金，但是购买主体却经常无视合同约定，拨付资金的时间经常是合同约定时间的1.5倍以上，即21天以上、30天以上和22天以上。例如，S县政府在购买棚户区改造服务过程中，财政部门负责审批的项目较多，工作任务繁重，导致审批周期较长，所以经常出现拖延拨付资金的问题，从而导致改造工作不能如期完成。[①]

在购买合同中，通常也会有购买主体如果延期支付购买资金，承接主体有权进行催告并要求购买主体按照合同约定的违约金比例支付违约金。不过，因为项目中期检查时间延后、资金支付机制不完善等状况，购买资金拨付延迟现象时有发生，而承接主体出于下次争取继续合作、担心被购买主体刁难、对购买主体的公共服务项目存在依赖性等方面的考虑，也很少履行催告的权利，[②] 更遑论让购买主体支付违约金了，这就让购买主体拖延资金拨付无须付出任何代价。

三、 履行合同环节的风险防范

在履行合同环节，无论购买主体抑或承接主体，都可能会带来一定的风险。能否有效防范这些风险，将直接关系到公共服务合同履行工作的成败。因此，有必要针对由购买主体或承接主体所引发的公共服务生产质量降低、公共服务生产能力和监管能力下降、监

---

① 唐倩茹：《我国政府购买公共服务流程优化研究》，湖南大学硕士学位论文，2018年，第18页。

② 刘丽娟、王恩见：《双重治理逻辑下政府购买社会工作服务项目的运作困境及对策》,《社会建设》2021年第3期，第78页。

管失灵、俘获、资金拨付迟滞等主要风险，着力探寻相应的防范策略。

（一）公共服务生产质量降低风险之防范策略

为了防范承接主体降低公共服务生产质量的风险，应当强化对承接主体的教育培训。在购买主体因为信息不完全、精力和能力有限等而难以对承接主体实施有效监管的前提下，承接主体是否会认真履行合同通常与其道德自律水平密切相关。如果承接主体是较为典型的理性经济人，即以追求自身利益最大化为基本行为取向，那么其想方设法采取偷工减料等方式来获取更多利润的事后机会主义行为发生的概率就会大幅提高。而当我们通过购买的方式来实现公共服务的供给时，实际上是将市场交换的逻辑援用到了公共领域，并使公共服务的提供方（购买主体）、公共服务的生产方（承接主体）、公共服务的接受方（消费主体）之间的关系变成了买方与卖方、生产者与消费者之间的关系。这样一来，就会对公共服务伦理造成一定的侵蚀，即市场机制的引入可能会使公共服务的购买主体和承接主体的利他主义动机被削弱，而利己主义动机却被进一步激发出来。有鉴于前述情况，一个基本的做法就是通过加强教育培训来提升承接主体的道德水平，从而用良善道德人的人性来中和理性经济人的人性，以便在一定程度上减少承接主体机会主义行为发生的概率。一般来说，道德水平较高的承接主体相对于道德水平较低的承接主体，所承担的道德成本要更高一些。也就是说，如果采取机会主义行为，前者更担心遭受舆论谴责，更害怕人设彻底崩塌，也更容易受到良心的谴责。因此，教育培训的一个好处就是通过提高承接主体的道德成本来减少其机会主义行为。当然，通过短期的教育培训来迅速提升承接主体的道德水准有一定的难度，因为一个人的道德素养是从小培养的，在家庭、学校和社会的长期教育和影响中生成，而到了成年，人的道德素养已经相对稳定。比如说，人的道德水准在成年时期已经相对稳定，所以当遇到老人干了有违道德或法律的事情时，我们不必过多地纠结于“是老人变坏还是坏人变老”这个问题，而是可以相对肯定地认为，在大多数情况下，年龄并不是改变一个人道德水平的因素。因此，对承接主体中的工作人员的教育培训就不能仅限于伦理道德方面的内容，还应涉及相关法律法规规章等制度层面的内容，通过增强其制度意识来减少事后机会主义行为发生的概率。

承接主体降低公共服务生产质量有时也可能是因为专业化水平不够。针对这一情况，在对承接主体进行教育培训时，不仅要涉及职业伦理道德方面的内容，还应包含专业知识和能力方面的内容。以政府购买社会服务项目为例，在实践中，有的地方政府作为购买主体非常重视外部督导的作用，专门通过政府购买的方式挑选第三方机构来提供专业的督导服务。被选中的第三方机构会制订较为严格的督导计划，并对承接主体中的社工进行培训。第三方机构还会与承接主体的相关工作人员开会讨论工作情况，针对工作人员尤其是一线社工提出的问题，第三方机构的督导人员会尝试和大家一起商量给出解决问题的建议。如果第三方机构的督导人员比较专业，对提高承接主体相关工作人员的专业素质会有比较大的帮助。当然，也有部分第三方机构的督导人员并不是十分专业，这就导致承接主体的相关工作人员觉得收获不大，甚至觉得在浪费时间，因而不太愿意参与督导组织的相关活动。例如，有学者对 J 区某社会服务机构的资深社工小 A 进行访谈时，小 A 就指出：

> 我觉得督导是提高工作质量的手段，是非常必要的。但对于目前一些项目督导的实际效果，我觉得不是特别理想。这并不是督导频率低的问题，而是觉得它解决不了我的问题。很多时候一线社工提出的问题都是实际操作中的具体困难，但是请

来的督导老师大多是高校教师，他们可能在理论方面比较擅长，但是我们很难把他们提出的理念付诸实践，可以说督导工作不是很接地气。有时候我觉得他们仅仅是为了完成自己每个月的工作量而来督导，辅导内容并不是我想要的，但我还得牺牲个人时间去坐着听，所以我就不愿意积极去参加督导活动，这是我的感受。如果觉得督导有用，我肯定会把工作排开，很乐意去参加督导。如果督导纯属无聊，我就觉得自己工作更重要，就会婉拒督导活动。①

由此观之，购买主体在对承接主体开展教育培训工作时，在教育培训主体的选择、教育培训内容的设计、教育培训时间的确定、教育培训方法的选取等方面都要进行精心的准备，以切实保障教育培训的有效性。

为了防范承接主体降低公共服务生产质量的风险，还应当加强和改进事中监管。缺少监管的权力往往容易被滥用特别是用来谋求不正当的利益。对承接主体而言，如果缺少有效的监管，其就可能利用手中的公共服务生产权来降低公共服务生产质量，从而获取更多的利润。对购买主体而言，政府向社会力量购买公共服务只是意味着购买主体将公共服务的生产权让渡给承接主体，但并不意味着购买主体就放弃了低成本高效率高质量地提供符合消费主体（服务对象）需要的公共服务的责任。相反，购买主体尤其是政府在公共服务供给中的角色并没有被简单地弱化，而应被重新定位。当购买主体从直接生产者变为间接生产者之后，购买主体尤其是政府必须承担起监督直接生产者生产行为的监管公共责任。对购买主体而言，要实现成功的购买绝不意味着选择了一个自己认为较好的承接主体就万事大吉了，而是要在合同签订后进一步加强合同履行的监管。

① 郑卫东：《政府购买服务的监管问题研究》，第80—81页。

一般来说，政府向社会力量购买公共服务履行合同环节的购买主体监管体现为一种活动过程。[①] 在这种活动过程中，购买主体对承接主体是否按照合同约定的公共服务数量和质量等要求生产公共服务进行监督检查。如果购买主体能够切实强化对合同履行情况的监管，那么承接主体就会认识到，实施机会主义行为被发现和遭受惩罚的概率大幅度增加，因而其机会主义动机或机会主义倾向转化为机会主义行为的可能性就会在一定程度上降低。例如，为了防止承接主体在履行合同过程中通过使用临时工来替代专业社工以降低成本，购买主体可以规定所有的合同都必须明确保证员工拥有符合法律规定的“最低工资”水平，并就该规定的履行情况进行严格检查。通过这种方式，能够在很大程度上确保公共服务生产者生产公共服务时更加专业、更加有效。[②]

为了防范承接主体降低公共服务生产质量的风险，也可以建立履约保证金制度。通过该制度来增强承接主体的风险意识、责任意识和外在压力。从博弈论的视角来看，在履行合同环节，购买主体与承接主体之间存在较为典型的博弈。两类主体为了实现各自利益的最大化，需要根据合同约定就公共服务的生产进行合作，但合作中又存在一定的利益冲突。因此，就有必要设计一定的制度来确保双方利益的实现和减少可能的冲突。对于作为委托人的购买主体来说，“怎样通过补偿系统的构建或契约的设计来促使代理人（这里的代理人就是承接主体）为委托人的利益而采取行动”[③]，是一个无法回避的重要议题。根据委托代理理论的相关分析，在静态模型中，

---

① 陈振明：《政策科学——公共政策分析导论》，第 179 页。

② 王浦劬、〔英〕郝秋笛等：《政府向社会力量购买公共服务发展研究：基于中英经验的分析》，第 201 页。

③ M. C. Jensen and W. H. Meckling, “Theory of the Firm: Managerial Behavior, Agency Costs and Ownership Structure,” *Journal of Financial Economics*, Vol. 3, No. 4, 1976.

作为委托人的购买主体为了激励作为代理人的承接主体采取委托人所期望的行动，应当根据可观测的结果对承接主体进行奖惩。这种激励机制一般被称为“显性激励机制”。[①] 在履行合同环节，就购买主体而言，为了确保承接主体认真负责地履行合同，一个较为有效的激励机制设计就是建立履约保证金制度。《政府采购法实施条例》第三十三条明确规定：投标保证金应该用非现金形式提交，比如“支票、汇票、本票或者金融机构、担保机构出具的保函等”。参照这一规定，履约保证金也可以考虑采用前述非现金形式来支付。根据新制度经济学的理解，有效的制度应当对制度所指向的对象产生内在的激励作用，履约保证金制度恰好具有这样的特质。该制度不是要否定承接主体的个体理性，而恰恰是要利用承接主体的个体理性。具体来说，假如承接主体没有履行合同中规定的义务条款，那么购买主体就有权用履约保证金来弥补遭受的损失。如果履约保证金不够弥补购买主体的损失，那么承接主体仍然要承担赔偿责任。[②] 该制度会促使理性的承接主体认识到，为了防止蒙受不必要的损失（如履约保证金被没收），理性的选择就是采取合作博弈的行为策略，即努力完成合同约定的公共服务生产任务。

为了防范承接主体降低公共服务生产质量的风险，还可以构建合同履行中的激励相容机制。激励相容作为利奥尼德·赫维克茨（Leonid Hurwicz）在1972年率先提出的一个概念，通常是指“如果在给定机制下，如实报告自己的私人信息是参与者的占优策略均衡，那么这个机制就是激励相容”[③]。根据赫维克茨的观点，面对信息不对称和信息分散的客观现实，为了推进资源配置实现帕累托改进甚

① 郑卫东：《政府购买服务的监管问题研究》，第22页。

② 吴小明：《政府采购实务操作与案例分析（第二版）》，第109页。

③ 黄新华等：《政府购买公共服务的机制设计研究》，中国社会科学出版社2019年版，第57页。

至帕累托最优，需要探索构建激励相容机制，这意味着要想方设法设计出这样一个机制，即作为经济活动参与者的个体主观上在追求个人利益，但客观上却为机制设计者既定的目标做出了贡献。[①] 在政府向社会力量购买公共服务的履行合同环节，作为委托人的购买主体不仅需要知道作为代理人的承接主体的真实能力，而且还需要知道承接主体是否会尽心尽力地完成合同约定的公共服务生产任务。[②] 然而，由于购买主体相对于承接主体而言，通常处于信息劣势，因此，为了防止承接主体利用自身的信息优势而采取降低公共服务生产质量等隐藏行动，购买主体努力的一个重要方向就是通过构建一定的激励相容机制，促使承接主体在履行合同过程中为了实现自身利益最大化，不自觉地做出购买主体所期望的保质保量地完成合同约定的公共服务生产任务的行为。换言之，购买主体作为机制设计者，其所设计的机制要能够发挥这样的激励作用，即承接主体在追求自身利益最大化的同时，也实现了合同约定的公共服务生产目标（这恰好是激励相容理论所涉及的两个方面内容：一个是最优机制，即实现个人预期收益的最大化；另一个是效率机制，即实现社会整体福利的最大化）。[③] 具体来说，购买主体至少可以考虑采用如下两个策略：一是提高验收合格后拨付的费用的比例。为了激励承接主体认真履行合同，一个基本的策略就是让承接主体感受到如果不按合同约定保质保量地按时完成公共服务生产任务，那么就可能会遭遇较大的经济损失，从而强化承接主体的责任意识。基于该策略，

---

① L. Hurwicz, "Optimality and Informational Efficiency in Resource Allocation Processes," in Kenneth Arrow, Samuel Karlin and Patric Suppes, eds., *Mathematical Methods in the Social Science, 1959*, California: Stanford University Press, 1960, p. 35.

② 〔美〕利奥尼德·赫维茨、斯坦利·瑞特：《经济机制设计》，田国强等译，格致出版社 2009 年版，第 42 页。

③ 黄新华等：《政府购买公共服务的机制设计研究》，第 59 页。

一个可行的做法就是，在拟定购买合同时，将公共服务结果评价验收通过后再拨付的尾款的比例提高，这就向公共服务的承接主体传递了一个明确的信号——“绝不允许延期、超支或存在质量问题，如果这样的情况发生，报偿体系将受到影响”[①]。二是加大对验收结果优秀的承接主体的奖励力度，即对那些经验收发现能够尽心尽责地高质量完成公共服务生产任务的承接主体给予更多的经济补偿或奖励、税收优惠、荣誉称号等物质和/或精神的奖励。

（二）公共服务生产能力和监管能力下降风险之防范策略

新西兰前总理海伦·克拉克（Helen Clark）在1999年发表的竞选宣言中曾经指出：“在过去的改革中，我们曾致力于寻求一个更加有效率的政府，但无疑也是一个做得更少的政府。现在，可以肯定的是，政府必须重建公共部门能力以更好地向公众输送更好的服务。”[②] 就政府向社会力量购买公共服务而言，必须防止购买主体因将生产任务移交给社会力量而带来的能力下降风险，必须着力推进购买主体的能力重建工作。

一方面，要努力提升购买主体的公共服务生产能力。对于购买主体而言，在推行向社会力量购买公共服务的同时，应当理性地认识到不能因此而完全放弃自身的公共服务生产能力之训练，而应通过专业化学习来获得“资格认证”，通过“参与式实践”来掌握专业技术，[③] 以便在购买服务实践中发现社会力量表现不佳时，可以在合

---

① 〔英〕达霖·格里姆赛、〔澳〕莫文·K. 刘易斯：《公私合作伙伴关系：基础设施供给和项目融资的全球革命》，济邦咨询公司译，中国人民大学出版社2008年版，第239页。

② 转引自E. M. Warner and A. Hefetz, “Service Characteristics and Contracting: The Importance of Citizen Interest and Competition,” in ICMA, ed., *Municipal Year Book 2010*, Washington, DC: ICMA, 2010, pp. 38-39。

③ 杨宝、杨晓云：《从政社合作到“逆向替代”：政社关系的转型及演化机制研究》，《中国行政管理》2019年第6期，第91页。

同履行完毕后不再继续依赖购买而是亲自供给公共服务。关于参与式实践，一个常用的策略就是采用公私混合的公共服务生产模式。在该模式中，购买主体保留或新建公有的公共服务生产组织。在社会力量表现不佳时，将公共服务收归这些组织来亲自生产，或者在组织购买环节，就让这些组织也适当参与竞争公共服务承接权，在胜出后即从事公共服务生产工作。当然，在让公有的公共服务生产组织与社会力量一起竞争时，购买主体一定要保证竞争的公平性，否则就会对购买公共服务工作的顺利推行人为地制造了阻力。

另一方面，要努力提高购买主体对合同履行的监管能力。从管理学的视角来看，当购买主体打算将公共服务的生产职能（“划桨”）移交给社会力量时，就必须将控制作为基本的价值追求，即要确保能够有效地监管承接主体的公共服务生产行为（“掌舵”）。因此，在组织购买环节，购买主体就应当在合同条款中明确设定购买主体的监管权限，即在购买合同中对购买主体有哪些监管权力、可以采用哪些监管方式、购买主体与承接主体之间出现争议时如何解决、购买主体在什么情况下可以判定承接主体违约以及购买主体在什么条件下可以终止合同等问题尽可能做出清楚明确的规定。同时，在组织购买环节也应该尽可能提高承接主体选择的竞争程度。不过，即使在组织购买环节签订的购买合同中对监管权限已经做了具体明确的规定，而且组织购买环节也存在充分的竞争，但是，在与承接主体签订合同从而进入履行合同环节之后，不仅约定的监管权限未必能够充分行使，而且之前存在的竞争到了履行合同阶段也大多相应消失了。毫无疑问，在履行合同环节，不能指望依靠承接主体的自觉来百分之百地完成合同。反之，为了确保承接主体能严格按照合同约定圆满完成公共服务的生产任务，购买主体必须具备有效地监管承接主体履行合同的能力。遗憾的是，购买主体监管合同履行的能力相对欠缺。实际上，没有哪个层级的政府敢于信心满满地说自己已经拥有足够的能力来圆满地完成合同管理工作。[①] 在我国政府购买公共服务的实践中，专业化的合同管理人才较为缺乏。公共服务购买的相关工作涉及的公共服务范围广、任务量重、专业性强，因而需要精通此项工作的专业人员。在世界上不少发达国家，公共采购职业与会计师、律师等职业一样，成为一种既重要又专业的职业。然而我国不少地方政府都反映缺少这方面的专业人才。[②] 因此，通过加强这方面的教育培训等组织学习的方式来提升购买主体监管合同履行的能力就显得十分必要而紧迫。正如凯特尔所言，组织只有认真学习，才可能成为精明的买主；组织只有及时发现并更正错误，才能避免重复犯错。[③] 如果不能加强学习，组织就可能一再重复之前犯过的错误。比如说，通过针对购买主体开展监管能力培训，让其能够灵活地综合运用诸如巡警监管和火警监管等不同种类的监管方式。巡警监管就是进行常规的巡查性监管，比如进行日常稽查、情况调查和要求承接主体做出汇报等。这种方式的运用要避免事先跟承接主体打招呼，即采用临时进行的方式以提高所获取的监管信息的真实性。火警监管则是当消费主体或其他社会公众、大众传媒等有别于购买主体和承接主体的其他主体对承接主体生产的公共服务表达了不满时，购买主体对相关问题展开调查和处理。无论是采用哪种监管方式，购买主体都必须意识到，一定要有相应的惩罚性措施作为保障，[④] 比如采用警告、延期支付款项、罚款、终止合同、纳入黑名单、诉诸法律手段等。同时，购买主体尤其是政府部门要注

① 〔美〕菲利普·库珀：《合同制治理——公共管理者面临的挑战与机遇》，第 176 页。

② 吕芳、王冬芳等：《政府购买公共服务研究：中国实践与国际经验》，国家行政学院出版社 2017 年版，第 12 页。

③ 〔美〕唐纳德·凯特尔：《权力共享：公共治理与私人市场》，第 149—150 页。

④ 周义程、蔡英辉：《公共服务合同制购买的运作风险及其防范策略》，《行政论坛》2016 年第 1 期，第 51 页。

重通过公务员招考、政府雇员制、其他单位调入等多种途径吸纳专业化的管理人员来提高自身的管理能力，尤其是对承接主体履行合同情况的监管能力。

（三）购买主体监管失灵风险之防范策略

为了防范购买主体监管失灵风险，应当大力推进第三方监管主体的独立监管。具言之，针对购买主体由于监管人员数量有限和监管能力不足等原因所出现的监管失灵风险，为了确保购买公共服务资金的合理高效使用和购买到符合合同要求的公共服务，可以考虑在履行合同环节引入更为专业的第三方监管主体。公共服务购买中的第三方监管主体也可以称为合同管理团队。英国是较早引进专业化监管机构并推行与绩效挂钩的监管方法的国家。他们通过拟定“公共服务协议”和聘请专业人士，能够及时发现承接主体在履行公共服务购买合同过程中出现的问题或存在的隐患，并立即敦促承接主体马上整改，从而避免到了绩效评价环节才发现有不少问题。① 参照英国等发达国家的经验，我国公共服务的购买主体在选好了承接主体并与之签订合同之后，可以将合同管理的任务移交合同管理团队，并明确该团队的管理职责。一般来说，合同管理团队的主要任务包括“完成项目交付，处理合同变更，监督服务质量，维持合同的完整性”② 等。该管理团队在开展监管工作时，要通过对承接主体的工作记录进行检查、定期或不定期地开展实地调查、受理投诉等③

---

① 赫立夫：《部分发达国家政府购买公共体育服务供给风险识别及防范研究》，第34页。

② 〔英〕达霖·格里姆赛、〔澳〕莫文·K. 刘易斯：《公私合作伙伴关系：基础设施供给和项目融资的全球革命》，第85页。

③ 冯俏彬、郭佩霞：《我国政府购买服务的理论基础与操作要领初探》，《中国政府采购》2010年第7期，第72页。

方式来确保承接主体严格按照合同约定完成公共服务生产任务。需要注意的是，合同管理团队作为第三方监管主体，从严格意义上说，其对承接主体的不良行为只能提出处理建议，而不具有进行处理的权限，因此，对承接主体的不良行为做出最终判断，并对不良行为采取督促整改、按合同约定进行处罚或更换承接主体等措施的责任仍然应当由购买主体来承担。

需要特别强调的是，在引入第三方监管主体对承接主体的公共服务生产行为进行监管时，购买主体还需要加强对第三方监管主体的监管，特别是要敦促第三方监管主体加强监管力量和改进监管的方式方法，以提高第三方监管主体的监管质量。例如，有的第三方监管主体在开展监管工作时，先让社会组织告知开展活动的内容、时间和地点，然后派检测员到现场进行跟踪。有学者对某个检测员进行访谈时，该检测员直言不讳地表示：

> 区社工委要求每个项目的跟访不得少于三次，但是每个年度有将近200个项目需要进行过程监管，我们最多的时候只有五名检测员，不可能一个项目走访三次，每个项目走访一次已经是非常大的工作量了。[①]

不仅如此，社会组织在前期沟通过程中已经知道第三方监管主体会来跟访哪场活动，因而只要认真把该场活动做好就足以应付检查。[②]

为了防范购买主体监管失灵风险，还应该积极引入服务对象的参与式监管。由于服务对象是承接主体生产的公共服务的直接消费者，其对服务内容、服务态度、服务效率、服务水平等服务质量方面的信息最为了解，故而可以借助他们的力量来防范承接主体不按

---

① 张汝立、刘帅顺、包娈：《社会组织参与政府购买公共服务的困境与优化——基于制度场域框架的分析》，第98页。

② 同上。

合同约定来认真履行公共服务生产职责。不仅如此，通过为公众发表看法、提出建议和进行投诉提供畅通的渠道，还可以让购买主体和承接主体都及时地认识到公共服务供给的哪些地方有待改进、如何改进，服务对象认为哪些地方做得比较好。这些不仅对保证此次公共服务购买的质量有直接的促进作用，而且对后续的公共服务购买工作如何更好地体现服务对象的意愿和发挥服务对象的监管作用也能提供一定的经验借鉴。当然，在实践中，服务对象对公共服务承接主体生产的公共服务进行监督的渠道和方式并不很畅通。德霍格和萨拉蒙早在 2002 年就发现，服务对象通常处于弱势地位，他们对承接主体生产的公共服务表达不满的机会比较有限，因而很难对承接主体进行有效监督。[①] 我国有学者对深圳市罗湖区环卫服务外包中的服务对象监督情况做了深度访谈后也发现了类似现象，即服务对象对政府购买环卫服务的情况知之甚少，参与程度也很低。例如，当被问及政府每年都针对承接了环卫服务的清扫公司进行民意调研，“您是否接受过调查”时，居民们的答案非常接近：

> 没有，从来没有，我们也不知道他们建立了什么样的监督机制，我们该怎么样参与到这个监督里来……政府外包这一块呢，公布的透明度，我们都没听说过……我们作为基层的老百姓，不知道这些东西。[②]

鉴于前述情况，着力推进服务对象对合同履行情况的参与式监管就成为亟待开展的一项重要工作。一方面，购买主体可以在公共服务生产期间不定期地开展“公共服务满意度调查”，以获取服务对

---

① Ruth Hoogland DeHoog and Lester M. Salamon, “Purchase-of-Service Contracting,” in Lester M. Salamon, ed., *The Tools of Government: A Guide to the New Governance*, New York: Oxford University Press, 2002, pp. 319-320.

② 贾旭东：《基于扎根理论的中国城市基层政府公共服务外包研究》，兰州大学博士学位论文，2010 年，第 98 页。

象对公共服务生产中存在的问题之反馈信息，并借此采取相应的整改或处罚措施。另一方面，购买主体也应当建立较为通畅的公共服务投诉渠道，当服务对象对承接主体生产的公共服务有不满意之处时，随时可以将相关信息和诉求反馈到购买主体那里，从而对承接主体的公共服务生产行为形成即时性的监督。

为了防范购买主体监管失灵风险，也可以尝试与严格履约的承接主体建立长期合作关系。在多次的委托代理关系中，即使不存在显性激励机制，也可以考虑依靠“时间”本身无成本地解决代理问题。根据重复博弈模型的相关研究成果，如果作为委托人的购买主体与作为代理人的承接主体之间形成了长期的公共服务买卖关系，加之贴现因子足够大（双方都有充足的信心），那么就可以实现帕累托一阶最优风险分担和激励。进一步地说，在购买主体与承接主体的长期关系中：一方面，根据大数定理，可以将外生的不确定性排除掉，购买主体能够较为准确地从观察到的变量中推测承接主体的努力水平，承接主体一般也不太可能采用偷懒的办法增进自身的利益；另一方面，长期合同在一定程度上为承接主体提供了“个人保险”（self-insurance），即使合同不具备法律上的可执行性，但合同双方出于维护各自声誉以维持长期合作的考虑，通常也会各自履行好合同约定的责任。[①] 由此可知，虽然说购买主体的监管失灵为承接主体做出道德风险行为提供了机会，但长期合作关系可以在较大程度上降低承接主体此类行为的发生概率。有鉴于此，可以考虑运用持续性合作关系承诺这一隐性激励机制。所谓持续性合作关系承诺，是指购买主体公开做出承诺，对于那些公共服务生产的业绩评价为优秀的承接主体，会优先考虑建立长期合作关系，而对那些业绩较差的承接主体，则不再给予公共服务购买订单。例如，江苏省苏南

---

① 郑卫东：《政府购买服务的监管问题研究》，第 22 页。

地区部分市县就对社会组织进行了等级评估，对评估等级较高的社会组织，在购买公共服务时会有一定的偏重。①

为了防范购买主体监管失灵风险，亦应当努力增进承接主体的内在责任感和归属感。根据有关学者的研究，非营利组织（在我国通常被称为社会组织）具有非营利性、公益性②等特征，因而其在公共服务生产过程中并不像委托代理理论中所说的代理人那样以追求自身利益为行为动机。基于这一看法，戴维斯、斯库曼和唐纳森从组织心理学和组织社会学维度切入，于20世纪90年代率先提出了与委托代理理论存在显著差异的管家理论（stewardship theory）。在管家理论的倡导者看来，在一个组织中，组织成员并非只追求自身利益最大化，而是会让自身行为与组织目标保持一致。③ 根据管家理论，作为代理人的承接主体并非只追求自身利益最大化的“理性经济人”，而是能够进行自我约束和控制并积极为组织目标做出自己贡献的“自我实现的社会人”④，他们可能存在的“忠诚感、自豪感、使命感不应被无视”⑤。当然，关于管家理论和委托代理理论，究竟哪一个理论对中国公共服务购买中购买主体与承接主体之间的关系更具有解释力，不应从逻辑维度简单地做出判断，因为符合逻辑的未必符合事实。而有学者通过对中国基层社区公共服务购买的实践案

---

① 王志文、张瑞林、沈克印：《激励约束：政府购买公共体育服务中体育社会组织道德风险的应对》，第63页。

② 〔美〕莱斯特·M. 萨拉蒙：《公共服务中的伙伴——现代福利国家中政府与非营利组织的关系》，田凯译，商务印书馆2008年版，第56页。

③ J. H. Davis, F. D. Schoorman and L. Donaldson, "Toward a Stewardship Theory of Management," *Academy of Management Review*, Vol. 22, No. 1, 1997.

④ 蒋艳辉、黄滢、侯大山：《管家理论研究评述与展望》，《工业技术经济》2021年第5期，第116页。

⑤ L. Donaldson, "The Ethereal Hand: Organizational Economics and Management Theory," *The Academy of Management Review*, Vol. 15, No. 3, 1990.

例加以考察后发现，“代理理论和管家理论在中国各自都有适合其发展的土壤。即使是同一个街道，也会把一些组织当作自己的管家，但是由于亲疏远近（是否本土培养与竞争性购买）而与另一些组织保持委托代理关系”[①]。

在政府购买公共服务的具体运作过程中，有的承接主体作为代理人，所扮演的实际上是管家的角色。作为“管家”，其目标与作为委托人的购买主体的目标在很大程度上具有一致性。此时，“管家”型承接主体，其内心深处拥有一种责任感和由工作带来的满足感，其会注重进行有效的自我控制。而如果作为委托人的购买主体依然对其采取时刻加以监控的外在控制措施，那么承接主体会因为不被信任而挫伤工作积极性。根据这一理论，购买主体应当注重通过增强承接主体内在的责任感和归属感来促进承接主体自觉地加强内在控制。如果因潜在的承接主体数量有限而在组织购买环节出现竞争性不足，而且这种竞争不充分的情况难以在短期内改变，那么购买主体更应当重点考虑如何增进承接主体的内在责任感和归属感。为此，需要购买主体积极地开展回报机制、认知机制、承诺机制等机制的设计工作。[②]

就回报机制而言，购买主体应当注重用信任和声誉来回报承接主体。对承接主体而言，信任意味着购买主体与承接主体之间“建立了互信并提前达成一致的目标”[③]。有学者经过实证研究发现，相对于

---

① 敬乂嘉：《社会服务中的公共非营利合作关系研究——一个基于地方改革实践的分析》，《公共行政评论》2011 年第 5 期，第 27 页。

② 李洪佳：《超越委托代理——以“管家理论”重塑政府购买公共服务行为》，《理论导刊》2013 年第 12 期，第 25—27 页。

③ 敬乂嘉、崔杨杨：《代理还是管家：非营利组织与基层政府的合作关系》，《中国第三部门研究》2015 年第 1 期，第 16 页。

加强监管、促进竞争而言，信任对合同绩效的正向影响更为显著。[①] 当购买主体与承接主体之间的信任关系建立起来之后，购买主体相信承接主体会自觉地按照合同约定来完成公共服务生产任务，因而承接主体有被尊重、被肯定的感觉，并由此可能会增强履行合同的自觉意识。不仅如此，购买主体与承接主体之间的信任关系会随着双方合作时间的延长而增进，购买主体对承接主体合同履行情况的监管力度也可以适当减弱。[②] 在这种情况下，购买主体与承接主体之间的非正式信任关系既能够在弥补正式合同的不完全性方面发挥关键作用[③]，又能够较为有效地补救正式监管的脆弱性弊端[④]。“在管家模式下，相互信任克服了信息不对称和规避风险的行为。”[⑤] 对承接主体来说，良好的声誉不仅意味着承接主体存在的价值获得了外界的肯定，而且意味着其在未来会有更多的机会承接相关的公共服务生产工作。因此，承接主体的理性选择是爱惜自己的声誉，即通过维持和提高自己的声誉来为将来继续赢得购买主体的相关合同做准备。购买主体在选择承接主体时，应当优先选择声誉相对更好的承接主体，从而更加有效地激励更多的承接主体出于维护声誉的考虑而认真负责地履行合同约定的生产任务。

---

① S. Fernandez, “Understanding Contracting Performance: An Empirical Analysis,” *Administration & Society*, Vol. 41, No. 1, 2009. 转引自郭小聪、聂勇浩：《服务购买中的政府——非营利组织关系：分析视角及研究方向》，《中山大学学报（社会科学版）》2013 年第 4 期，第 156 页。

② D. M. Van Slyke, “Agents or Stewards: Using Theory to Understand the Government-Nonprofit Social Services Contracting Relationship,” *Journal of Public Administration Research and Theory*, Vol. 17, No. 2, 2007.

③ 敬乂嘉：《社会服务中的公共非营利合作关系研究——一个基于地方改革实践的分析》，第 8 页。

④ 叶托：《资源依赖、关系合同与组织能力——政府购买公共服务中的社会组织发展研究》，《行政论坛》2019 年第 6 期，第 67 页。

⑤ 敬乂嘉、崔杨杨：《代理还是管家：非营利组织与基层政府的合作关系》，第 16 页。

就认知机制而言，购买主体应当在与已经签订了公共服务购买合同的承接主体进行沟通时强调，承接主体眼光要放长远，认识到不应当将与购买主体之间的合作看成“一锤子买卖”，而应通过这次合作为以后的继续合作奠定良好的基础。如果承接主体能够形成这样的认知，那么其就会减少合同履行过程中道德风险行为发生的概率。需要指出的是，在认知机制的构建中，购买主体要避免让承接主体产生这样一种认识：以后可以单纯依靠与购买主体之间建立的信任关系来赢得公共服务承接权和签订“关系合同”。这是因为，在我国，依靠人情和关系的传统较为久远，法治思维和法治方式尚未完全形成，如果过度强调信任关系和关系合同，容易增加公权力设租、创租的风险和购买主体与承接主体合谋的风险。

就承诺机制而言，其通常意指承接主体认同购买主体所设定的通过公共服务供给来优先实现和维护公共利益的价值导向。当承接主体对购买主体的价值导向形成这样的认同感时，其就可能逐渐将这种价值导向内化为自身的价值观念。此时，即使没有受到外在监督力量的约束，承接主体也会自觉地履行公共服务的生产责任。为了形成承诺机制，购买主体需要充分理解和尊重承接主体的合理需求，并为承接主体的需求满足和高质量发展提供相应的支持。需要指出的是，虽然说管家理论为竞争不足和购买主体监管能力及精力有限情境下如何确保承接主体自觉履行合同约定的公共服务生产任务提供了可选方案，但是随着我国社会力量的日渐成熟，参与竞取公共服务生产权的潜在的承接主体的数量会显著增加，此时购买主体时常会遇到与不太熟悉的承接主体签订购买合同的情况，购买主体与承接主体之间的关系就会更符合委托代理理论所描述的情形。因此，长远来看，购买主体不应一直乐观地认为承接主体会比较符合管家的角色，而是应当着力提高自身的合同监管能力，以提升公共服务购买的有效性。

（四）俘获风险之防范策略

购买主体被俘获本质上是承接主体主动去拉拢和腐蚀购买主体所形成的两类主体之间相互勾结的腐败行为。这类行为直接造成了公共服务购买合同履行得不严格、不到位，并最终导致公共服务购买的实际成效大打折扣。因此，必须多措并举地防范公共服务购买中的俘获风险。

首先，应当着力构建不敢俘获的惩戒机制。为了降低该类风险，需要让承接主体不敢去俘获购买主体。基于这一考虑，需要构建以负向激励为基本内核的惩戒机制。在政府购买公共服务的合同履行过程中，负向激励作为以惩罚为主要内容的一种激励类型，意在让承接主体和购买主体都不敢做出有悖于合同约定的购买目标和任务的行为。从不敢俘获的惩戒机制之构件来看，主要由俘获行为识别机制和精准问责机制两个子机制组成。就俘获行为识别机制而言，可以考虑由中央政府选取若干地区先行先试，由这些地区的地方政府探索性地出台“××政府购买公共服务中的俘获购买主体行为识别办法（试行）”，对俘获行为的主要“病症”分门别类地做出细致列举。不难想见，不同地方政府所罗列的俘获行为难免会存在一定的差异性、主观性和不全面性，但中央政府层面可以在综合各地方政府所做的探索性界定的基础上，出台“政府购买公共服务中的俘获购买主体行为识别办法（试行）”。在该文件中，应当对俘获行为的表现做出更加全面、详细和客观的列举，并对这些行为的判断标准以及识别这些行为的方法和手段等做出可操作化的规定。就精准问责机制而言，为了让公共服务的承接主体和购买主体都产生敬畏心理，有必要构建俘获行为精准问责机制来加大对相关人员的惩戒力度。为此，可以由中央政府层面尽快制定“政府购买公共服务中的俘获购买主体行为问责办法（试行）”，在这个办法中应当具体细致地设定好对相关行为进行问责的标准、基本范围、主要内容、工作程序、常用方式、惩罚措施、救济渠道等，从而让那些做出俘获行为的承接主体和购买主体的相关人员付出沉重的代价。[①] 此外，还可以与购买主体和承接主体的主要领导签订“拒俘承诺书”，承诺书中尤其要明确主要领导第一责任人的地位，让这些主要领导切实承担起主体责任。

其次，应当着力构建不能俘获的防范机制。缺少有效的监督，就无法做到不能俘获。为了让不能俘获的“笼子”更加牢固和严密，让承接主体和购买主体中的相关人员都完全丧失俘获和甘于被俘获的操作空间，需要构建起由监督机制和考核评价机制两个主要构件组成的不能俘获之防范机制。就监督机制而言，至少要从两个方面来努力。一方面，推进体制内的多主体精准化日常监督。对合同履行进行监督是防范俘获风险最为重要的手段之一。[②] 要尽快构建起主管部门、财政部门、审计部门、纪委监委、司法部门等多个主体协同监督的机制，最大限度提升监督合力；要加大对购买主体和承接主体相关人员尤其是主要领导“工作圈”“生活圈”“社交圈”的监督[③]，特别是要将八小时之内的监督与八小时之外的监督有机结合起来，实现全天候全覆盖无缝隙的监督。另一方面，推进体制外的服务对象的随机化常态监督。服务对象是公共服务的直接消费者，其与承接主体的联系最为密切，因而应该充分发挥服务对象的监督作用。当然，倘若要让服务对象监督真正发挥效用，一个基本的前提就是要为服务对象提供通畅的监督渠道。考虑到这一点，可以综合

---

① 周义程：《“基层庸懒症”的一体化治理路径》，《人民论坛》2020 年第 2 期，第 49 页。

② 杨燕英主编：《政府购买公共服务导论》，经济科学出版社 2018 年版，第 179 页。

③ 周义程：《腐败低龄化的显著特征与针对性预防》，《人民论坛》2021 年第 20 期，第 49 页。

发掘意见箱、接待室等线下的监督渠道和微信、微博、电子邮箱、官方网站等线上的监督渠道。同时，要建立严格的监督保密制度，以切实消除服务对象开展监督的后顾之忧。对于服务对象提供的相关问题线索，要通过建立首办负责制度、有件必复制度、结果公开制度等多项制度来确保这些线索得到全面核查、落实和反馈。就考核评价机制而言，建议由中央政府层面出台“公共服务购买主体和承接主体‘拒俘’行为考核评价工作条例（试行）”，对购买主体和承接主体行为做出具体明确的要求。为了让这个要求真正落地，需要将购买主体和承接主体的“拒俘”情况纳入政府购买公共服务绩效评价环节的考核评价内容，并认真做好考核评价的主体选择、指标设计和结果运用等工作。关于考核评价的主体、指标和结果运用等方面的内容，在本书“绩效评价环节的风险及其防范”的相关章节会做出细致阐述，此处不再展开。

最后，应当着力构建不想俘获的保障机制。不想俘获离不开购买主体和承接主体在思想意识上的自觉。为了让不想俘获的自觉意识越来越强，需要构建起由“拒俘”思想教育引导机制和“拒俘”行为正向激励机制两个主要构件组成的不想俘获之保障机制。就政府购买公共服务“拒俘”思想教育引导机制而言：一方面，要切实加强购买主体和承接主体的公共服务动机教育（公共服务动机通常是指基于以人民为中心的理念，自觉地通过处理公共事务来为人民服务的利他性动机，其具有利他性、服务性和无私奉献性等特质），借此减少购买主体和承接主体的相关人员人性中自私自利的一面，更多地培育和激发其努力为消费主体提供高质量公共服务的利他主义动机。为了提升公共服务动机培育的有效性，建议在中央政府层面制定“政府购买公共服务中相关人员公共服务动机培育办法（试行）”。另一方面，要积极开展俘获相关案例的警示教育。要从警示教育的案例选择、内容设计、方法运用等方面提高教育的精准性和有效性，让购买主体和承接主体的所有工作人员都能“心有所畏、行有所止”。就政府购买公共服务“拒俘”行为正向激励机制而言，对于购买主体中坚持原则、严格履职的工作人员要通过公开表彰、授予荣誉、发放奖金、晋升职级或职务等精神奖励或物质奖励手段激发其拒绝俘获行为的内外动力。对于那些严格履行合同的承接主体，在绩效评价环节结束后给予一定的物质或精神奖励，并优先作为后续的公共服务购买项目之承接主体。

（五）资金拨付迟滞风险之防范策略

为了防范资金拨付迟滞风险，应当明确资金拨付的及时支付原则。为了确保资金及时拨付，应当由中央相关政府部门如财政部针对资金拨付发出专项通知，在通知中对及时拨付原则要做特别强调。关于这一点，英国就做了明确的规定。英国要求各级政府都严格遵守及时支付（prompt payment）这个重要原则。如果所开展的购买公共服务工作没有争议，那么在10天内必须将费用支付给承接主体。不仅如此，英国在2010年颁布的财政预算案还进一步做了专门规定，要求所有中央政府部门必须将80%的费用在5天内支付给承接主体。英国法律还要求中央政府部门在与承接主体签订合同时，一定要增加要求政府部门的承接主体必须在30天内将费用支付给分包商的相关条款。[①]

为了防范资金拨付迟滞风险，还应当构建稳定的资金拨付机制。政府向社会力量购买公共服务的经费通常都纳入了财政预算。对于购买主体而言：一方面，应当在公共服务项目的合同期满前就制定好该公共服务项目下一期的购买方案并进入组织购买环节，确保新旧项目之间尽量实现无缝对接。另一方面，购买主体可考虑适当提

① 吕芳、王冬芳等：《政府购买公共服务研究：中国实践与国际经验》，第189页。

高第一笔资金的拨付比例，以减少后续资金拨付延迟对公共服务项目稳定运行带来的不良影响。此外，购买主体应当进一步优化资金拨付制度，并努力探索根据承接主体的信用等级、社会声誉、过去承接的公共服务项目的实际评价结果等来进行资金拨付等新举措，[①] 从而尽可能减少其他外在因素造成的资金拨付的延迟。

① 刘丽娟、王恩见：《双重治理逻辑下政府购买社会工作服务项目的运作困境及对策》，《社会建设》2021年第3期，第83页。

第七章　绩效评价环节的风险及其防范

在公共部门绩效管理中，绩效评价是其中一个非常重要的管理控制系统，如果说公共部门战略规划是解决如何达成战略目标的问题，那么绩效评价环节存在的目的就是辅助查找是否偏离既定的目标方向以及如何进行调整修正以保证公共部门战略规划的正确实施。实质上，绩效评价体现了一种纠偏机制的运用，其评价结果将作为修正、变更甚至终止政府购买公共服务决策的基本依据。本章将聚焦于公共服务购买的绩效评价环节，致力于系统分析政府购买公共服务绩效评价过程中可能存在的风险隐患，亦即探讨购买主体、承接主体以及评价主体在公共服务购买绩效评价过程中可能因利益博弈关系而出现失范性行为的具体表征，同时结合评价成果运用本身存在的风险进行综合梳理与全面剖析，最后试图从制度体系、程序机制以及技术能力等方面提出绩效评价环节的风险防范之可行性对策。

一、绩效评价环节的主要风险

所谓绩效（performance），顾名思义就是成绩和效果的简称。具言之，绩效通常是指个体或组织从事一定的活动所取得的成绩和产生的效果。[①] 绩效评价就是通过对个体或组织从事一定活动所取得的

---

① 胡象明主编：《行政管理学》，高等教育出版社2019年版，第251页。

成绩和产生的效果方面的信息进行收集、整理、分析和判断并得出一定结论的过程。对于个体的购物行为而言，能够准确地判断所购买的东西之优劣显然非常重要。同样地，对于购买主体向社会力量购买公共服务这种为消费主体进行购买的公共服务行为而言，购买主体能够科学地评估承接主体所生产的公共服务之好坏也十分重要。甚至可以认为，购买公共服务能否取得成功很大程度上取决于承接主体的实际绩效。需要说明的是，虽然说从理论层面来看，绩效评价理应包含对购买主体的购买绩效的评价，比如对是否达到了公共服务购买的预期目标、是否很好地履行了全流程管理义务等进行评价。但是从实践运作层面看，绩效评价环节主要是对承接主体从事公共服务生产的绩效进行评价，而不太涉及对购买主体的绩效评价，故而本部分主要是围绕对承接主体的绩效评价展开的，而关于购买主体的绩效评价，我们拟在今后的研究中进一步加以探讨。毋庸讳言，在政府购买公共服务的过程中，如果承接主体都是天使的话，那么购买主体就不需要在履行合同环节对其公共服务生产行为进行监督，也不需要在绩效评价环节花费多少心思对承接主体的工作绩效进行全面深入细致的评估。不过，实践一再证明，即使是社会组织这样号称具有利他性特质的承接主体也时常暴露出利己的一面，所以我们不得不面对不完美的承接主体，也因此不得不对其完成合同约定的公共服务生产任务的情况进行严格的评价与验收。因为承接主体并非天使，所以在绩效评价环节，其会引发一定的风险。同样地，购买主体也不是天使，其在绩效评价环节也可能会造成一定的风险。

（一）绩效评价形式化风险

政府购买的公共服务具有较强的外部性，亦即成本由政府承担、成效由社会共享，公共服务溢出效应显著。因此，在政府购买公共服务的实践运作过程中，购买主体、承接主体以及评价主体三者之间通常会存在潜在的利益博弈关系，三方为追求共同利益而采取一致性行动，由此而产生的负面“共谋”行为不仅使政府购买行为偏离初衷、既定政策目标发生偏差，更抹杀了公共服务绩效评价这一环节本身的意义。有的购买主体在购买公共服务过程中，并没有重视绩效评价，评价更多地成为一个形式化的程序，即虽然有评价，但通常会采用召开座谈会来听取汇报等传统的评价方式，而较少采用定量评价方式。例如，Z 市 S 区对社会工作服务项目开展绩效评价时，主要采用了专家组集中评价的方式。该种评价方式通常需要专家们在半个小时左右的时间内，对承接主体半年或一年的社会工作服务产出做出评价，显然过于粗略。[①] 此时，只要承接主体事先准备并“包装”一下汇报材料，通常都能顺利通过验收，因而该环节就变得十分薄弱。J 区某社会服务机构专业社工人员小 A 曾在接受访谈时指出：

采购人偏重台账和文字材料，给我们产生这样的印象：项目评估就是看台账，只看纸质上的东西。这种项目评估方式合不合理？我很困惑。每个项目基本上要做一年时间，而一年里平时的监管基本上没有，就靠中期和末期两次评估，每次评估只需一两个小时就结束了。你花这一两个小时就能看清楚项目所有？我们社工可是做了整整一年啊！很多项目评估只看台账，台账做得好一点可能就轻松过关了；有可能活动做得很好，但社工在簿记功底方面弱一点，就被说项目做得不好，所以我觉得这里面的关系挺复杂。有时请来的评估专家，前期对项目完全不了解，全程都没有参与项目，只凭听项目社工汇报 10 分钟

---

① 韩江风：《政府购买服务中第三方评估的内卷化及其优化——以 Z 市 S 区社会工作服务评估项目为例》，《四川理工学院学报（社会科学版）》2019 年第 2 期，第 27 页。

的第一印象，就来评价项目做得好或者不好，我觉得这是不公平的。[①]

有的承接主体“为了在有限的汇报时间内尽量丰富而令人信服地呈现项目实施效果，往往安排表达能力强的‘职业发言人’负责展示”[②]。评审专家为了确保评价进度，没有时间和精力对承接主体的实际业绩进行细致核实，只能根据承接主体提供的材料和汇报情况仓促给出评价结论，进而使绩效评价在一定程度上变成了走过场，这既“导致一些社会组织‘抄近路’，重视评估和考核材料，却不注重服务质量的提高”[③]，又可能带来公共服务项目交付后的质量隐患。例如，某镇政府在委托社会力量承接村村通和组组通公路项目时，具体负责道路修建的是政府所辖的某个事业单位，在路修好之后，镇政府并没有聘请专业人员进行检测，而只是安排了相关工作人员前去验收。结果几年之后，公路就出现不少损坏的情况，引起了当地群众的严重不满，并集聚到镇政府进行声讨。[④]

由前述分析可见，在某些购买实践中，绩效评价环节在一定程度上是“缺环”的。个中原因较为复杂，有购买主体的主观性原因，如人力物力有限、监管能力不足、责任意识欠缺、人情关系因素等等。比如，有一部分承接主体在组织购买环节就是通过找关系才获得了公共服务项目的承接权，在进入绩效评价环节时，这类承接主体同样可能继续利用人情关系来使绩效评价结果高于实际绩效，起

---

① 郑卫东：《政府购买服务的监管问题研究》，上海人民出版社 2019 年版，第 83—84 页。

② 张汝立、刘帅顺、包娈：《社会组织参与政府购买公共服务的困境与优化——基于制度场域框架的分析》，《中国行政管理》2020 年第 2 期，第 98 页。

③ 顾丽梅、戚威龙：《政府购买社会组织服务资金管理困境与对策研究》，《浙江学刊》2019 年第 5 期，第 162 页。

④ 崔光胜、余礼信：《基层政府购买农村公共服务：实践、困境与路径——基于江西省 G 镇的个案分析》，《中南民族大学学报（人文社会科学版）》2014 年第 6 期，第 141 页。

码要努力确保顺利通过评价验收。有的承接主体在组织购买环节为了顺利获得公共服务承接权，会做出某些其实际能力达不到的虚假承诺，而在获得了该公共服务项目的承接权并开始履行合同后，为了顺利通过评价验收，该承接主体又会千方百计地“串通”购买主体，让其放宽验收标准，从而达到既规避掉难以兑现的承诺又能够顺利通过验收的目的。[①] 有时也会出现购买主体中的相关工作人员以绩效评价可能难以通过作为威胁，暗示承接主体要主动向其提供好处。而在获得好处后，则人为放宽验收要求，从而导致绩效评价成为走过场。当然，有时绩效评价不太严格也可能是由客观性因素造成的。比如说，购买主体担心如果评价过于严苛，就会导致评价结果比较差，那么购买主体在合同结束后就没有理由继续让该承接主体来承接相应的公共服务，而在短时间内又找不到更为合适的承接主体，因而就可能造成该公共服务供给的中断。再比如说，有的公共服务本身具有产出的无形性和即时性的特点，就会在某种程度上增加评价工作的难度；有的公共服务的实际质量在当时很难准确测量，要经过较长的时间才能发现其质量究竟如何，这就无法确保在公共服务项目结束后立即开展的绩效评价工作的精准性和客观性。有时是因为购买主体在推行公共服务购买工作过程中，认为如果绩效评价结果不太理想，就反映出自己在承接主体选择和对合同履行的监管等方面存在工作上的缺陷。有鉴于此，购买主体往往会人为地“包装”绩效评价结果，使之远超实际结果。比如说，S 区民政局在由 Z 市社会工作协会这个第三方对 2017 年承接社会服务项目的五家社会工作机构进行绩效评价时，虽然购买合同中有不少指标没有完成，但最终结果是：五家机构中有三家被评为优秀等级，两家为

---

① 吴小明：《政府采购实务操作与案例分析（第二版）》，经济科学出版社 2011 年版，第 310 页。

良好等级。S区民政局不久又与这五家机构续签了2018年的购买合同，并且购买金额在2017年的115万元基础上增加了20多万元。不仅如此，Z市社会工作协会还通过找其他机构陪标的方式，得以继续负责2018年度S区购买社会服务项目的第三方评估工作。[①] 这种“皆大欢喜”的绩效评价结果对购买主体、承接主体和评价主体都有利：对购买主体而言，可以获得上级的认可和资金的继续划拨；对承接主体而言，可以继续获得社会服务项目的承接机会；对评价主体而言，可以继续承担社会服务项目购买的绩效评价工作。不过，对消费主体而言，虽然说有社会服务总比没有强，但也只能继续接受满意度并不高的社会服务。

（二）购买主体评价失效风险

购买主体的评价失效风险主要生成于购买公共服务这一行为的事前与事后两个阶段。具体而言，购买主体向承接主体购买公共服务，这一行为的实质是购买主体委托承接主体进行公共服务供给，这两者之间是一种委托代理关系。购买主体（一般指政府）作为服务供给的委托方，在挑选适合承接这类服务项目的代理人（一般指社会组织）时，往往因信息不对称而误选了服务承接主体，待真正进入服务供给阶段，购买主体才发现承接主体有隐藏信息、谎报资质之嫌，并不具备其在招投标阶段所列出的专业素养与职业技能，这就构成了第一种形式的评价失效风险，即购买主体未做好在公共服务购买过程（从服务项目的招标竞标到执行推进）中对承接主体信誉资质的监督评价工作。

而另外一种形式的评价失效风险则体现为购买主体对服务供给

---

① 韩江风：《政府购买服务中第三方评估的内卷化及其优化——以Z市S区社会工作服务评估项目为例》，第25页。

的价格、质量、数量等要素的评价失效。一般而言，购买主体购买的公共服务往往涉及多个行业领域和项目类别，而每种行业和项目又都有其独特的专业技术要求，有的甚至需要融合多种专业技能，而购买主体团队缺乏完全掌握各行业技能的“通才”，这势必会对服务供给绩效的有效评价造成一定影响。在我国政府购买公共服务的具体实践中，个别购买主体在拟定公共服务购买合同时，往往模糊服务项目购买目标、服务绩效评价指标、服务供给应然程序等，合同上的模糊处理必将导致购买主体的绩效评价失效。绩效评价的侧重点选择失当也会导致对服务质量等要素的评价失效。例如，有学者对上海市政府购买社会组织服务的绩效评价进行调研后发现，不少社会组织都表达了共同的看法：“关注财务管理（单据）多于注重项目活动开展质量，关注台账材料完整性多于注重项目成效及服务对象的改变。”[①] 当然，亦有某些购买主体会委托第三方绩效评价机构进行服务绩效的评价，但实际上“第三方参与评价的项目较少”[②]，而且这些第三方绩效评价机构时常会根据购买主体的意愿与要求进行监管评估并编制结果报告，很显然，这样的监管与评价会因为缺乏公正性与科学性而不具备实质性意义。

（三）消费主体参与不足风险

健全的需求表达机制是确保公共服务的生产与消费主体的需求相契合的一个预防性机制。然而，在政府向社会力量购买公共服务的实践运作过程中，公共服务需求表达机制的不完善却是一个毋庸

---

① 王克强、马克星、刘红梅：《政府购买社会组织服务项目的绩效评价经验、问题及提升战略——基于上海市的调研访谈》,《中国行政管理》2019 年第 7 期，第 44 页。

② 姜爱华、杨琼：《政府购买公共服务“全过程”绩效评价探究》,《中央财经大学学报》2020 年第 3 期，第 7 页。

讳言的事实。这不仅体现在设计项目这一初始环节，也体现在绩效评价这一末端环节。换言之，在政府购买公共服务这个市场行为中，存在着“真实消费者缺位”的问题。[①] 在我国，区域的不同与群体的差异导致消费主体需求偏好的个性化发展，而在绩效评价环节中并未形成有效的需求表达机制，服务对象的有限参与甚至无参与将直接导致政府购买公共服务真实需求的缺失。目前，我国公共服务购买的结构更多的是在“自上而下”模式的基础上采用市场化的方式，尽管我国理论界关于在绩效评价环节引入服务对象满意度标准的讨论有很多，但现实中却鲜有真正将消费主体的满意度作为服务供给质量的关键评价指标来进行考量的，消费主体的真实诉求得不到购买主体和评价主体的回应与重视。例如，上海市杨浦区对政府购买公共服务的绩效评价指标包含了完成情况、服务满意率、财务状况、组织能力、人力资源、综合效能等六大类，其中，服务满意率的权重为20%，并未成为关键评价指标。第三方绩效评价机构主要参与了购买公共服务资金使用审计、硬件设施评价等少数环节，而较少涉及服务对象满意度评价。[②] 再如，在S区社会工作服务项目的绩效评价指标体系中，服务对象满意度评价为50分，但哪些服务对象可以参与绩效评价却由承接主体即承接了社会工作服务项目的那些社会工作机构来确定，由此导致对服务对象的电话访问结果太过一致和普遍较好。[③] 这在一定程度上也意味着，服务对象的权利受到漠视，公共价值无从彰显，即便承接主体在公共服务供给中节约了成

---

① 刘素仙：《政府购买公共服务绩效评价的价值维度与关键要素》，《经济问题》2017年第1期，第18页。

② 李长远、张会萍：《政府购买养老服务的风险及其防治——基于养老服务链视角》，《经济体制改革》2019年第2期，第36页。

③ 韩江风：《政府购买服务中第三方评估的内卷化及其优化——以Z市S区社会工作服务评估项目为例》，第32页。

本、提高了效率，但绩效评价中消费主体参与不足这一现实亦会被认为是政府责任的缺失。那么，在绩效评价环节，建立健全消费主体评价和反馈机制，不仅是政府改进绩效评价、落实社会责任的显著体现，更是确保后续的公共服务购买能够更好地满足消费主体实际需求的补救性机制。

消费主体即服务对象行使监督权的一个重要表现就是能够有机会参与到公共服务购买绩效的评价过程中。不过，在公共服务购买实践中，从力量对比来看，相对于购买主体和承接主体，消费主体时常处于弱势地位。与此相对应的是，消费主体参与绩效评价并没有被有效贯彻落实，有时甚至只是作为一种形式化的或陪衬式的存在。例如，在A省B县，消费主体在公共服务项目的结项验收阶段的参与只体现为由村民代表签个字，而前去签字的村民代表实际上是村委会的工作人员或是比较好说话的人，作为消费主体的村民在公共服务项目的绩效评价环节根本没有什么实质性的参与。如果该公共服务项目具有较强的专业性，村民们的发言权更是微不足道。① 再如，在长三角地区，杭州、南京、宁波等城市政府购买养老服务的绩效评价主体是政府相关部门和社区，而不是服务对象。② 由此可见，在实践操作中，消费主体评价和反馈机制时常是不完备的，这就导致公共服务供给与需求之间脱节和错位的局面难以得到“亡羊补牢”式的改善，并由此引发消费主体满意度的下降。当然，也不乏评价主体通过设计消费主体满意度调查问卷的方式来考察服务供给的实际效果，但实践结果往往不尽如人意。归其原因：一方面，由于评价主体在短时间内很难全面深入地了解到服务项目的真实产

---

① 王浦劬、〔英〕郝秋笛等：《政府向社会力量购买公共服务发展研究：基于中英经验的分析》，北京大学出版社2016年版，第104、106页。

② 李长远、张会萍：《政府购买养老服务的风险及其防治——基于养老服务链视角》，第36页。

出状况，加之评价时限短、评价任务重等客观因素，其只能先选择保证“评价效率”而暂不深究消费主体满意度指标考核结果的真实性。另一方面，承接主体在“生存”逻辑的驱使下，往往垄断服务供给绩效的真实信息，进而采取一系列迎合原先评价指标设定的利己化行动策略，譬如将消费主体满意度调查问卷选择性地发放给特定群体，抑或借助一些物质性的奖励来换取消费主体的高分评价。很显然，通过这样的问卷调查所获得的也只能是一些表达性的数字而非公共服务质量的真实体现。

（四）第三方评价失灵风险

在西方国家政府购买公共服务的实践运作中，第三方通常指的是独立于作为第一方的评价对象和作为第二方的顾客（服务对象）之外的一方。[①] 不过，这种理解对我国现实的解释力有一定的不足。在我国公共服务购买的实践中，所谓第三方，是相对于合同签订的双方（购买主体和承接主体）而言的，即通常是指独立于购买主体（第一方）和承接主体（第二方）的另外一方。早在 2018 年 7 月 30 日，财政部就专门发布了《关于推进政府购买服务第三方绩效评价工作的指导意见》，明确强调要“扎实有序推进政府购买服务第三方绩效评价工作”。与购买主体的“内部绩效评价”和承接主体的“自我绩效评价”不同的是，第三方绩效评价即由独立于购买主体和承接主体的另一个主体对承接主体生产公共服务的实际绩效进行评价。第三方评价主体可以是私营部门（如某个民营企业）、事业单位（如公立大学）、社会组织甚至是公民个体。[②] 从我国现有实践来看，由第

---

① 徐双敏：《政府绩效管理中的“第三方评估”模式及其完善》，《中国行政管理》2011 年第 1 期，第 28 页。

② 易斌、郭华：《政府购买图书馆服务第三方评估机制研究》，《图书馆学研究》2020 年第 12 期，第 32 页。

三方实施绩效评价工作，不仅能避免社会公众可能存在的情绪化、局部化评价的问题，还可以规避政府既当“运动员”又当“裁判员”的身份尴尬。[1] 不过，第三方评价也会由于缺乏制度保障、缺少信息来源、所占权重过低、缺少运作独立性等原因而存在失灵问题。例如，在对某个公共服务项目进行终期评估时，满分为100分，但第三方绩效评价得分只占10分。虽然说第三方绩效评价机构对承接该公共服务项目的社会组织的服务质量和服务能力最为清楚，但其却不能对考核结果产生决定性的影响。[2] 再如，无论是购买主体还是作为评价主体的第三方，都可能存在寻求自身利益最大化的内在动机，这就导致双方可能出现谋利型协作行为。就第三方绩效评价机构而言，其在很大程度上需要依赖承接评价事项来获得生存和发展的机会，如果业务量不够，就可能面临亏损甚至倒闭的风险。第三方绩效评价机构在开展绩效评价工作的过程中，无论是指标体系的设计，还是评价工作的落实，抑或是评价报告的撰写等，都必须与购买主体的要求相契合，否则就难以被认可。故而，对第三方绩效评价机构而言，公共服务购买的第三方绩效评价是否能够实现以评促改和以评促建的目标并不是自己关心的事情，自己应当重视的是如何让绩效评价工作，尤其是形成的评价报告得到购买主体及其上级部门的认可。只有这样，自己才可能获得继续承接第三方绩效评价业务的机会。由此可知，由于对政府资金过度依赖，不少第三方绩效评价机构不仅会根据购买主体的需求来开展绩效评价工作，而且在评价过程中也时常会因行政权力的羁绊而使评价失去公正性和专业性。不仅如此，有的第三方绩效评价机构在成立之初就带有一定的行政色彩，其与政府有关部门存在着千丝万缕的联系，并在一定程度上

① 刘素仙：《政府购买公共服务绩效评价的价值维度与关键要素》，第20页。

② 张汝立、刘帅顺、包娈：《社会组织参与政府购买公共服务的困境与优化——基于制度场域框架的分析》，第98页。

肩负着政府机构代理人的使命。[①] 这类第三方绩效评价机构通常因为独立性不够而被社会公众理解为是在替官方"背书"。[②] 例如，某个第三方绩效评价机构受合肥市政府委托，对购买居家养老服务开展第三方绩效评价，但所制定的评估表、对评估工作的具体部署以及评估报告的撰写等都必须经过政府的修订、确认和评审才能确定下来。[③] 就公共服务的购买主体而言，主要是公共财政出钱，而不是花自己的钱，购买的公共服务是为消费主体服务而不是为自己服务，即是"花别人的钱替别人办事"，因而其通常会比较慷慨。第三方绩效评价机构为了承接更多的评价事项，往往会迎合购买主体的意图。不仅如此，第三方绩效评价机构的相关信息通常并不会面向社会公众广泛地公开，而主要是由购买主体内部掌握。这些在主观上和客观上都为第三方绩效评价机构主动与购买主体共谋提供了动力和方便。当然，在现实中，有时也会出现第三方绩效评价机构接受承接主体提供的好处（即被承接主体"俘获"），从而与其合谋来欺骗购买主体的情况。前述种种情况都昭示着第三方绩效评价存在失灵风险。

由于一些人情关系的因素（例如，有的评价专家是评价对象中的某个工作人员的老师）、购买主体政绩的考虑（不能让外界认为购买公共服务的工作是失败的，而要让他们形成这项工作是成功的这样的印象），第三方绩效评价经常会出现评价结果比实际绩效要好的情况，这就使第三方绩效评价的客观性大打折扣。例如，在对Z市S

---

① 韩江风：《政府购买服务中第三方评估的内卷化及其优化——以Z市S区社会工作服务评估项目为例》，第26、30页。

② 王浦劬、〔英〕郝秋笛等：《政府向社会力量购买公共服务发展研究：基于中英经验的分析》，第109页。

③ 雷雨若、王娟：《地方政府购买居家养老服务中的监管失灵及其矫正——基于南京、宁波、广州、合肥和深圳的分析》，《济南大学学报（社会科学版）》2020年第1期，第150页。

区2017年度向五家社会工作机构购买的社会工作服务项目进行评价(评价结果分为优秀、良好、合格三个等级）后，三家机构为优秀，两家机构为良好。而事实情况是，服务合同中的很多指标并未完成，服务对象的满意度也偏低。[①] 在这个案例中，在评价等级设置上，没有“不合格”这个等级，这就意味着先验地假定五家机构承接的社会工作服务项目都是达到合格等级的，这也说明对这五家机构进行评价的尺度过于宽松。

从第三方绩效评价的专业性来看，我国第三方绩效评价虽然在数量上呈现增长态势，但还处在发展的初期阶段，不少第三方绩效评价机构的专业化表现尚不尽如人意。因此，我国第三方绩效评价在一定程度上陷入了没有发展的增长这一内卷化格局。例如，当委托社会组织开展第三方绩效评价时，社会组织的工作人员对公共服务项目的基本目标、主要特点、存在问题和社会组织运作方式较为熟悉，[②] 但社会组织类绩效评价机构的评价能力和评价技巧相对欠缺，并因此产生了评价指标权重设定不够合理、消费主体满意度测评过于简单、问卷调查抽样方法不太科学、按相关部门的安排来选择调查样本等诸多问题。当委托会计师事务所、咨询公司、税务师事务所等企业类绩效评价机构开展第三方绩效评价时，企业的工作人员虽然在绩效评价方面具备较高的专业素质，但对公共服务项目的目标定位、实际运行和内在问题等不太了解。不仅如此，这些专业化的评价机构也会有自己的专业偏好，并因此造成评价内容出现偏差。有研究人员对J区某社会服务机构专业社工人员小A开展深度访谈时，小A就对J区民政局选择的会计师事务所开展的绩效评

---

① 韩江风:《政府购买服务中第三方评估的内卷化及其优化——以Z市S区社会工作服务评估项目为例》，第25、28页。

② 王克强、马克星、刘红梅:《政府购买社会组织服务项目的绩效评价经验、问题及提升战略——基于上海市的调研访谈》，第44—45页。

价工作不太认可，原因就是会计师事务所过于注重财务评价（考察钱用得是否合规），而对业务评价关注太少。小A强调：

> 业务评估和财务评估是完全不同的两个领域，会计师事务所会把所有评估的重点放在财务上面，而忽略了业务评估。所以下面这些被评估的机构对此反响很不好，大家都在议论这件事情，议论由一家会计师事务所来评估项目合不合理。会计师事务所会要求机构把业务台账全部复印，满多少额度的开支要求复印发票，然后给他们快递过去。①

诚然，政府购买公共服务的绩效评价是一项专业化程度较高的工作，亦即从评价方案的设计到评价指标的构建再到评价结果的分析，这一系列环节无不要求有审计、统计、税务以及公共管理等多学科的专业优势融合。但在我国目前的第三方绩效评价专家资源库中，这类跨专业的优势人才还比较欠缺，第三方绩效评价团队成员更多地依旧来自普通科研院所抑或高校智库，他们关于政府购买公共服务绩效评价的实务经验相对较少，所具备的专业素养时常不能完全胜任相关评价工作。由此可见，第三方绩效评价专家资源库并不能保证找到完全契合政府购买公共服务绩效评价需求的专业化人才。与此同时，以权威驱动抑或行政主导的绩效评价标准缺乏科学性、专业性，而针对那些难以量化而又极具专业性的公共服务项目，第三方绩效评价机构亦无法真正做到客观精确，这就致使第三方绩效评价的专业效用渐趋减弱。

此外，有的第三方绩效评价机构出于降低成本的考虑，对评价对象所开展的公共服务项目之进展情况缺乏持续跟踪，对评价对象的真实数据不了解，对评价对象真实的工作模式和工作方法不熟悉，只满足于评估社会力量的财务、档案、活动情况，这样就很难深入

---

① 郑卫东：《政府购买服务的监管问题研究》，第84页。

细致全面地发现公共服务购买中的真问题。[①] 同样是出于降低成本的考虑，有的第三方绩效评价机构完全放弃了专业伦理和专业使命，这也是造成第三方绩效评价专业化水平不高的最主要原因。例如，为了尽可能降低绩效评价的人力成本，Z 市社会工作协会并未聘请专职督导和评估人才，而只在快要召开中期和末期绩效评价会议时，才临时从高校和实务界找了专家来客串一下；为了尽可能降低绩效评价的执行成本，Z 市社会工作协会只开展了两次专家集中评价，或者只是对服务对象做了一些电话访谈，而没有履行事先做出的要开展过程评估和动态评估的口头承诺；为了尽可能降低绩效评价的指标设计成本，Z 市社会工作协会简单采用参考其他地区已有的评价指标并结合购买主体的相关文件要求加以适度改进的方式，这导致设计出的指标体系存在权重不合理、针对性较差、部分指标脱离实际等一系列问题。[②] 前述情况所带来的直接后果就是第三方绩效评价的信度和效度都大打折扣。

从第三方绩效评价形成的评价结果来看，由于其直接涉及承接主体的利益，并关系到对购买主体购买公共服务的成效之评价，因而就显得异常敏感。当评价结果与购买主体或承接主体的预期存在较大差距时，最终发布的评价结果通常会演变为多方力量博弈的结果。以 H 市幸福社区创建项目的评价工作为例，第三方绩效评价机构将评价得分和评价报告交由 H 市幸福社区创建办公室进行汇总，并报送相关部门负责人审核。政府主管部门虽然不会修改评价得分，但会在得分较低的社区中选择部分社区开展回访，从而进行情况核实，有时政府主管部门还会通过与第三方绩效评价机构沟通来进一

① 王浦劬、〔英〕郝秋笛等：《政府向社会力量购买公共服务发展研究：基于中英经验的分析》，第 108 页。

② 韩江风：《政府购买服务中第三方评估的内卷化及其优化——以 Z 市 S 区社会工作服务评估项目为例》，第 31 页。

步了解得分较低社区的情况。在最终以政府公文形式公布评价结果时，通常只公布创建社区的达标情况，不会公布具体得分。[①] 新闻媒体则根据政府公文发布的情况进行新闻报道，其中也不会涉及得分等细节问题。可见，政府主管部门通过控制信息发布的内容、数量和渠道，较为有效地掌握了评价结果的传播权。再以 Z 市 S 区民政局针对购买的社会工作服务项目开展的第三方绩效评价为例，第三方撰写的评估报告经 S 区民政局领导审阅和修订后，只是向上级领导做了内部汇报，而没有向社会公布。[②]

（五）评价结果运用表面化风险

能否高效运用公共服务购买的绩效评价结果方面的绩效信息，直接决定绩效评价工作本身的实际成效。在公共服务购买绩效评价的具体实践中，通常会出现这样一种情形，即在前期投入大量人力、财力、物力、时间和信息等开展绩效评价工作并获得了相应的评价结果，却又对评价结果弃之不顾或草草待之。虽然也有部分购买主体会公开发布绩效评价结果，并且有的地方政府明确提出要将绩效评价结果作为预算安排、经费结算、承接主体选择的重要依据，但在实践中，购买主体公布评价结果运用情况相关信息的事例却并不多见，而且“评价结果应用也多是一些表述不明确的文字总结”[③]。

具体而言，一方面，由于评价主体的内部性、购买主体及承接主体的不重视以及消费主体的低参与性等均会导致绩效评价结果公开的形式化或局限化，这既不利于作为生产者自觉提升服务供给效

---

① 顾江霞：《控制论视角下第三方评估机制分析——基于 H 市社区治理评估项目的案例研究》，《社会工作与管理》2017 年第 3 期，第 43 页。

② 韩江风：《政府购买服务中第三方评估的内卷化及其优化——以 Z 市 S 区社会工作服务评估项目为例》，第 27 页。

③ 姜爱华、杨琼：《政府购买公共服务“全过程”绩效评价探究》，第 7 页。

率的内在动力，又将严重阻碍消费主体对公共服务供给质量及效率的有效监督。另一方面，结合我国在服务购买绩效评价领域的实践经验，不难发现，绩效评价结果运用呈现形式化、单一化、失范化以及弱反馈等特征。具体而言，首先，政府购买公共服务的绩效评价结果往往趋于平均化，尽管我国为购买服务绩效的评价结果专门划分了相应的等级，但却鲜有最低等级的，这将造成绩效评价结果的平均主义倾向，进而使绩效评价结果运用流于形式。其次，政府购买公共服务的绩效评价结果之运用时常会存在重奖励、轻惩罚抑或问而不责的不良倾向。在重奖励方面，主要是提升高绩效的承接主体在下一轮公共服务购买过程中的中标率，必要时也会发放一定的绩效奖金。在轻惩罚方面，目前专门针对绩效评价结果运用的惩罚措施、问责手段还有所缺失，这就体现了评价结果运用的单一化特征。有的购买主体甚至会提前主动跟第三方绩效评价主体打招呼，要求其尽量放宽尺度。例如，有学者采用参与式行动研究方法开展实证调查后发现，购买主体在委托第三方绩效评价机构对L街道政府购买公共服务项目进行终期评估时，直接告知第三方绩效评价机构对承接主体的绩效评价要从宽，只要不存在违规等比较突出的问题就予以通过，理由是该承接主体的负责人身份比较特殊。这一做法显然既影响了公共服务购买第三方绩效评价的独立性，又影响了绩效评价结果的客观性。[①] 再次，由于我国目前还未针对公共服务绩效评价运用颁布专门的法律法规，加之绩效评价结果运用本身就是一项非制度化的安排，进而导致在评价结果转化运用过程中经常出现实践偏差。换言之，我国绩效评价结果的运用动力主要来源于上级政府的行政命令以及部分政策文件的固有规定，缺乏增强评估结

① 高丽、徐选国：《政府购买社会服务第三方评估的合法性困境及其重构》，《社会建设》2019年第6期，第47页。

果运用合法性及权威性之强有力的法律支撑，难免会带来结果运用的失范问题。最后，综合考察我国政府购买公共服务绩效评价结果运用的实践发现，目前还大量存在“为了评价而评价”的现象，漠视消费主体满意度的情况也并不少见，购买主体往往将绩效评价活动视为一项规定性任务，认为其与购买公共服务的真正目的关系不大。与此同时，碍于“人情”“面子”等关系，现实中不乏对绩效评价结果的“冷处理”行为，譬如，不少绩效评价工作会终止于评价结果报告的提交，或是终止于评价结果的选择性公示，抑或是终止于绩效奖金的发放，而后续整改情况的反馈结果却无人知晓也无从问起，这就是绩效评价结果运用的弱反馈性之典型表现。

二、 绩效评价环节的风险防范

有效防范政府购买公共服务绩效评价环节可能产生的风险，不仅能提升衡量承接主体供给公共服务效益的精准性，还能在委托主体和代理主体双方之间构建起一种持续性的约束与激励机制，进而有效避免“一锤子买卖”中委托代理关系的负面影响。而针对我国目前在政府购买公共服务绩效评价环节可能会出现的诸多风险，应尝试从购买主体、消费主体以及评价主体等多元视角切入，综合考虑依凭体系制度建设、程序机制构建、能力素质提升以及评价结果运用等多重举措来加以防范，并为今后在购买公共服务绩效评价过程中有效规避类似风险提供经验积累。

（一）健全绩效评价的相关法律制度

建立健全绩效评价法律制度是有效开展绩效评价工作的基本前提和重要保障，总结国内外关于绩效评价的相关实践经验，也不难发现，若想持续推行绩效评价及其成果应用这项工作，必然离不开相关法律制度的强有力保障。诸如美国、英国、新西兰、澳大利亚等西方发达国家较为普遍的做法是出台一套系统性的法律文件，科学设定绩效评价所需的基本原则和程序规定，切实为绩效评价工作提供法律依据与制度遵循。譬如，1983 年，英国政府颁布的《国家审计法》首次以法律的名义授权国家审计部门实行绩效审计；21 世纪初，韩国通过制定《政府业务评价基本法》《政策评估框架法案》等来推动政府绩效评估走向法制化和规范化。部分西方国家在出台系统性法律文件之后，又制定了一系列配套的、具有可操作性的法规规章，确保绩效评价工作始终在一个规范化、制度化的框架内进行。

我国也应将公共服务购买领域的绩效评价立法提上议事日程，结合各地针对政府购买服务绩效评价工作所拟定的相关文件（例如北京市财政局 2015 年 11 月发布的《关于推进市级政府购买服务项目绩效评价管理工作的通知》、天津市财政局 2015 年 12 月发布的《天津市市级政府向社会力量购买服务监督检查和绩效评价管理暂行办法》、江苏省财政厅和民政厅 2015 年 7 月印发的《江苏省政府向社会组织购买服务绩效评价办法》、财政部 2018 年 7 月发布的《关于推进政府购买服务第三方绩效评价工作的指导意见》等），积极组织业内法律专家及行业技术人员围绕我国政府购买公共服务绩效评价工作的最新实践草拟法律文件，加快出台“政府购买服务绩效评价法”，将政府购买服务绩效评价的实施原则、基本目标、具体指标、主要程序以及结果应用等要素以法律形式固定下来，逐步实现政府购买服务各项绩效评价机制的法治化。当然，政府购买服务绩效评价结果的转化应用亦是一项涉及众多要素的复杂活动，也亟须制定各类法律文件以形成“制度合力”，进而保障评价结果的高效转化。同时还应积极构建评价结果应用的监督机制，将评价结果与行政问责有机结合起来，真正将绩效评价结果转化应用落到实处。

（二）组建统一的绩效评价组织管理体系

为了实现对公共服务购买绩效评价工作的统一指导和全面管理，有必要设立统一的中央绩效评价机构。譬如，美国审计总署直接在国会领导下开展绩效评价工作；韩国的“政府业务评价委员会”直接归国务总理领导，具体负责实施对政府各项业务的审查与评价工作。纵观我国目前购买公共服务的绩效管理工作现状，尚缺乏一个兼具权威性和专业性的中央绩效评价机构来对全国范围的政府购买公共服务绩效实行统一的评价和管理，大多还是各行业部门自行设立的绩效评价机构，机构分布较为零散、彼此间也缺乏合作与协同，这就很有可能带来绩效评价程序不规范、评价成果转化不完全等一系列问题，进而直接影响绩效评价工作的高效进行，并偏离绩效评价工作的最初目标。考虑到我国的财政部门主要负责编制国家及各级政府的预决算并执行政府相关预决算业务的现实，可以设立一个由财政部统一管理的中央绩效评价机构，来对全国政府的相关服务购买业务绩效进行统一领导与监督。与之相配套，尽快构建起分工明确且彼此相互制衡的绩效评价组织管理体系，明确规定绩效评价领导主体、实施主体和监督主体的具体职责。当然，也可以考虑直接成立一个专门负责政府购买服务绩效评价工作的主管部门，对各级人民代表大会及其常务委员会负责，这既能使我国购买服务的绩效评价活动具有一定的组织保障，又能有效避免绩效评价活动沦为运动式或形式化活动的局面，进而增强政府购买服务绩效评价工作的权威性和信服力。

为了推进我国政府购买服务绩效评价工作走向专业化、规范化及职业化，有必要成立各类区域绩效评价专业协会。目前，无论是国际成立的国际影响评价协会（IAIA）抑或国内设立的各种行业评价协会，都为我国实施绩效评价工作提供了一定的技术支持和现实参照，更为绩效评价工作实践经验的交流共享搭建了有利平台。参考由我国财政部所领导的中国注册会计师协会的运行与发展模式，我国应成立受财政部统一领导的绩效评价行业协会，让该协会以一种准政府机构的形式进行自我管理和内部建设，力求打造一支职业化、规范化的政府购买服务绩效评价人才队伍，并依托财政部所提供的各项资源优势进行标准建设和业务监管，切实增强绩效评价结果的科学性和权威性，逐步扩大绩效评价结果应用的影响力和渗透力。

（三）完善绩效评价的基本程序

从应然层面来说，政府购买公共服务绩效评价是对公共服务购买活动进行全过程的检验与评价，程序的完善可以让绩效评价结果更为客观而全面。在政府购买公共服务绩效评价的实践探索中，逐渐形成了“确定评价目标—明确评价主体—制订评价方案—编制评价报告—应用评价结果”这一套评价流程，而大多数地区的绩效评价主要涉及公共服务项目购买目标设定的可行性及达标情况、购买过程的合法合规性、资金使用情况以及顾客满意度评价等。以 H 市为例，在 H 市政府购买公共服务的信息平台中，主要从项目基本信息、绩效目标、评价信息以及绩效结果等方面公开了绩效评价的程序。具体而言，项目基本信息中需列明购买主体、承接主体以及资金预算等，绩效目标主要是政府购买公共服务要实现的预期效果和具体收益，评价信息中主要需列明评价主体、评价指标、评价方式以及评价结果，绩效结果是政府购买服务项目实际产生的效益、服务供给偏差及整改措施等。尽管如此，H 市政府在实际进行绩效评价时并未完全遵循公开的程序规定。

鉴于前述情况，应尽快完善政府购买公共服务的绩效评价程序，加快构建“全过程”绩效评价的计划—执行—检查—处理（PDCA）循环系统（质量优化经典模型）。一是要强化事前评价、事中评价以及事后评价各环节之间的联系，确保各环节评价信息的联动贯通，每一环节的评价成果均可为后一环节评价工作的实施提供数据参考，针对容易产生问题的服务环节进行重点、反复评价。具体而言，事前评价主要是围绕购买公共服务的承接主体选择过程中承接主体信誉、资质、能力及技术等要素展开评价，同时对公共服务购买目标及合同制定内容等进行评价；事中评价主要是对承接主体生产公共服务过程中的具体情况进行核查以形成服务生产绩效的过程性评价报告；事后评价则根据事先设定的指标体系与验收标准，同时参考消费主体满意度等关键指标进行绩效评价，形成公共服务购买的最终绩效评价结果报告。二是要始终坚持定期评价与随机抽查相结合、中期评价与结项验收相联系。一方面，不断完善公共服务生产的定期评价机制，同时也要结合随机抽查的方式来加强对承接主体服务生产的约束与监管；另一方面，严格按照合同拟定的公共服务供给目标进行全时段、全方位考评，借助中期绩效评价来对承接主体前一阶段的服务生产绩效目标的达成情况做一总结反馈，从而构建一种过程性的监督机制。当然，也需要基于中期评价所形成的阶段性评价成果，考核该评价成果的转化运用情况，并以此为基础，对公共服务项目的整体绩效进行全面系统的梳理与评价，进而有针对性地提出公共服务生产的整改建议。三是要积极构建动态追踪与整改监控机制，落实公共服务整改建议，强化绩效评价结果运用。结合评价结果进行鼓励激励和追责问责，同时系统总结公共服务购买前期与中期未被发现的问题，以此为参考依据进入下一轮公共服务购买的绩效评价循环，同时亦将这些问题作为下一轮服务购买的主要绩效目标加以解决。

（四）提升购买主体的绩效评价能力

购买主体开展绩效评价的原动力主要来源于上级部门的行政压

力和内部管理的现实需要，而公共服务购买范围的扩大和数量的快速增长以及购买公共服务的复杂性的日益增加，都对购买主体评价承接主体工作绩效的能力提出了更高的要求。这就必然要求购买主体的工作团队中有对所购买的公共服务较为熟悉且对公共服务绩效评价较为专业的工作人员。

为了顺应购买公共服务的实践对购买主体绩效评价能力的要求日益提高之现实趋势：一方面，可以增加相应的编制和人员，招聘录用相关的专业人员充实到购买主体的工作人员队伍之中，并配备具有一定行政级别的负责人来专门督促和保障绩效评价工作的顺利展开。另一方面，还需要通过组织学习的方式提升工作人员的相关专业能力。具体来说，购买主体应以提升自身工作人员的专业素质和职业技能为培训重点，加大公共服务绩效评价这方面的培训力度，必要时可聘请科研院所、知名院校中涉猎相关领域的专家学者，如法律专家、注册会计师、绩效管理专家以及各类行业专家等来进行专业知识普及和技能传授。也可以结合线上培训、线下专题讲座以及互动式教授等形式来进行多样化培训。尤其是要顺应大数据时代的发展趋势，塑造大数据思维、培养大数据人才，推动基于大数据的绩效评价模式创新并有效保护绩效数据安全。通过教育培训，使购买主体充分认识到开展绩效评价工作的重要性，并有效提升自身的绩效评价水平。

需要特别强调的是，专业化、科学化地构建绩效评价指标体系的能力是购买主体绩效评价能力中的一项核心能力。考虑到这一点，购买主体应聚焦所购买的公共服务的具体内容、服务供给形式、服务客体感知、服务购买目标等进行深入研究学习，切实提升科学设计公共服务购买绩效评价指标体系的能力。购买主体在设计评价指标时，既要注意根据不同的考核时间和服务类型来选取不同的评价指标，又要确保评价指标结构的设计与购买公共服务的目标相契合，还要兼顾绩效评价实施过程中投入与产出之间的关系。此外，购买主体还应自觉摒弃封闭式政府自我管理下的理论自我建构形态，结合政府购买公共服务的当下实践，主动引入具有专业资质的第三方评价机构等外部力量，重点聚焦理论构建、指标选取、方法应用、组织流程等方面来与第三方评价机构寻找融合切入点，从而达到公共服务绩效评价工作兼具理论性与专业性的应用要求。

（五）构建基于购买目标的绩效评价机制

就一个科学的公共服务购买项目而言，在公共服务设计项目环节就已经设定了具体明确的购买目标，即公共服务的承接主体生产该公共服务最终要实现的目标。到了绩效评价环节，就应该始终坚持目标导向，也就是说，要将更多的精力花在核查公共服务的结果是否实现抑或在多大程度上实现了公共服务项目预设的目标，而不是总是试图去详细地还原和回顾承接主体在公共生产过程中投入了多少时间、精力、金钱以及物力。与此同时，也应塑造动态评价的基本理念，注重评价目标的多元功能取向，亦即要充分考虑政府购买公共服务的长期成效，让绩效评价从单一指标考核转向多重功能考核。当坚持目标导向抑或说结果导向时，应该对实现了预期目标的承接主体进行奖励或者至少要尽快支付应支付的相关费用（如预留的经费），而对没有达到预期目标的承接主体，则要根据其公共服务生产工作完成情况予以适当的惩罚。换言之，要将承接主体的职责履行情况纳入绩效评价目标管理体系，将服务评价结果与问责机制相结合。通过严格地奖优罚劣，不仅能够对被奖励或惩罚的承接主体产生正向激励或负向激励作用，而且也会对正在承接其他公共服务项目的承接主体或那些暂未承接公共服务项目但未来可能会承接公共服务项目的潜在的承接主体形成示范效应或产生震慑作用。

当然，在围绕目标进行绩效评价时，要深入地考察目标是否真正得以实现，是否存在弄虚作假或投机取巧等问题。例如，有的承接主体可能是通过数字造假来实现目标，有的承接主体可能是通过精明地改变公共服务行为来达成目标。通过行为改变来完成目标的做法，在英国就曾多次发生。在英国，在国家医疗服务体系（NHS）采用目标制及围绕目标的绩效管理之后，有的医院为了完成到达事故和急救科的病人从到达之时起 4 小时之内得到救治的目标，“将病人从事故和急救科无益地转入普通医院病房，以便将这些病人算作在 4 小时内实现了‘就医’…… 一个眼科服务部为了达到门诊病人预约的新目标，故意取消并延迟对病人的随访预约（不在目标范围内）；结果，据估算，至少 25 名病人在 2 年内失去了视力”①。此外，对于没有完全实现的目标，也需考虑是否存在一些超出承接主体能力范围的不可抗力因素。如果存在，那么就不宜武断地进行惩罚，否则就会有失客观和公允。

（六）引入消费主体满意度评价

从“国家的一切权力属于人民”的理念和委托代理理论的双重视角来看，服务对象即消费主体是公共服务供给的终极委托人；购买主体是消费主体所委托的公共服务供给的代理人（受托人）；承接主体即社会力量是购买主体供给公共服务的代理人，而购买主体相对于承接主体而言，又是委托人。从这一意义上说，在政府向社会力量购买公共服务中存在着双重委托代理关系，而无论是购买主体，抑或是承接主体，都应当对服务对象负责，因而在政府向社会力量购买公共服务的绩效评价环节，服务对象不应“被缺位”。不仅如

---

① 〔英〕朱利安·勒·格兰德：《另一只无形的手：通过选择与竞争提升公共服务》，韩波译，新华出版社 2010 年版，第 22 页。

此，服务对象作为公共服务的直接消费者，其对公共服务品质的感受往往最为直观、最为深切，其理应被视为有能力、有义务、有责任参与绩效评价的积极公民，而不应简单地被当作顾客。而消费主体满意度一般被视为主体可感知效果与其最高期望值之间的差异。诚然，受人民主权、公民本位等理念的指引，在公共服务供给中，各国越来越强调以服务对象为中心，加拿大从 1998 年开始就进行“公民为先”的调查来获取公民对公共服务品质的评价意见和改进建议；印度的班加罗尔使用市民评价卡（citizen report card）来评定公共服务消费主体的感受。① 由此观之，世界上不少国家都非常重视消费主体对公共服务的主观感受。而从根本上来说，政府向社会力量购买公共服务最主要的目的就是满足消费主体的实际需要和心理诉求，而引入消费主体满意度评价是为了倒逼购买主体购买让消费主体满意的公共服务。以消费主体需求作为政府购买和提供公共服务的基本起点，亦能增强消费主体对政府的信任与支持。

作为公共服务的终端消费者，消费主体对生产主体所生产的公共服务之实际绩效最为了解，也最有发言权。因此，提升消费主体满意度指标权重，并让其参与到绩效评价中来，无疑是提升绩效评价有效性的重要途径。政府也应始终秉持以消费主体为核心的原则，聚焦消费主体实际诉求，听取消费主体的真实感受和客观意见，进而充分利用多元评价主体的优势以供给公众真正需要的有价值、高质量的公共物品。从我国以往的实践经验来看，消费主体满意度评价就是让消费主体参与公共服务绩效评价的一种常用方法。该方法通常以问卷调查为主，深度访谈为辅。为了确保消费主体满意度调查具有较高的准确性，通常要注意几个问题：科学地选择抽样方法，避免样本选择的错误；采用随机抽样这一抽样方式，以保证总体中每一个抽样单位被选入样本的概率相同；样本应包括所有类型的消

① 陈振明等：《公共服务导论》，北京大学出版社 2011 年版，第 156 页。

费主体，从而提高样本的代表性；选取合适的访谈技术，以提高回收率；如果消费主体的受教育水平存在显著的差异，那么问卷应当发放给不同受教育水平的消费主体。[①] 不仅如此，评价委托方还应积极支持和引导消费主体参与到绩效满意度评价过程中：一是要大力普及和宣传公共服务购买的目的、承接主体资质、服务供给流程与进程等，加深消费主体对公共服务购买与供给情况的认知和理解，在保障消费主体更好地行使知情权、参与权和监督权的同时，亦能使购买主体和承接主体更多地获得关于公共服务供给的有效反馈信息；二是要借助“互联网+”技术进行公共服务购买信息资源的互联共享，增强评价委托方对消费主体意见的回应与反馈，在形成良好互动局面的同时，也能激发消费主体参与绩效评价工作的积极性和主动性；三是要注重消费主体满意度评价的结果运用，特别是要将评价结果作为做出是否全额支付购买费用、是否与承接主体继续签订购买合同、是否敦促承接主体进行整改等决策时的重要参考依据。

（七）优化第三方绩效评价机制

公共治理理论倡导将多元社会主体引入公共治理全过程，以有效发挥政府与社会力量的合作协同功能。在西方发达国家，引入第三方绩效评价机构参与政府购买公共服务的绩效评价是一项制度化、常态化的举措。虽然说，政府购买公共服务的绩效评价是一项较为复杂的、专业化程度较高的工作，引入第三方评价机构也会存在一定风险，但这并不意味着要否定这一正确方向。正如时任国务院总理李克强在2013年强调的那样，要“建立由购买主体、服务对象及第三方组成的评审机制”[②]。具言之，鉴于第三方评价机构所具有的专业

---

① 胡象明主编：《行政管理学》，第262页。

② 《李克强主持召开国务院常务会议》，2013年7月31日，中国共产党新闻网，http://cpc.people.com.cn/n/2013/0731/c64094-22399682.html，2023年6月15日访问。

性、独立性和相对公正性等特质，同时也为了避免购买主体亲自评价可能出现的评价失灵问题，可以考虑着力构建第三方绩效评价机制。不过，第三方绩效评价也可能出现失灵，因而需要采取多项措施来推进第三方绩效评价机制的优化。

其一，健全第三方绩效评价的法规制度。为了保障第三方绩效评价的独立性和客观性，需要出台第三方绩效评价的相关法规，从而对第三方绩效评价的主体选择、资质要求、流程设定、适用范围、信息公开、考核验收等做出明确规定，对购买主体干预第三方绩效评价机构独立开展评价的行为做出严格的禁止性规定。

其二，减少第三方绩效评价机构的经济依赖性。第三方绩效评价机构只有摆脱对购买主体的经济依赖，才能真正拥有评价话语权，并提升评价的客观公正性和评价结果的公信力。有鉴于此，应当通过建立政府购买公共服务第三方绩效评价的“财政预算和专项经费的机制”[①] 来为其提供独立的经济保障，同时要大力推动绩效评价公益基金的建立。唯如此，方能让第三方绩效评价机构尽可能少地因受到购买主体或承接主体的经济诱惑而给出对购买主体或承接主体有利却不符合客观事实的评价结论，也才能让第三方绩效评价机构尽可能不会为了压缩评价成本而降低评价质量。

其三，加强对第三方绩效评价机构专业化水平的测评。绩效评价是一项专业性极强且横跨多个学科领域的工作，亟须全面掌握涵括统计、财务以及管理等专业知识的应用型、复合型人才。专业化既是第三方绩效评价机构具备权威性的前提，又是保证评价结果科学性的基础。随着政府购买公共服务绩效评价覆盖面的持续扩大，社会对第三方绩效评价机构的业务素质和行业技能提出了更高的要求。故此，有必要加大对第三方绩效评价机构专业化水平的测评力

---

① 韩江风:《政府购买服务中第三方评估的内卷化及其优化——以Z市S区社会工作服务评估项目为例》，第33页。

度：一是要从第三方绩效评价机构开展绩效评价工作的基本条件、运行程序、评价标准、考核方法以及监督机制等要素切入，进行综合性、系统化的测评；二是要围绕政府购买公共服务的相关政策、财务管理知识、绩效管理实操方案等专业知识进行个别抽查测试，综合考核第三方绩效评价机构从业人员的职业道德、综合素养和专业水平；三是要定期围绕绩效评价工作方法、业务流程、考核指标等内容组织考试，并明确规定参与年度重点绩效评价的第三方绩效评价机构从业人员在考核合格后才能上岗。与此同时，也要加快建立第三方绩效评价机构质量监控机制，逐一核查和规范评审第三方绩效机构出具的绩效评价报告，并公开通报核查评审结果。值得一提的是，在2018年5月1日起施行的《上海市第三方机构财政支出绩效评价工作质量评估办法（试行）》中，明确要求评价组织者依据评价机构提交的绩效评价报告及相关材料，对绩效评价报告质量及评价工作实施质量进行评估。绩效评价报告质量评估的内容包括报告结构的规范性和严谨性、文字表达的准确性和逻辑性、项目立项情况的完整性、项目实施情况的针对性、预算安排及使用情况的真实性和准确性、绩效目标归纳的完整性和准确性、指标设置的科学性、评价标准及依据的合规性和合理性、绩效分析的逻辑性和充分性、评价结论的客观性和公正性、调查问卷的针对性和合理性、工作底稿的完整性和支撑度；评价工作实施质量评估的内容包括评价人员配置的合理性和评价工作实施的科学性。

其四，完善绩效评价的指标体系。从以往的实践经验来看，在引入第三方绩效评价机构进行政府购买公共服务的绩效评价过程中，绩效评价指标体系精细化和规范化程度不高的问题较为突出。因此，有必要依据购买主体的目标、承接主体的性质以及消费主体的需求，修正并规范现有的绩效评价原则和标准。而为了增强对公共服务质量的测量效力，则应尽可能对评价指标进行量化处理，着力构建一套以数据分析为支撑的科学、公正、统一的政府购买公共服务绩效评价指标体系，进而提升政府购买公共服务绩效评价工作的数据化、信息化、科学化水平。与此同时，也应结合模糊综合评价法与定性分析评价等多种方法，根据评价中各因素的权重，借助模糊矩阵合成运算，算出评价的定量解值。[①] 此外，为了确保绩效评价指标更加客观、合理和科学，还可以让利益相关者参与到第三方绩效评价指标设定过程中来，特别是由一线服务生产者一起参与讨论和共同商定评价指标。[②] 之所以要这样做，是相较于绩效评价专家而言，公共服务的传输者和管理者往往对公共服务全过程的了解更加全面和深入。

其五，建立第三方绩效评价的监督机制。委托方和第三方之间可能因信息不对称而产生委托代理风险，即第三方绩效评价机构的评价可能会出现一定的道德风险。比如说，有的第三方绩效评价机构与承接主体之间会出现利益链条和“合谋”行为，并借此蒙蔽购买主体。[③] 为了保证第三方绩效评价的客观公正性，一个可供选择的措施就是引入审计师事务所、会计师事务所、专业化的咨询公司等第三方监督机构对第三方绩效评价机构开展有效监督。[④] 经由这些机构的监督，第三方绩效评价机构对公共服务购买绩效的评价就会相对实事求是。另外一个可供采用的举措是建立第三方绩效评价信用管理平台，通过将第三方绩效评价机构的信用记录录入平台等方式来

---

① 朱俊峰、窦菲菲、王健：《中国地方政府绩效评估研究——基于广义模糊综合评价模型的分析》，复旦大学出版社 2012 年版，第 184 页。

② 吴帆、周镇忠、刘叶：《政府购买公共服务的美国经验及其对中国的借鉴意义——基于对一个公共服务个案的观察》，《公共行政评论》2016 年第 4 期，第 13 页。

③ 陈天祥、郑佳斯：《把政府带回来：政府购买服务的新趋向》，《理论探索》2019 年第 6 期，第 15 页。

④ 王浦劬、〔英〕郝秋笛等：《政府向社会力量购买公共服务发展研究：基于中英经验的分析》，第 212 页。

精准划分其信用等级。赋予信用等级高、信用记录好的第三方绩效评价机构以参与绩效评价的优先权，而对那些在绩效评价过程中存在徇私舞弊等不良信用记录的第三方绩效评价机构，要限制甚至彻底取消其参与绩效评价的资格。如此一来，不仅为公共服务消费主体查询第三方绩效评价机构信用状况等信息提供了便利，更为绩效评价委托方择优选择第三方绩效评价机构提供了可靠的信息来源。

（八）强化绩效评价结果运用

琳达·G. 莫拉·伊马斯（Linda G. Morra Imas）评论道："传递评价结果与实施评价本身一样重要：如果评价的结果没有传递出去，那么之前所进行的评价工作也就失去了意义。"[①] 诚然，绩效评价活动的产出就是形成某种形式的绩效评价报告，该报告最主要的目的就是告知评价委托主体围绕评价指标收集信息和分析而得出的最终评价结果。通常而言，绩效评价报告有书面总结、执行摘要、口头陈述和视觉演示等四种形式。[②] 无论何种形式的绩效评价报告，其目的都是要借此提升评价对象即承接主体的公共服务生产水平，而不仅仅是作为向上级部门汇报工作的材料。因此，绩效评价报告既要对各项得分结果做出具体明确的介绍，又要对存在的问题和改进建议做出客观全面的阐释。[③] 同样地，无论何种形式的绩效评价报告，都只有通过评价结果的转化和应用才能发挥其应有的功效。哈里·哈特里等曾将绩效评价信息的应用总结为十种：一是回应公众

---

① 施青军：《政府绩效评价：概念、方法与结果运用》，北京大学出版社2016年版，第357页。

② 〔美〕乔迪·扎尔·库塞克、雷·C. 瑞斯特：《十步法：以结果为导向的监测与评价体系》，梁素萍、韦兵项译，中国财政经济出版社2011年版，第144页。

③ 韩江风：《政府购买服务中第三方评估的内卷化及其优化——以Z市S区社会工作服务评估项目为例》，第35页。

对政府提出的责任要求；二是帮助制定和调整预算申请；三是帮助做出运营资源分配决策；四是帮助对既有的绩效问题进行深入调查并及时修正偏差；五是激发员工改进和创新工作方式的积极性；六是帮助了解和监控被评价主体的日常绩效表现；七是为绩效评价提供数据支持；八是助力提供令公众满意的且更为高效的公共服务；九是为部门长期发展战略及相关政策的出台提供基础数据支持；十是促进与公众之间的互动交流。[①] 2015 年 5 月 13 日发布的《民政部关于探索建立社会组织第三方评估机制的指导意见》明确强调："加快建立社会组织评估结果综合利用机制，扩大评估结果运用范围"，"提倡把评估结果作为社会组织承接政府转移职能、接受政府购买服务、享受税收优惠、参与协商民主、优化年检程序、参加表彰奖励的参考条件，鼓励把评估结果作为社会组织信用体系建设的重要内容"。

就我国公共服务购买绩效评价结果的运用而言：一方面，要积极搭建"政府购买服务信息平台"并不断完善财政数据、绩效评价、监督反馈等栏目功能设置，利用"互联网+"、大数据等新兴技术手段，扩大公共服务绩效评价信息公开的范围和渠道。绩效评价结果的公开亦将激发市场上其他承接主体的承接欲望，从而有利于提升公共服务承接主体选择的竞争度，并为购买主体选择最佳服务承接主体提供了更多的机会。另一方面，以绩效评价结果为依据，综合运用个性化的奖惩机制来进行绩效评价结果转化。譬如，在绩效评价过程中，对于评价结果为优秀的社会力量，在后续的公共服务购买中优先考虑选为承接主体，[②] 而对那些被发现存在违约行为的承接主体，必须严格追究其违约责任，并将违约情节严重的承接主体纳

---

① Harry Hatry et al., "Mini-symposium or Intergovernmental Comparative Performance Data," *Public Administration Review*, Vol. 59, No. 2, 1999.

② 吕芳、王冬芳等：《政府购买公共服务研究：中国实践与国际经验》，国家行政学院出版社 2017 年版，第 88 页。

入不良行为记录名单，在1—3年内禁止其参与公共服务购买活动。[①]当然，在严肃问责的同时，也应积极组织第三方绩效评价机构、智库专家学者等根据绩效评价结果报告来反馈整改意见，督促服务承接主体限期修正并定期汇报整改进度。不仅如此，更要考虑综合运用政治、经济等多种手段来有效激励公共服务供给质量的持续提升。此外，还可以考虑建立承接主体绩效管理信息库[②]，详细记录承接主体的公共服务生产效率、质量、行为规范程度等方面的信息，在与高素质、高信用的承接机构建立良好长期合作关系的同时，又能为后续公共服务购买中的承接主体选择提供决策参考。

（九）建立绩效评价成果扩散机制

公共服务绩效评价的目的在于将评价成果有效传递给利益相关方，用以引导和规范各公共服务承接主体的资金使用，进而整体改善公共服务供给绩效。因此，我国应借鉴世界银行的项目评价成果反馈体系，积极构建公共服务购买绩效评价成果的扩散机制，借助书籍、期刊、报纸等出版物或绩效评价信息网络平台，抑或举办行业研讨会等多种形式进行评价成果的广泛扩散与经验共享，进而对提升绩效形成有效激励。

其一，利用出版物等进行绩效评价成果的扩散。世界银行每年会针对单个项目成果、成果的持续性以及对机构未来发展的影响等进行评价并编制“项目绩效评价报告”。该报告的评价结果一般都能及时得到汇总，在编制成报告后即向社会公开。然而，目前我国并未系统发行有关公共服务购买绩效评价结果的出版物，大多数的绩效评价报告只限于在政府部门内部流动。有鉴于此，我国应组织相

---

① 吴小明:《政府采购实务操作与案例分析（第二版）》，第99页。

② 郑亚瑜:《政府购买公共服务的风险及其防范——基于购买过程的视角》,《改革与开放》2015年第7期，第3页。

关部门对承接主体的公共服务生产质量开展年度考核评价，并将评价结果编制成年度绩效评价报告公开分发给利益相关方。为了达到绩效评价报告编制的最初目标，报告应以利益相关方易于理解、易于分析的形式呈现，且借助原始数据、图片、表格等信息来支撑评价报告的真实性和客观性。与此同时，亦可借鉴我国审计机关利用绩效审计信息的实践经验，在绩效评价报告的基础上进行形式转换，譬如印发绩效评价结果综合分析报告以及绩效评价简报等定期向中央各部门乃至全国人大等报送，以作为政府购买公共服务的决策参考。

其二，通过网络平台进行绩效评价成果的扩散。绩效评价信息网络平台系统可以由评价结果大数据系统、评价网站以及评价论坛组成，评价结果大数据系统由财政部设立专门的管理机构负责运行和维护，利用系统的数据采集与反馈功能，动态更新政府购买公共服务的绩效评价信息，分类汇总历年政府所购买的公共服务项目绩效评价信息，依托数字技术对既有的绩效评价信息进行智能分析，精准研判各承接主体的服务供给成效，通过数据比对以及分类查找来为购买主体选择最佳承接主体提供决策参考。评价网站则是一个面向社会大众的平台，通过这一网站可将购买主体购买公共服务的计划目标、承接主体的专业资质等信息公示于众，同时也将承接主体的年度绩效评价结果呈现给消费主体及购买主体，进一步推动绩效评价结果的广泛扩散。例如，上海市静安区在社会组织公共服务网的“购买服务”模块中设置“历年项目”，从中能够查到静安区历年购买的公共服务项目、承接主体信息和项目评价结果。[1] 此外，还可以开设绩效评价论坛。该论坛作为促进政民互动、沟通反馈的一个有效渠道，一般设立于各政府部门的官方网站中，其最主要的特

① 王克强、马克星、刘红梅：《政府购买社会组织服务项目的绩效评价经验、问题及提升战略——基于上海市的调研访谈》，第 44 页。

点是发表言论的自由空间较大，购买主体、承接主体、消费主体以及评价主体四方可根据服务项目成果的具体评价结果进行讨论交流，在破解资源不共享、信息不对称等问题的同时，亦能促进评价结果的高效应用和全面扩散。

其三，利用行业培训会或内部研讨会等进行绩效评价成果的扩散。行业培训会主要是由购买主体、承接主体、评估主体等共同参加，针对各类公共服务项目性质进行精准化、专业化培训，推动承接主体公共服务供给逐步走向效能化、专业化。与此同时，依托绩效评价行业培训会，促进评价标准设定、指标体系设计以及评价模型构建等技术手段的创新升级，助力绩效评价活动逐步走向职业化、科学化。而内部研讨会则主要是由购买主体、消费主体、评价主体共同组织的会议，其目的是加强购买主体与评价主体之间的联系，亦即促进我国政府决策管理层与绩效评价委员会之间的交流，借助内部研讨会的召开来深入了解消费主体的服务诉求与现实需要，同时全面探讨并论证评估结果报告中提出的决策建议，进而再做出延续或变更公共服务购买的最终决策。

第八章　结论与展望

从全球范围来看，西方发达国家对政府向社会力量购买公共服务做出了先行探索，其已经走过了大规模推广的阶段（暂且称之为第一阶段），并且在一定程度上迈向了公共服务购买与逆向购买（收归政府等公共部门亲自供给）并行的新的历史阶段（可以称之为第二阶段）。在我国，政府购买公共服务还处在从中央到地方都在大幅度推进的阶段。回望西方发达国家走过的路，给我们带来的最大启示或教训就是，在公共服务购买的第一阶段，如何识别与防范可能遭遇的风险是我国政府向社会力量购买公共服务过程中应当认真思考和应对的一个重要议题。唯如此，才可能避开西方发达国家曾经走过的弯路，这也正是本书的一个研究重点。在本章，有必要对前文的研究结论做一概要性的回顾和总结，并对研究的不足和可以进一步研究的问题做出初步展望。

一、主要结论

清晰地把握研究的核心概念是开始一项研究时应当及早着手解决的一个问题。在本书中，作为核心概念的政府向社会力量购买公共服务可以采用描述性定义的方式界定为：通过发挥市场机制作用，把国家机关、党的机关、政协机关、民主党派机关、承担行政职能的事业单位、使用行政编制的群团组织机关等购买主体直接提供的一部分公共服务事项，按照一定的方式和程序，交由依法成立的企业、依法成立的社会组织（不含由财政拨款保障的群团组织）、公益二类和从事生产经营活动的事业单位、农村集体经济组织、基层群众性自治组织、具备条件的个人等社会力量承担，并由购买主体根据合同约定向其支付费用。从这个界定不难看出，公共服务的购买主体之外延较为广泛，因而不能望文生义式地认为其就是政府行政机关；公共服务的承接主体之外延同样较为广泛，因而不能过于狭隘地认为其就是社会组织。

搭建一个明晰的分析框架对于更加清晰地和更具解释力地开展一项研究都具有十分重要的价值。在本书中，基于风险通常存在于实践运作的具体过程之中并由该过程中的相关主体所引发这样的判断，初步构建起了对政府向社会力量购买公共服务的风险加以识别与防范的流程—主体分析框架。就流程而言，主要包括设计项目、编报预算、组织购买、履行合同和绩效评价等五个环节。就主体来说，主要涉及购买主体、承接主体、消费主体和评价主体。其中，评价主体又可能是购买主体+第三方机构、购买主体+消费主体、购买主体+第三方机构+消费主体、第三方机构+消费主体。从每个环节中风险所涉主体来看，设计项目环节和编报预算环节主要涉及购买主体，组织购买环节主要涉及购买主体和承接主体，履行合同环节主要涉及购买主体、承接主体和消费主体，绩效评价环节主要涉及购买主体、承接主体和第三方机构，并在一定程度上涉及消费主体。

精准地发现公共服务购买流程每个环节中存在的具体风险及其所涉主体是本书的核心任务所在。具言之，设计项目作为公共服务购买的首要环节，既为购买公共服务规划设计实施场景，也为其行动开展设定行为边界，从而直接影响后续购买决策绩效结果。该环节的风险主要与购买主体存在密切关联。购买主体一方面需要对消费主体的需求信息予以征集反映，另一方面需要对承接主体的服务内容、资质要求、绩效评估等予以规范考察。设计项目环节的严谨性不仅对公共服务中消费主体所感知的质量、承接主体的服务生产等有重要影响，同时对评价主体的绩效评价工作的可操作性也产生直接影响。设计项目环节可能会遭遇到需求信息偏差、目标模糊、项目选择偏差以及总成本增加等风险困境。针对这些风险表征，需要从“过程—技术—机制”的三重视角出发，尽快构建由开展公共服务需求调查、明确本质性政府职能、推进目标设定的科学化、进行成本比较分析、划定公共服务购买的可能边界、推进服务对象有效参与的工具选择、购买模式的类型界分、设定承接主体的选择模型、建立公共服务需求表达机制、健全全过程激励机制和约束机制、完善多元主体协同监管机制等具体策略组成的风险防控体系。此外，还应当对政府购买公共服务项目的定价方式、运行逻辑、平台构建、配套机制等其他重点难点问题给予充分的关注，以期全面有效降低该环节的风险。

编报预算环节作为设计项目环节的紧后环节，需要着手处理好购买公共服务的年度财政收支计划之编撰与上报工作。编报预算的作用既体现在通过授权机制赋予购买主体在购买公共服务中拿钱和花钱的权威，亦体现在对“钱袋子”的权力（购买主体拿钱和花钱的权力）实施基本的财务规制。在该环节可能会出现单个公共服务项目预算金额失当、购买公共服务预算资金总额不足、预算编报程序规范性欠缺、预算编报时间和内容不合理、预算编报方法和技术不科学、预算上报审批管理薄弱等诸多风险。为了搜寻到防范风险的密码，需要从科学确定预算价格、推行全面预算绩效管理制度、健全预算编报程序公开机制、推动公众参与式预算的高质量发展、规范预算编报标准和调整幅度、构建预算资金激励相容机制、科学调整预算编报时间、提高对预算编报的重视程度和预算的精细化水平、深化全口径综合预算、优化预算编报方法、加强政府预算与中长期战略规划的结合、拓展预算编报的技术手段、适当延长预算审批时间、进一步完善预算审批流程、加强对预算上报审批过程的监督管理等方面努力，逐步建立起“全面规范透明、标准科学、约束有力”的公共服务购买预算编报制度。

组织购买是公共服务购买的政策执行环节，需要完成拟订购买合同、制订购买方案、采取购买行动、择定承接主体、签订购买合同等一系列工作，并以购买主体与承接主体签订了公共服务购买合同为主要成果。在该环节，可能会存在合同不完全、信息发布形式化、逆向选择、竞争性短缺、寻租及“串标”“陪标”、高价购买等一系列风险。就合同不完全风险而言，虽然说实现合同的完全性不现实，但通过追求可行的完全性、采用绩效合同、健全合同备案制度等措施来降低合同不完全程度则完全可能。就信息发布形式化风险而言，可以灵活采用缩短信息发布材料准备与信息正式发布的时间差、加大纪检监察机关和党委（党组）等的体制内监督力度和提升社会各界尤其是潜在的承接主体的监督效能来加以防范。就逆向选择风险而言，应当综合运用遵循“物有所值”原则、寻求降低信息不对称程度的具体策略（如开展合同履行能力调查、构建承接主体数据库、发放参与购买意向调查表等）、优化组织购买的具体程序、发挥潜在的承接主体的监督作用等措施来应对。就竞争性短缺风险而言，需要借助培育公共服务承接主体、推行公共服务项目分解策略、运用凭单等准市场方式和探索公共服务供给的公私混合模式等举措来进行防控。就寻租及“串标”“陪标”风险而言，应该以“精准惩治”来持续形成强大震慑力量，通过“以案促制”来持续完善相关制度体系，通过“以案示警”来持续增强自觉意识，并积极引入消费主体参与和主动探索运用凭单方式，据此提升风险化解的成效。就高价购买风险而言，理应经由高度重视预算价格刚性、积极推行市场测试、着力健全执业资格制度、努力成为精明买主等策略的全面应用来进行预防。

履行合同环节作为组织购买环节的紧后环节，主要表现为承接主体依据合同约定进行公共服务生产和购买主体为了确保承接主体认真履行合同所采取的行动。在该环节，容易出现公共服务生产质量降低、公共服务生产能力和监管能力下降、购买主体监管失灵、俘获、资金拨付迟滞等主要风险。为了防范公共服务生产质量降低风险，可以切实强化对承接主体的道德素养、专业知识和技能之教育培训，努力加强和改进事中监管以增强购买主体的监管公共责任，着手建立履约保证金制度以增强承接主体风险意识、责任意识和外在压力，抓紧构建激励相容机制来让承接主体自身利益追求与公共服务生产目标实现兼容。为了防范公共服务生产能力和监管能力下降风险，应当着力推进购买主体的公共服务生产能力和对合同履行的监管能力之重建工作。为了防范购买主体监管失灵风险，需要大力推进第三方监管主体的独立监管，着力加强对第三方监管主体的监管，积极引入服务对象的参与式监管，大胆尝试与严格履约的承接主体建立长期合作关系，有效开展回报机制、认知机制、承诺机制等机制设计工作来让承接主体成为“管家”型承接主体。为了防范俘获风险，应该努力构建以俘获行为识别机制和精准问责机制为主要构件的不敢俘获的惩戒机制、以俘获行为监督机制和考核评价机制为主要构件的不能俘获之防范机制、以“拒俘”思想教育引导机制和“拒俘”行为正向激励机制为主要构件的不想俘获之保障机制。为了防范资金拨付迟滞风险，理应明确资金拨付的及时支付原则并构建稳定的资金拨付机制。

绩效评价环节是购买流程中的最后一个环节，但绝不是最不重要的环节。全面实施政府购买公共服务的绩效评价是推进政府治理体制创新的重要内容，也是判断是否偏离公共服务购买的目标方向以调整修正进而保证购买决策执行无偏差的内在要求。在该环节，兼从单主体和多主体的不同视角来看，主要存在绩效评价形式化、购买主体评价失效、消费主体参与不足、第三方评价失灵、评价结果运用表面化等突出风险。为了有效防范这些风险并为规避类似风险提供经验积累，需要按照“制度—主体—机制—运用”的风险防范思路，自觉采用健全绩效评价法律制度、组建评价组织管理体系、完善绩效评价程序等制度建设策略，灵活运用提升购买主体绩效评价能力和引入消费主体满意度评价等主体能力提升策略，综合使用构建基于购买目标的绩效评价机制、优化第三方绩效评价机制、建立绩效评价成果扩散机制等机制优化策略，同时要着力强化绩效评价的结果运用。

概言之，在政府向社会力量购买公共服务的五个环节中，每个环节都会由于购买主体、承接主体、评价主体甚至消费主体所依从的行动逻辑之非合理性、所存在的知识和能力之相对欠缺性抑或所遭遇的外在环境之错综复杂性等原因，而存在一些较为突出的风险。只有围绕这些风险有针对性地采取科学可行、务实管用的防范策略或措施，才能较为圆满地实现公共服务购买的预期目标。为了更加直观、更显全面、更为概括地展示本书所识别的主要风险和所设计的风险防范策略，兹用表 8-1 加以呈现。

表 8-1　政府向社会力量购买公共服务的主要风险及防范策略

所处环节	风险名称	所涉主体（重要程度）	防范策略
设计项目	需求信息偏差	购买主体（重要） 消费主体（中等）	(1) 开展公共服务需求调查 (2) 建立公共服务需求表达机制 (3) 选择服务对象参与的有效工具

（续表）

<table>
<tr><th>所处环节</th><th>风险名称</th><th>所涉主体（重要程度）</th><th>防范策略</th></tr>
<tr><td rowspan="3"></td><td>目标模糊</td><td>购买主体（重要）</td><td>（1）推进目标设定的科学化
（2）界分购买模式的主要类型</td></tr>
<tr><td>项目选择偏差</td><td>购买主体（重要）</td><td>（1）明确本质性政府职能
（2）划定购买公共服务的可能边界
（3）设定承接主体选择模型</td></tr>
<tr><td>总成本增加</td><td>购买主体（重要）</td><td>（1）进行成本比较分析
（2）健全全过程激励机制和约束机制
（3）完善多元主体协同监管机制</td></tr>
<tr><td rowspan="8">编报预算</td><td>单个公共服务项目预算金额失当</td><td>购买主体（重要）</td><td>科学确定预算价格</td></tr>
<tr><td>购买公共服务预算资金总额不足</td><td>购买主体（重要）</td><td>推行全面预算绩效管理制度</td></tr>
<tr><td rowspan="2">预算编报程序规范性欠缺</td><td>购买主体（重要）</td><td rowspan="2">（1）健全预算编报程序公开机制
（2）推动公众参与式预算的高质量发展
（3）规范预算编报标准和调整幅度
（4）构建预算资金激励相容机制</td></tr>
<tr><td>消费主体（次要）</td></tr>
<tr><td>预算编报时间和内容不合理</td><td>购买主体（重要）</td><td>（1）科学调整预算编报时间表
（2）提高对预算编报的重视程度和预算的精细化水平
（3）深化全口径综合预算</td></tr>
<tr><td>预算编报方法和技术不科学</td><td>购买主体（重要）</td><td>（1）优化预算编报方法
（2）加强政府预算与中长期战略规划的结合
（3）拓展预算编报的技术手段</td></tr>
<tr><td rowspan="2">预算上报审批管理薄弱</td><td>购买主体（重要）</td><td>适当延长预算审批时间</td></tr>
<tr><td>审批主体（重要）</td><td>（1）进一步完善预算审批流程
（2）加强对预算上报审批过程的监督管理</td></tr>
</table>

（续表）

<table>
<tr><th>所处环节</th><th>风险名称</th><th>所涉主体（重要程度）</th><th>防范策略</th></tr>
<tr><td rowspan="11">组织购买</td><td>合同不完全</td><td>购买主体（重要）</td><td>（1）追求可行的完全性
（2）采用绩效合同
（3）健全合同备案制度</td></tr>
<tr><td rowspan="2">信息发布形式化</td><td>购买主体（重要）</td><td rowspan="2">（1）缩短信息发布的时间差
（2）加大体制内监督力度
（3）提升社会各界监督效能</td></tr>
<tr><td>承接主体（中等）</td></tr>
<tr><td rowspan="2">逆向选择</td><td>购买主体（重要）</td><td rowspan="2">（1）遵循“物有所值”原则
（2）寻求信息不对称程度降低策略（如开展合同履行能力调查、构建承接主体数据库、发放参与购买意向调查表等）
（3）优化组织购买的具体程序（如工作人员选择程序、潜在承接主体参与程序、承接主体选定程序、评审工作程序等）
（4）发挥潜在承接主体的监督作用</td></tr>
<tr><td>承接主体（重要）</td></tr>
<tr><td rowspan="2">竞争性短缺</td><td>购买主体（重要）</td><td rowspan="2">（1）培育公共服务承接主体
（2）推行公共服务项目分解策略
（3）运用凭单等准市场方式
（4）探索公私混合模式</td></tr>
<tr><td>承接主体（重要）</td></tr>
<tr><td rowspan="2">寻租及“串标”“陪标”</td><td>承接主体（重要）</td><td rowspan="2">（1）以“精准惩治”来持续形成强大震慑力量
（2）以“以案促制”来持续完善相关制度体系
（3）以“以案示警”来持续增强自觉意识
（4）引入消费主体参与
（5）探索运用凭单方式</td></tr>
<tr><td>购买主体（中等）</td></tr>
<tr><td rowspan="2">高价购买</td><td>购买主体（重要）</td><td rowspan="2">（1）重视预算价格刚性
（2）推行市场测试
（3）健全执业资格制度
（4）成为精明买主</td></tr>
<tr><td>承接主体（中等）</td></tr>
</table>

（续表）

<table>
<tr><th>所处环节</th><th>风险名称</th><th>所涉主体（重要程度）</th><th>防范策略</th></tr>
<tr><td rowspan="12">履行合同</td><td rowspan="2">公共服务生产质量降低</td><td>购买主体（重要）</td><td rowspan="2">（1）强化对承接主体的教育培训
（2）加强和改进事中监管
（3）建立履约保证金制度
（4）构建激励相容机制</td></tr>
<tr><td>承接主体（重要）</td></tr>
<tr><td rowspan="3">公共服务生产能力和监管能力下降</td><td>消费主体（次要）</td><td rowspan="3">（1）购买主体公共服务生产能力重建
（2）购买主体对合同履行的监管能力重建</td></tr>
<tr><td>购买主体（重要）</td></tr>
<tr><td>承接主体（次要）</td></tr>
<tr><td rowspan="2">购买主体监管失灵</td><td>购买主体（重要）</td><td rowspan="2">（1）推进第三方监管主体的独立监管
（2）加强对第三方监管主体的监管
（3）引入服务对象的参与式监管
（4）与严格履约的承接主体建立长期合作关系
（5）开展回报机制、认知机制、承诺机制等机制设计工作</td></tr>
<tr><td>承接主体（重要）</td></tr>
<tr><td rowspan="2">俘获</td><td>购买主体（重要）</td><td rowspan="2">（1）构建俘获行为识别机制和精准问责机制
（2）构建俘获行为监督机制和考核评价机制
（3）构建“拒俘”思想教育引导机制和“拒俘”行为正向激励机制</td></tr>
<tr><td>承接主体（重要）</td></tr>
<tr><td>资金拨付迟滞</td><td>购买主体（重要）</td><td>（1）明确资金拨付的及时支付原则
（2）构建稳定的资金拨付机制</td></tr>
</table>

（续表）

所处环节	风险名称	所涉主体（重要程度）	防范策略
绩效评价	绩效评价形式化	购买主体（重要）	（1）健全绩效评价的相关法律制度 （2）组建统一的绩效评价组织管理体系 （3）完善绩效评价的基本程序
		承接主体（重要）	
	购买主体评价失效	购买主体（重要）	（1）提升购买主体的绩效评价能力 （2）构建基于购买目标的绩效评价机制
		承接主体（中等）	
	消费主体参与不足	购买主体（重要）	引入消费主体满意度评价
		承接主体（重要）	
		消费主体（中等）	
	第三方评价失灵	购买主体（重要）	优化第三方绩效评价机制（如健全第三方绩效评价的法规制度、减少第三方绩效评价机构的经济依赖性、加强对第三方绩效评价机构专业化水平的测评、完善绩效评价的指标体系、建立第三方绩效评价的监督机制等）
		承接主体（中等）	
		第三方机构（重要）	
	评价结果运用表面化	购买主体（重要）	（1）强化绩效评价结果运用 （2）建立绩效评价成果扩散机制
		承接主体（次要）	
		消费主体（次要）	

注：重要程度是指不同主体在引发或造成某个风险中发挥的作用大小，分为重要、中等和次要三个等级。“次要”是就该主体在引发某个风险中所发挥的作用而言的，即其发挥的作用要低于“中等”。

二、研究展望

在政府向社会力量购买公共服务的实践运作中，存在“设计型”和“绩效型”两种典型形式。[①] 前者重点关注的是对公共服务承接主体从参与竞取承接权到合同履行完毕的整个过程中的行为进行规范和规制，比如在购买合同中会对生产公共服务的具体行为做出较为详细的设定，并根据承接主体开展的活动来支付费用，因而属于“过程导向”；后者重点关注的是公共服务承接主体生产公共服务所取得的成果，比如在购买合同中会对要取得的绩效也就是结果做出较为全面具体的规定，并依据承接主体开展工作所获得的实际结果来支付费用，因而属于“结果导向”。相应地，政府向社会力量购买公共服务的风险识别与防范通常也会存在“过程导向型风险识别与防范模式”和“结果导向型风险识别与防范模式”两种极化的类型。在本书中，考虑到风险通常存在于整个购买过程的各个环节之中，故此基于流程和主体的双重视角对各个环节的主要风险及其所涉主体进行了分析，并提出了针对性的防范措施。对过程的注重有助于在每个环节将该环节可能存在的风险扼杀在萌芽状态，而不至于简单地将过程当作一个可以视而不见的“黑箱”，等到了结果评价环节才发现大量风险已经转化为问题，却又无法避免和无从补救。不过，对流程的重视并不意味着本书可以单纯地视为“过程导向型风险识别与防范模式”，因为在本书中，对过程和结果是持一种辩证统一的看法。具言之，结果并非凭空产生的，是在购买的过程中逐渐形成了特定的结果。如果说结果是“果”，那么过程就是“因”。正因为

① 冯华艳：《政府购买公共服务研究》，中国政法大学出版社 2015 年版，第 105—106 页。

如此，本书对过程给予了高度重视。同时，本书也未忽视“结果导向型风险识别与防范模式”的价值和意义，在政府购买公共服务的绩效评价环节，对可能的风险和防范措施也试图做出较为全面细致的探讨，并特别强调了对绩效评价结果进行综合运用的必要性和紧迫性。实际上，在我们看来，流程的最后一个环节就属于“结果”环节，流程的前面环节与最后环节的关系类似于“十月怀胎”与“一朝分娩”的关系。不仅如此，在本书中，我们之所以重视流程中的风险识别与防范，还是想获得一个比较理想的购买结果。从这一意义上说，重视流程更多地属于本书的“手段”，而确保购买公共服务的结果具有经济性、效率性、效益性和公平性才是本书的“目的”。概言之，在本书中，想推动的是“过程和结果并重型风险识别与防范模式”。

本书还存在不少不足。具体来说，第一，就一手资料而言，虽然努力采用了半结构式访谈法、非参与式观察法、召开座谈会等方式来多元化收集，但因为访谈问题设计不够全面、访谈对象选择性回答、访谈领域不够广泛（对购买主体所购买的公共服务项目之调研范围主要以养老服务等社会服务类项目为主）、有些一手素材（如寻租及“串标”“陪标”）难以真实地获得等原因，所以本书所掌握的一手资料是不够全面、深入和细致的。为了在一定程度上弥补这个不足，我们在研究过程中尽可能广泛地收集学术界相关研究成果中呈现的一手资料。第二，本书虽然试图从“过程和结果并重”的角度来展开政府购买公共服务的风险识别与防范研究，但从章节分布来看，对过程的研究重于对结果的研究，这既是本书的一个缺憾，也是未来值得进一步研究的方向。第三，本书在研究角度上，虽然试图在尽可能中立的角度对政府购买公共服务的所涉主体都展开分析，但是，仍然有意无意地让购买主体尤其是政府这个主体占据了上风，即或多或少地被“如何为政府等购买主体提供识别与防范风险的可操作化方案”这个问题所牵引，这就造成了本书在选取研究问题时，一定程度上不经意地采用了选择性“失明”的行动逻辑，这一点在关于绩效评价环节的风险及其防范的研究中体现得尤为明显。从理论层面说，政府购买公共服务的绩效评价不仅包含对承接主体公共服务生产绩效的评价，还应包含对购买主体的购买绩效的评价，比如购买主体是否实现了公共服务购买的预期目标、是否充分开展了公共服务需求调查、是否选择了恰当的购买类型和购买方式、是否确保了购买过程的公开透明①、是否很好地履行了全流程管理义务、是否真正降低了公共服务供给成本等等。不过，本书仅从实务层面切入，探讨了对承接主体的绩效进行评价可能存在的主要风险。因此，政府购买公共服务的购买主体绩效评价及其风险识别与防范就是本书没有怎么涉及的一个问题。值得欣慰的是，学界已经有部分学者围绕政府向社会力量购买公共服务中购买主体的绩效评价问题展开了一定的研究。此外，财政部发布的《关于做好 2022 年政府购买服务改革重点工作的通知》中特别强调，要“健全政府购买服务绩效管理链条，实施全过程绩效管理”。由此可见，从对政府购买公共服务绩效评价的研究走向对政府购买公共服务绩效管理的研究，尤其是对政府购买公共服务全过程绩效管理的研究，也是我们在今后可以进一步探究的议题。

本书存在的不足远不止前述方面。本书的所有不足都可以成为未来进一步研究的方向。本书如果能为后来者的研究提供初步的知识积累，已是令我们倍感欣慰之事。对后来者而言，站在前人的肩膀上，找到新的学术生长点，将政府购买公共服务的研究继续向前推进，以真正促进人类知识的增长和有效助推政府向社会力量购买公共服务的实践工作之高质量开展，任重而道远。

---

① 杨燕英主编：《政府购买公共服务导论》，经济科学出版社 2018 年版，第 181 页。

参考文献

一、中文文献

蔡清田主编:《社会科学研究方法新论》，五南图书出版股份有限公司 2013 年版。

陈振明等:《公共服务导论》，北京大学出版社 2011 年版。

陈振明:《公共管理学原理（修订版)》，中国人民大学出版社 2017 年版。

陈振明主编:《政策科学——公共政策分析导论（第二版)》，中国人民大学出版社 2003 年版。

邓国胜:《非营利组织评估》，社会科学文献出版社 2001 年版。

邓金霞:《公共服务外包之隐性进入壁垒研究：以上海市为例》，上海人民出版社 2015 年版。

范道津、陈伟珂:《风险管理理论与工具》，天津大学出版社 2010 年版。

冯华艳:《政府购买公共服务研究》，中国政法大学出版社 2015 年版。

风笑天:《社会研究设计与写作》，中国人民大学出版社 2014 年版。

高天鹏编著:《流程管理理论与技术研究——管理熵的视角》，电子科技大学出版社 2012 年版。

顾丽梅主编:《公共政策与政府治理（第 2 辑)》，上海人民出版社 2006 年版。

贺卫:《寻租经济学》，中国发展出版社 1999 年版。

胡象明主编:《行政管理学》，高等教育出版社 2019 年版。

蒋逸民编著:《社会科学方法论》，重庆大学出版社 2011 年版。

句华:《公共服务中的市场机制——理论、方式与技术》，北京大学出版社 2006 年版。

李军鹏:《公共服务学——政府公共服务的理论与实践》，国家行政学院出版社

2007年版。
吕芳、王冬芳等:《政府购买公共服务研究：中国实践与国际经验》，国家行政学院出版社2017年版。
刘玉姿:《政府购买公共服务立法研究》，厦门大学出版社2016年版。
吕纳:《公共服务购买中的政府与社会组织互动关系研究》，上海交通大学出版社2017年版。
吕侠:《中国预算公开制度研究》，湖南师范大学出版社2015年版。
马国贤主编:《政府预算》，上海财经大学出版社2011年版。
马骏、赵早早:《公共预算：比较研究》，中央编译出版社2011年版。
乔耀章:《政府理论》，苏州大学出版社2003年版。
秦艺芳:《机制设计理论及其应用研究》，武汉大学出版社2015年版。
施青军:《政府绩效评价：概念、方法与结果运用》，北京大学出版社2016年版。
孙柏瑛、杜英歌:《地方治理中的有序公民参与》，中国人民大学出版社2013年版。
王浦劬、〔英〕郝秋笛等:《政府向社会力量购买公共服务发展研究：基于中英经验的分析》，北京大学出版社2016年版。
王浦劬、〔美〕莱斯特·M. 萨拉蒙等:《政府向社会组织购买公共服务研究：中国与全球经验分析》，北京大学出版社2010年版。
王雪云、高芙蓉主编:《政府购买公共服务研究》，经济科学出版社2016年版。
魏中龙等:《政府购买服务的理论与实践研究》，中国人民大学出版社2014年版。
吴小明:《政府采购实务操作与案例分析（第二版)》，经济科学出版社2011年版。
谢明编著:《公共政策导论（第四版)》，中国人民大学出版社2015年版。
杨欣:《公共服务合同外包中的政府责任研究》，光明日报出版社2012年版。
杨燕英:《政府购买公共服务嵌入式财政监督机制——基于风险管理导向的研究》，经济科学出版社2019年版。
赵卫东:《智能化的流程管理基础》，复旦大学出版社2014年版。
郑卫东:《政府购买服务的监管问题研究》，上海人民出版社2019年版。
周义程:《公共产品民主型供给模式的理论建构》，中国社会科学出版社2009年版。

周义程主编:《国外公共行政学名著的文本学解读》,苏州大学出版社 2021 年版。
周玉萍:《政府购买社区养老服务研究》,中国社会科学出版社 2019 年版。
周志忍:《当代国外行政改革比较研究》,国家行政学院出版社 1999 年版。
朱俊峰、窦菲菲、王健:《中国地方政府绩效评估研究——基于广义模糊综合评价模型的分析》,复旦大学出版社 2012 年版。
竺乾威、朱春奎等:《社会组织视角下的政府购买公共服务》,中国社会科学出版社 2016 年版。

〔美〕艾尔·巴比:《社会研究方法(第 10 版)》,邱泽奇译,华夏出版社 2005 年版。
〔美〕E. S. 萨瓦斯:《民营化与公私部门的伙伴关系》,周志忍等译,中国人民大学出版社 2002 年版。
〔美〕菲利普·库珀:《合同制治理——公共管理者面临的挑战与机遇》,竺乾威、卢毅、陈卓霞译,复旦大学出版社 2007 年版。
〔美〕戈登·图洛克:《特权和寻租的经济学》,王永钦、丁菊红译,上海人民出版社 2017 年版。
〔美〕唐纳德·凯特尔:《权力共享:公共治理与私人市场》,孙迎春译,北京大学出版社 2009 年版。
〔美〕莱斯特·M. 萨拉蒙:《公共服务中的伙伴——现代福利国家中政府与非营利组织的关系》,田凯译,商务印书馆 2008 年版。
〔美〕罗纳德·J. 奥克森:《治理地方公共经济》,万鹏飞译,北京大学出版社 2005 年版。
〔美〕迈克尔·麦金尼斯:《多中心体制与地方公共经济》,毛寿龙译,上海三联书店 2000 年版。
〔美〕乔迪·扎尔·库塞克、雷·C. 瑞斯特:《十步法:以结果为导向的监测与评价体系》,梁素萍、韦兵项译,中国财政经济出版社 2011 年版。
〔美〕文森特·奥斯特罗姆、罗伯特·比什、埃莉诺·奥斯特罗姆:《美国地方政府》,井敏、陈幽泓译,北京大学出版社 2004 年版。
〔美〕威廉姆·A. 尼斯坎南:《官僚制与公共经济学》,王浦劬等译,中国青年出版社 2004 年版。
〔美〕约翰·克莱顿·托马斯:《公共决策中的公民参与》,孙柏瑛等译,中国人民大学出版社 2010 年版。
〔英〕保罗·霍普金:《风险管理：理解、评估和实施有效的风险管理（第二版)》，蔡荣右译，中国铁道出版社 2014 年版。
〔英〕达霖·格里姆赛、〔澳〕莫文·K. 刘易斯:《公私合作伙伴关系：基础设施供给和项目融资的全球革命》，济邦咨询公司译，中国人民大学出版社 2008 年版。
〔英〕朱利安·勒·格兰德:《另一只无形的手：通过选择与竞争提升公共服务》，韩波译，新华出版社 2010 年版。

柏良泽:《“公共服务”界说》,《中国行政管理》2008 年第 2 期。
包国宪、刘红芹:《政府购买居家养老服务的绩效评价研究》,《广东社会科学》2012 年第 2 期。
蔡礼强:《政府向社会组织购买公共服务的需求表达——基于三方主体的分析框架》,《政治学研究》2018 年第 1 期。
陈家建、赵阳:《“低治理权”与基层政府购买公共服务困境研究》,《社会学研究》2019 年第 1 期。
陈建国:《政府购买服务的需求管理模式和改革方向》,《东北大学学报（社会科学版)》2018 年第 5 期。
陈天祥、郑佳斯:《把政府带回来：政府购买服务的新趋向》,《理论探索》2019 年第 6 期。
陈尧、马梦妤:《项目制政府购买的逻辑：诱致性社会组织的“内卷化”》,《上海交通大学学报（哲学社会科学版)》2019 年第 4 期。
迟福林:《新阶段政府购买公共服务的几个问题》,《中国机构改革与管理》2014 年第 5 期。
崔光胜、余礼信:《基层政府购买农村公共服务：实践、困境与路径——基于江西省 G 镇的个案分析》,《中南民族大学学报（人文社会科学版)》2014 年第 6 期。
邓金霞:《如何确定政府购买公共服务的价格？——以上海为例》,《中国行政管理》2020 年第 11 期。
董杨、句华:《政府购买公共服务质量保障问题研究》,《中国行政管理》2016 年第 5 期。
方国阳、邵建树、靳晓:《公众参与如何影响政府购买公共服务的有效性？——

基于政府购买服务项目的案例分析》,《中国行政管理》2022 年第 4 期。
冯俏彬、郭佩霞:《我国政府购买服务的理论基础与操作要领初探》,《中国政府采购》2010 年第 7 期。
高小平:《三管齐下 突破政府购买公共服务的瓶颈》,《中国机构改革与管理》2014 年第 5 期。
管兵、夏瑛:《政府购买服务的制度选择及治理效果:项目制、单位制、混合制》,《管理世界》2016 年第 8 期。
顾丽梅、戚威龙:《政府购买社会组织服务资金管理困境与对策研究》,《浙江学刊》2019 年第 5 期。
郭小聪、聂勇浩:《服务购买中的政府—非营利组织关系:分析视角及研究方向》,《中山大学学报(社会科学版)》2013 年第 4 期。
韩俊魁:《当前我国非政府组织参与政府购买服务的模式比较》,《经济社会体制比较》2009 年第 6 期。
韩清颖、孙涛:《政府购买公共服务有效性及其影响因素研究——基于 153 个政府购买公共服务案例的探索》,《公共管理学报》2019 年第 3 期。
何翔舟:《政府购买公共服务研究:问题与主题》,《浙江工商大学学报》2014 年第 5 期。
黄锦荣、叶林:《公共服务"逆向合同承包"的制度选择逻辑——以广州市环卫服务改革为例》,《公共行政评论》2011 年第 5 期。
黄新华:《从公共物品到公共服务——概念嬗变中学科研究视角的转变》,《学习论坛》2014 年第 12 期。
胡伟、杨安华:《西方国家公共服务转向的最新进展与趋势——基于美国地方政府民营化发展的纵向考察》,《政治学研究》2009 年第 3 期。
姜爱华、杨琼:《政府购买公共服务"全过程"绩效评价探究》,《中央财经大学学报》2020 年第 3 期。
敬乂嘉、崔杨杨:《代理还是管家:非营利组织与基层政府的合作关系》,《中国第三部门研究》2015 年第 1 期。
敬乂嘉:《中国公共服务外部购买的实证分析——一个治理转型的角度》,《管理世界》2007 年第 2 期。
句华:《助推理论与政府购买公共服务政策创新》,《西南大学学报(社会科学版》2017 年第 2 期。
李长远、张会萍:《政府购买养老服务的风险及其防治——基于养老服务链视角》，《经济体制改革》2019 年第 2 期。

李海平：《政府购买公共服务法律规制的问题与对策——以深圳市政府购买社工服务为例》，《国家行政学院学报》2011 年第 5 期。

李军鹏：《政府购买公共服务的学理因由、典型模式与推进策略》，《改革》2013 年第 12 期。

林闽钢、周正：《政府购买社会服务：何以可能与何以可为》，《江苏社会科学》2014 年第 3 期。

刘丽娟、王恩见：《双重治理逻辑下政府购买社会工作服务项目的运作困境及对策》，《社会建设》2021 年第 3 期。

刘舒杨、王浦劬：《政府购买公共服务中的风险与防范》，《四川大学学报（哲学社会科学版）》2016 年第 5 期。

吕芳：《我国政府购买服务的特殊制度逻辑——基于中西方公共服务合同外包实践的比较》，《中国行政管理》2019 年第 9 期。

马骏：《盐津县“群众参与预算”：国家治理现代化的基层探索》，《公共行政评论》2014 年第 5 期。

马庆钰：《关于“公共服务”的解读》，《中国行政管理》2005 年第 2 期。

倪咸林：《政府购买社会组织服务“供需适配偏差”及其矫正——基于江苏省 N 市 Q 区的实证分析》，《中国行政管理》2018 年第 7 期。

尚虎平、杨娟：《公共项目暨政府购买服务的责任监控与绩效评估——美国〈项目评估与结果法案〉的洞见与启示》，《理论探讨》2017 年第 4 期。

孙荣、季恒：《政府购买公共服务流程的价值链分析》，《行政论坛》2017 年第 1 期。

孙晓莉：《政府购买公共服务的实践探索及优化路径》，《党政研究》2015 年第 2 期。

唐钧：《政府购买服务：购买的究竟是什么》，《中国社会保障》2012 年第 3 期。

王春婷：《政府购买公共服务的风险识别与防范——基于剩余控制权合理配置的不完全合同理论》，《江海学刊》2019 年第 3 期。

王丛虎：《政府购买公共服务的底线及分析框架的构建》，《国家行政学院学报》2015 年第 1 期。

王栋：《社会组织承接政府购买服务中参与式预算的实践困境与机制突破》，《现代经济探讨》2019 年第 9 期。

汪佳丽、徐焕东、常青青：《构建全过程、多主体、动态循环的政府购买公共服务监督机制》,《中国行政管理》2021 年第 1 期。

王克强、马克星、刘红梅:《政府购买社会组织服务项目的绩效评价经验、问题及提升战略——基于上海市的调研访谈》,《中国行政管理》2019 年第 7 期。

王名、乐园:《中国民间组织参与公共服务购买的模式分析》,《中共浙江省委党校学报》2008 年第 4 期。

王振海、王义:《地方政府购买民间组织服务的现状与对策》,《天津行政学院学报》2011 年第 5 期。

魏娜、刘昌乾:《政府购买公共服务的边界及实现机制研究》,《中国行政管理》2015 年第 1 期。

吴帆、周镇忠、刘叶:《政府购买公共服务的美国经验及其对中国的借鉴意义——基于对一个公共服务个案的观察》,《公共行政评论》2016 年第 4 期。

吴磊:《政府购买居家养老服务风险影响因素与防范路径研究——基于 S 市的扎根分析》,《中国行政管理》2019 年第 12 期。

项显生:《我国政府购买公共服务边界问题研究》,《中国行政管理》2015 年第 6 期。

徐国冲、赵晓雯:《政府购买公共服务的“公共性拆解”风险及其规制》,《天津社会科学》2020 年第 3 期。

徐家良、许源:《政府购买社会组织公共服务的制度风险因素及风险治理》,《社会科学辑刊》2015 年第 5 期。

徐双敏:《政府绩效管理中的“第三方评估”模式及其完善》,《中国行政管理》2011 年第 1 期。

徐勇、崔开云:《地方政府购买公共服务研究理性选择范式的批判与超越》,《重庆科技学院学报(社会科学版)》2021 年第 4 期。

许芸:《从政府包办到政府购买——中国社会福利服务供给的新路径》,《南京社会科学》2009 年第 7 期。

杨宝:《嵌入结构、资源动员与项目执行效果——政府购买社会组织服务的案例比较研究》,《公共管理学报》2018 年第 3 期。

阳盛益、蔡旭昶、郁建兴:《政府购买就业培训服务的准市场机制及其应用》,《浙江大学学报(人文社会科学版)》2010 年第 5 期。

杨燕英、杨琼、雷德航:《构建政府购买公共服务的多元主体协同监督机制——基于 SU-CO 监督模型的分析》,《宏观经济研究》2020 年第 8 期。

叶松东:《政府购买体育公共服务的风险因素与防范策略》,《体育学刊》2021 年第 2 期。
叶托:《超越民营化: 多元视角下的政府购买公共服务》,《中国行政管理》2014 年第 4 期。
易宪容:《古典合约理论的演进以及对古典经济学的影响》,《江苏社会科学》1998 年第 2 期。
于秀琴等:《大数据背景下政府购买社会管理性服务的有效需求识别及测量研究》,《中国行政管理》2018 年第 9 期。
张立荣、冉鹏程、汪榆淇:《政府购买社会公共服务的供需失衡及精准匹配——以利川市公共服务改革为考察对象》,《河南师范大学学报（哲学社会科学版)》2020 年第 2 期。
张汝立、刘帅顺、包娈:《社会组织参与政府购买公共服务的困境与优化—基于制度场域框架的分析》,《中国行政管理》2020 年第 2 期。
詹国彬:《政府购买公共服务的风险及其防范对策》,《宁波大学学报（人文科学版)》2014 年第 6 期。
赵立波:《完善政府购买服务机制 推进民间组织发展》,《行政论坛》2009 年第 2 期。
周俊:《政府购买公共服务的风险及其防范》,《中国行政管理》2010 年第 6 期。
周雪光:《基层政府间的“共谋现象”——一个政府行为的制度逻辑》,《社会学研究》2008 年第 6 期。
周志忍:《认识市场化改革的新视角》,《中国行政管理》2009 年第 3 期。

二、英文文献

Y. Bhatti, A. L. Olsen and L. H. Pedersen, “The Effects of Administrative Professional on Contracting Out,” *Governance: An International Journal of Policy, Administration, and Institutions*, Vol. 22, No. 1, 2009.
Trevor L. Brown and Matthew Potoski, “Contract-Management Capacity in Municipal and County Governments,” *Public Administration Review*, Vol. 63, No. 2, 2003.
S. K. Foged, “The Relationship Between Population Size and Contracting Out Public Services: Evidence from a Quasi-experiment in Danish Municipalities,” *Urban Affairs Review*, Vol. 52, No. 3, 2016.
Janna J. Hansen, “Limits of Competition: Accountability in Government Contracting,” *The Yale Law Journal*, Vol. 112, No. 8, 2003.

A. C. Lindholst, O. H. Petersen and K. Houlberg, "Contracting Out Local Road and Park Services: Economic Effects and Their Strategic, Contractual and Competitive Conditions," *Local Government Studies*, Vol. 44, No. 1, 2018.

Meeyoung Lamothe and Scott Lamothe, "Beyond the Search for Competition in Social Service Contracting: Procurement, Consolidation, and Accountability," *American Review of Public Administration*, Vol. 39, No. 2, 2009.

R. Miranda and A. Lerner, "Bureaucracy, Organizational Redundancy, and the Privatization of Public Services," *Public Administration Review*, Vol. 55, No. 2, 1995.

Amita Singh, "Questioning the New Public Management," *Public Administration Review*, Vol. 63, No. 1, 2003.

Sung-Wook Kwon, Richard C. Feiock and Jungah Bae, "The Roles of Regional Organizations for Interlocal Resource exchange: Complement or Substitute?" *American Review of Public Administration*, Vol. 44, No. 3, 2014 .

D. M. Van Slyke, "Agents or Stewards: Using Theory to Understand the Government-Nonprofit Social Services Contracting Relationship," *Journal of Public Administration Research and Theory*, Vol. 17, No. 2, 2007.

KaifengYang, Jun Yi Hsieh and Tzung Shiun Li, "Contracting Capacity and Perceived Contracting Performance: Nonlinear Effects and the Role of Time," *Public Administration Review*, Vol. 69, No. 4, 2009.

附　录

一、政府向社会力量购买公共服务购买主体访谈提纲

1. 贵单位购买的公共服务主要有哪些?
2. 贵单位为什么要采用购买的方式提供公共服务?
3. 贵单位主要向哪些社会力量购买公共服务?
4. 贵单位在设计项目环节，是否调查了服务对象的需求情况? 如果是，是用什么方式调查的? 比如需求调查的方法（召开座谈会、委托专业机构调查等)、调查对象的选择、调查的频率、调查的参与人数、调查的效果等等。
5. 贵单位在编报预算时有哪些流程和制度? 是否有充足的时间进行预算编报?
6. 贵单位购买公共服务的金额在什么样的范围内会采取招投标的方式? 招投标时会遇到什么样的困境? 如何解决?
7. 贵单位在开展组织购买工作时是如何选择承接主体的? 选择承接主体的具体标准有哪些?
8. 贵单位在组织购买工作时有什么样的措施来确保整个过程的客观公正?
9. 贵单位在承接主体履行合同时，是如何开展监管工作的?
10. 贵单位在承接主体履行合同时，是否让服务对象也参与监督承接主体了? 如果是，采用了哪些措施?
11. 贵单位是如何开展购买的公共服务项目的评估验收工作的? 绩效评价的步骤、标准与评价指标体系是怎样的?
12. 贵单位是否会委托第三方机构进行绩效评价? 如果是，选择第三方机构的标准和流程是怎样的?
13. 贵单位是否让服务对象参与了评估验收工作? 如果是，是如何开展这项工作的?

14. 您认为贵单位所开展的政府购买公共服务工作目前遭遇到了哪些困难或存在哪些有待进一步解决的问题？
15. 您对政府购买公共服务工作有哪些建议？
16. 您还有需要补充的吗？

二、政府向社会力量购买公共服务承接主体访谈提纲

1. 贵单位承接过政府购买的公共服务项目主要有哪些？
2. 贵单位是通过什么途径获得政府购买公共服务的信息的？
3. 贵单位是通过什么方式承接到政府购买的公共服务项目的，如公开招标、邀请招标、竞争性谈判、单一来源、询价或其他？
4. 贵单位为了完成所承接的公共服务项目，采取了哪些举措？
5. 贵单位在承接政府购买的公共服务项目过程中，遇到过哪些困境，比如资金拨付问题、人手不足问题、政府干预偏多问题、制度不完善问题？
6. 您认为由社会力量来具体提供公共服务有什么优势？
7. 您认为由社会力量来具体提供公共服务是否存在不足？如果是，有哪些？
8. 在履行公共服务购买合同过程中，购买主体是如何对贵单位的工作进行监督的？
9. 贵单位在具体提供公共服务过程中，是如何进行自我管理来确保按合同约定完成公共服务提供任务的？
10. 贵单位认为政府购买公共服务工作还有哪些地方可以进一步完善，比如购买信息发布要更及时和详细、购买程序要更公开和透明、购买内容和范围要更具体和明确？
11. 贵单位在公共服务具体提供过程中，是如何关注服务对象的需求的？
12. 购买主体是如何对贵单位承接的公共服务项目进行评估验收的？您觉得评估验收工作中有什么地方做得比较好，有什么地方还有改进的余地？
13. 据您所知，评估验收结果会公开吗？如果是，是通过哪些途径公开的？
14. 您觉得评估验收结果客观公正吗？是否会产生比较大的偏差？
15. 评估验收结果对贵单位今后再次承接政府购买的公共服务项目会有影响吗？如果有，是怎样影响的呢？
16. 您还有需要补充的吗？

三、政府向社会力量购买公共服务消费主体访谈提纲

1. 您接受过政府购买的公共服务主要有哪些？服务内容是什么？大概多久接受一次？

2. 是哪些组织为您提供的服务？您对这些组织的服务是否满意？
3. 您觉得这些组织有哪些方面让您觉得满意？
4. 您觉得这些组织有哪些方面让您觉得不满意？
5. 您是否接受过关于您有什么样的公共服务需求方面的调查？如果有，您能帮我们回忆一下当时的具体情形吗？
6. 您在接受某个组织提供的服务过程中，组织会了解您的意见和建议吗，比如对您进行回访，问您是否满意？
7. 您觉得您接受的服务在服务内容、服务方式、服务次数等方面是否有需要改进的地方？如果有，请您具体说下是哪些地方需要改进。
8. 如果您对服务不满意，您会向该组织的领导反映或者向相关部门或人员反映吗？
9. 您觉得作为服务对象，您表达意见建议的渠道通畅吗？您知道有哪些渠道呢？
10. 您接受过关于您对服务是否满意方面的调查吗？如果接受过，请您帮我们回忆一下当时的具体情景，行吗？
11. 您觉得政府购买公共服务有什么地方值得肯定？
12. 您觉得政府购买公共服务还有什么地方可以进一步改进？
13. 您还有需要补充的吗？